Pearl S. Buck

Der Engel mit dem Schwert

SERIE PIPER

Zu diesem Buch

Er wanderte mehr als ein halbes Jahrhundert lang durch China, bereiste das Land von Nord nach Süd, von Ost nach West: Andrew, ein Farmerssohn aus Oklahoma, der als Missionar über fünfzig Jahre mit seiner Frau und seinen Kindern in China lebte. Ein Vater und Gatte im üblichen Sinn war Andrew nie; seine Frau war ihm unentbehrlich in der Führung des Haushaltes, seine Kinder waren für ihn eigentlich nur Zwischenfälle auf seinem Lebensweg. Mit liebevollen Strichen zeichnet die amerikanische Nobelpreisträgerin das Bild ihres Vater, der mehr dem Himmel als dem Irdischen zugewandt war und dabei in Erfüllung seines geistlichen Auftrages von seiner Familie jedes Opfer verlangte.

Pearl S. Buck, am 26. Juni 1892 in West-Virginia in den USA geboren, kam mit ihren Eltern im Alter von drei Monaten nach China, wo ihr Vater als Missionar tätig war. Dort verbrachte sie vierzig Jahre ihres Lebens, nur unterbrochen durch ihre Studienzeit in England. Mit ihren großen China-Romanen wurde sie weltberühmt und 1938 als erste amerikanische Frau mit dem Nobelpreis für Literatur ausgezeichnet. Sie starb am 6. März 1973 in Danby in den USA.

Pearl S. Buck

Der Engel mit dem Schwert

Roman

Aus dem Amerikanischen von
Richard Hoffmann

Piper München Zürich

Von Pearl S. Buck liegen in der Serie Piper außerdem vor:
Ostwind – Westwind (3171)
Die Frau des Missionars (3172)
Die Mutter (3174)

Ungekürzte Taschenbuchausgabe
Piper Verlag GmbH, München
Dezember 2001

Titel der amerikanischen Originalausgabe:
»The fighting angel«

Umschlag: Büro Hamburg
Isabel Bünermann, Meike Teubner
Foto Umschlagvorderseite: Tony Stone
Satz: Elsnerdruck, Berlin
Druck und Bindung: Clausen & Bosse, Leck
Printed in Germany ISBN 3-492-23175-6

I

Ihr hättet ihn sehen können auf den Straßen irgendeines kleinen chinesischen Dorfes oder Marktfleckens – einen hochgewachsenen, schlanken, ein wenig vorgeneigten Amerikaner. Einmal im Leben trug er chinesische Tracht. Ich habe ein Bild, das ihn so darstellt: da sitzt er auf einem steifen, geschnitzten chinesischen Stuhl und hat seine großen amerikanischen Füße in ungeheuren chinesischen Schuhen vor sich hingepflanzt, in den Schuhen, die die Chinesinnen, als sie die Sohlen zuschnitten, bewogen, hinter vorgehaltener Hand zu lachen, und manchen Vorübergehenden, stehenzubleiben und ihm nachzustarren, wie er da durch den Staub oder über das holperige Pflaster dahinschritt. Er lächelte sogar über sich selbst, freilich ein wenig verlegen, wenn ihm ganz unverhohlen Scherzworte nachgerufen wurden. Doch die chinesischen Schuhe, das lange chinesische Gewand, der kleine, runde, schwarze chinesische Hut mit dem roten Knopf – nichts von all dem machte ihn auch nur ein wenig zum Chinesen. Niemand hätte ihn irrtümlich für einen solchen halten können. Die hagere, derbknochige Gestalt, die großen, schmalen, zarten Hände, der edelgeformte Kopf mit den breiten Zügen, die große Nase, die vorstehende Unterlippe, die außerordentlich durchscheinenden blauen Kinderaugen, die rötlich helle Haut und das ein wenig gewellte dunkle Haar – das war durch und durch amerikanisch, schlicht amerikanisch.

Doch wanderte er mehr denn ein halbes Jahrhundert durch China. In jungen Jahren zog er dorthin, und als er starb, ein alter Mann, war sein Haar schneeweiß, sein Auge aber noch immer kinderblau. In diesen Tagen seines hohen Alters sagte ich zu ihm: »Du solltest uns dein Leben niederschreiben.« Denn er hatte das Land bereist von Nord nach Süd, von Ost nach West und kannte Stadt und Land. Die Abenteuer, die er erlebte, könnten Bände füllen, und oft und oft war er in Lebensgefahr gewesen. Er sah das chinesische Volk, wie wenige Weiße es je gesehen haben – in den geheimsten Augenblicken des täglichen Lebens, im Heim, bei Hochzeitsfesten, in Krankheit und in Tod. Er sah es als Nation im Kreislauf seiner Zeiten – er sah die Herrschaft der Kaiser und den Sturz des Reiches, er sah die Revolution, die Errichtung einer Republik und neuerliche Revolution.

So schrieb er die Geschichte seines Lebens nieder, wie es ihm sich zeigte, als er siebzig Jahre alt war. Einen ganzen Sommer wandte er seine freie Zeit daran, dieses Werk zu schreiben. In heißen Nachmittagsstunden, wenn jedermann sonst schlief, hörte ich das unsichere Klopfen seiner alten Schreibmaschine, oder in der frühen Morgendämmerung, denn da er als Knabe auf einer Farm in Westvirginia zeitig hatte aufstehen müssen, hatte er das lange Schlafen verlernt. Es war für ihn mehr als eine körperliche Unmöglichkeit – das hatte seelische Gründe. »Erwache, meine Seel, denn es ist Tag! Die Nacht kommt, da keiner arbeiten mag.« Die Nacht – die Nacht! Niemals vergaß er die Kürze unseres Lebens. »Der Mensch aber, seine Tage sind wie das Gras; wie die Blume auf dem Felde blühet er. Denn der Wind streicht darüber, und er ist dahin, und die Stätte, an der er weilte, kennt keiner mehr.«

Doch als die Arbeit zu Ende war, bestand die Geschichte aller seiner Jahre nur aus fünfundzwanzig Seiten. In fünfundzwanzig Seiten hatte er alles zusammengefaßt, was ihm an seinem Leben wichtig erschien. Ich las es in einer Stunde durch. Es war die Geschichte seiner Seele, seiner unwandelbaren Seele. An einer Stelle erwähnt er die Tatsache seiner Vermählung mit Carie, seiner Gattin. Einmal schreibt er die Namen der Kinder auf, die er mit ihr gehabt, doch dabei hat er einen kleinen Sohn ganz vergessen, der fünf Jahre alt wurde und Caries Lieblingskind war, und zu keinem der Kinder macht er irgendeine Bemerkung.

Aber diese Unterlassung ist bezeichnender als manches andere, denn seine Geschichte war eigentlich nicht die Geschichte eines Mannes oder seiner Frau oder seiner Kinder, sondern die Geschichte einer Seele und ihrer Wanderung durch die Zeit bis ans vorbestimmte Ende. Für diese Seele war, von Geburt vorausbestimmt, eine Pflicht zu erfüllen und wurde erfüllt, und am Ende war der Himmel – das ist der Inhalt der ganzen Geschichte. Sie enthält nichts vom Leben der Menschen, keine Festesfreude, keine Wonne der Liebe, auch nichts über den Tod. Kein einziges Wort findet sich darin über die unglaublichen Gefahren, die er oft zu bestehen gehabt. Nichts über das Reich, die Kaiser oder Revolutionen, nichts über die rege Bewegung der im Lauf der Zeit sich wandelnden Menschen. Er schreibt darin nicht über Denkart und Bräuche der Menschen oder über feine philosophische Fragen, seine Geschichte ist so schlicht erzählt, wie die Sonne sich aus dem Morgendämmern erhebt, dann rasch über das Firmament wandert und in der eigenen Pracht zur Rüste geht.

So haben mir andere seine Geschichte erzählt – seine Brüder und Schwestern, Carie und sein Sohn. Ich hörte die Berichte von Menschen, unter denen er gelebt und gearbeitet hatte. Und vor allem andern kannte ich ihn doch selbst, und er ist eine meiner frühesten Erinnerungen, denn in seinem Hause verbrachte ich meine Kindheit, und in den letzten zehn Jahren kam er in mein Haus und lebte bei mir unter meinem Dach und erwartete in seinem hohen Alter von mir Fürsorge und Trost. Trotz alledem konnte ich erst Jahre nach seinem Tod erkennen, welch ein Mensch er gewesen war. Seine Umrisse blieben mir gespenstisch, selbst wenn er an meinem Tisch saß, besonders aber dann, wenn er krank war und ich ihn pflegte. Erst als ich in das Land zurückkehrte, das ihn geformt und in die Weite geschickt hatte, konnte ich ihn endlich klar verstehen. Denn er war in Amerika geboren, und er war das Kind von Generationen amerikanischer Bürger. Kein Land außer Amerika hätte ihn hervorbringen können, so, wie er eben war.

Ich kenne die Geschichte seiner Familie nicht durch sehr lange Zeit und nicht sehr genau, und ich habe ihn nicht danach gefragt, denn das ist nicht wichtig. Einige Zeit vor der amerikanischen Revolution kamen sie von irgendwo aus Deutschland herüber, um ihrer Glaubensfreiheit willen. Ich weiß nicht genau, wann das war, ich weiß nur, daß einer seiner Vorfahren für George Washington Kurierdienste versah, und daß zwei andere unter Washingtons Befehl wacker kämpften. Ich sage deshalb, es sei nicht wichtig, weil er ja nicht als Einzelperson von Bedeutung ist. Wenn sein Leben für andere irgendeinen Sinn hat, ist dieser Sinn die Manifestation eines gewissen Geistes in seinem Lande und zu seiner Zeit. Denn er war ein Geist, und ein Geist, geformt von jener blinden Gewißheit, jener lauteren Unduldsamkeit, jenem Eifer der Berufung, jener Verachtung für Menschen und Erde, jenem tiefen Vertrauen zum Himmel, die unsere Vorfahren uns hinterlassen haben.

Die ersten Worte, deren er sich erinnern konnte, waren Worte, die er sein Leben lang nicht mehr vergaß. Sie blieben ihm nicht so sehr Worte wie vielmehr Wunden, und sie heilten nie. Er mochte erst sieben Jahre zählen. Es war ein Sommertag im Juni, ein schöner Tag. Ein klarer, warmer Nachmittag. Er saß auf den Stufen der Vorhalle des großen Farmhauses, das sein Heim war. Er war im Obstgarten gewesen und hatte nach einem süßen Juniapfel Ausschau gehalten, da hörte er das Geräusch von Rädern, blickte durch die Bäume und sah eine rundliche, gütige Nachbarin, die zu seiner Mutter auf Besuch kam.

Er hatte Mrs. Pettibrew immer gern gemocht. Ihm gefiel ihre leicht dahinfließende, muntere, mit Geschichten gewürzte Redeweise, ihr plötzliches lautes, herzliches Lachen, doch freilich war er verzweifelt scheu und beantwortete ihre Fragen immer nur mit einem Lächeln, das ganz gegen seinen Willen sich über seine Züge legte. Aber er wollte in ihrer Nähe sein, denn sie hatte jeden gerne und war immer fröhlich. So hatte er gewartet, bis sie in der Vorhalle saß und seine Mutter den Säugling auf dem Arm herausgebracht hatte und sich nun in den Schaukelstuhl setzte, um das Kind zu stillen. Da schlich er ums Haus und setzte sich sehr ruhig nieder, kaute an seinem Apfel und lauschte. Er wollte nicht den Anschein erwecken, als interessierte er sich für die Großen, denn schließlich waren das ja nur Frauen.

»Grüß Gott, Andy!« schrie Mrs. Pettibrew.

»Grüß Gott«, flüsterte er mit niedergeschlagenem Blick.

»Sprich deutlicher, Andrew«, befahl seine Mutter.

Beide Frauen blickten ihn an. Er fühlte, wie ihm am ganzen Körper heiß wurde. Weil seine älteren Brüder und Schwestern es ihm gesagt hatten, wußte er, daß sein Gesicht oft rot wurde wie ein Hahnenkamm. Auch wenn er gewollt hätte, hätte er kein Wort hervorgebracht – so trocken war ihm die Kehle. Der Apfel, in den er biß, war auf seiner Zunge wie Staub. Jammervoll bohrte er die knochige große Zehe ins Gras. Die beiden Frauen musterten ihn.

Die Mutter sagte betrübt: »Ich weiß wirklich nicht, was den Jungen so verschreckt.«

»Es ist, als ob er gar nicht dein Kind wäre, Deborah«, sagte Mrs. Pettibrew feierlich. »Er sieht nicht einmal so aus. Woher hat er nur die hellen Augen und das rote Haar? Besonders Hiram ist einer der hübschesten Jungen, die ich je sah – und alle deine neun Kinder sind groß und hübsch und ein wahrer Augentrost, bis auf Andy. Aber schließlich – in den meisten Familien gibt es ein weniger gut geratenes Kind.«

Und so sprach die gütige Mrs. Pettibrew! Das Herz begann ihm im Leib anzuschwellen wie ein Ballon. Bald mußte es bersten. Und dann würde er weinen. Er wollte davonrennen und vermochte es nicht. So saß er da, den Mund voll mit dem trockenen Apfel, bohrte mit der Zehe im Gras hin und her und war verzweifelt. Seine Mutter erlöste ihn. Sie sagte recht freundlich: »Nun ja, er ist ja vielleicht nicht so hübsch, aber furchtbar gut, mein Andy. Keiner der anderen ist so gut wie er. Ich sage immer, vielleicht wird auch er ein Prediger werden wie Dave. Auch Isaac spricht davon, daß er einer werden will – und wenn Andy einer wird, wird er der beste von allen.«

»Na ja, freilich ist es besser, gut zu sein als hübsch«, sagte Mrs. Pettibrew herzlich. »Übrigens, Deborah, bevor ich vergesse – ich habe ein neues Rezept für Quittenmarmelade . . .«

Sie vergaßen des Jungen. Jetzt konnte er aufstehen und forteilen. Die Umklammerung um sein Herz lockerte sich ein wenig, und er vermochte wieder zu atmen. Jetzt war es möglich, fortzugehen und so zu tun, als hätte er nichts gehört. Die beiden Frauen sprachen weiter über die Quitten und wußten ebensowenig wie der Knabe, was sie angerichtet hatten. An diesem Junitag setzten sie in einem Farmhaus des Berglands von Westvirginia den Fuß des Knaben auf den Pfad, der ihn über Ebenen und Meere in ein fernes Land führen sollte, auf daß er dort Jahre verbringe und am Ende in einem fernen Grab ruhe, sein Leib Staub in fremder Erde. Dies alles, weil sein Gesicht nicht schön war. Sein ganzes Leben war er gut. Besser, gut zu sein als hübsch. Denn was gewinnt der Mensch, wenn er die ganze Welt erlangt und die Seele verliert? Fromm sein war das beste. An jenem Tag entschloß er sich, immer fromm zu sein.

Doch fromm sein war auch Tradition in seiner Familie. Er konnte sich seiner Großmutter erinnern, wie sie neben dem Kamin saß. In ihrer Jugend war ihre Familie von Pennsylvanien nach Virginia gezogen. Alle bekannten sich zum Glauben des Presbyterianer, nicht aber sie. Sie war als Mennonitin geboren und erzogen worden und trug bis ans Ende ihres Lebens ihre kleine, dunkle, enganliegende Mennonitenhaube und hielt sich an die strengen Vorschriften ihrer Sekte. Niemals ging sie zu einem sogenannten ›Vergnügen‹. Zweimal Kirchgang am Sabbat, Gebetsversammlung am Mittwoch bis in ihre hohen Jahre, zweimal täglich Gebete – das war der Brauch des Hauses, das auch sie leitete. Sie saß beim Kamin, und ringsum durfte es kein anderes Leben geben.

Außer an ihre Religion glaubte sie fest an Geister. Oft verwunderte ich mich über eine seltsame Furchtsamkeit bei Andrew, und manchmal in meiner Kindheit schämte ich mich sogar für ihn. Nicht, daß er auch nur irgendwie ein Feigling gewesen wäre, wenn Mut nottat. Das heißt, um seiner Pflicht willen konnte er die Rücksicht auf sein Leben völlig außer acht lassen und tat es auch. Nein, es war eine kindliche Furchtsamkeit, zum Beispiel die Abneigung, im Dunkeln allein eine Treppe hinaufzusteigen, ein Zaudern, nachts aufzustehen, um die Ursache eines Geräusches zu erforschen. Oft habe ich ihn ein halbdutzendmal zurückgehen und nachschauen sehen, ob eine Tür versperrt sei. »Ich hab' darüber nachdenken müssen, bis ich es nicht mehr wußte«, bekannte er dann mit halbverschämtem Lächeln.

Eines Tages, als er schon ein alter Mann war, gab er das Geheimnis unwissentlich preis, denn bewußt enthüllte er sich niemals jemandem. Irgendwer begann eines Abends halb im Scherz am Kamin eine Gespenstergeschichte zu erzählen. Andrew konnte das nicht ertragen. Er stand auf und ging fort. Später, als wir allein waren, sagte er mir, immer noch mit jenem halbbeschämten Lächeln: »Die Erwachsenen erzählten zu Hause immer Geistergeschichten, bis ich mich nicht mehr getraute, ins Bett zu gehen. Doch natürlich ließ sich das nicht vermeiden. Aber es waren nicht bloß Geschichten – die Leute behaupteten, es sei wahr.«

Die alte Großmutter glaubte daran. Wenn sie, schon sehr alt, in ihrem Winkel saß, war es ihr unmöglich, die Trennungslinie zwischen Körperlichkeit und Gespenstern zu unterscheiden. So viele, die ihr leiblich bekannt gewesen waren, hatten sich in ewige Geister verwandelt. Bald mußte auch sie diesen Wandel erleiden. So war es nur natürlich, wenn sie daran glaubte, daß die Geister an die Orte zurückkehren, die sie einst gekannt und geliebt haben . . . und auch sie wollte dorthin zurück. Der kleine Junge, der bescheiden zwischen seinen verwegeneren Brüdern und Schwestern saß, lauschte und vergaß es nie.

Aber jenes Haus war voll von Geisterglauben. Gott ist ein Geist, und Gott weilte für immer in diesem Haus. Und der Teufel ist ein Geist, und wo Gott ist, ist auch der Teufel. Die beiden sind unzertrennlich – Feinde, aber unzertrennlich. Der Knabe wuchs heran, vertraut mit dem einen wie dem anderen.

Morgens und abends saß er da und hörte, wie sein Vater aus der Bibel die Geschichte des Kampfes vorlas, den die zwei miteinander führten. Jahr um Jahr berichtete der Vater diese Geschichte vom Anfang bis zum Ende, denn es war sein Stolz, einmal im Jahr die Bibel vollständig durchzulesen. Religion – auch von ihr war das Haus erfüllt. Sieben Söhne waren hier, und sechs von ihnen Priester. Religion war ihre Speise und ihre Zerstreuung, ihre Geistesnahrung und das Vergnügen ihrer Seele. Sie stritten darüber, so wie andere Männer über Politik streiten. Im Rahmen des Glaubens erledigten sie ihre persönlichen Zwistigkeiten.

Denn es war eine zanksüchtige Familie, diese Familie. Vater und Mutter zankten viel miteinander. Der Mann war ein großer, herrschsüchtiger Grundbesitzer mit energischem Mund. Leidenschaftlich liebte er das Land. Alle blieben sie arm, weil er immer mehr und mehr Land kaufte, und in allen seinen Söhnen erweckte er solchen Haß gegen das Land, daß nach seinem Tod keiner von ihnen bereit war, es zu bestellen. Ich erinnere mich, daß Andrew niemals auch nur das flüchtigste Interesse an Caries Gärten zeigte. Sie empfand das als Kränkung, aber ich wußte, daß er nicht anders konnte. Ich konnte mir ihn vorstellen, wie er als überanstrengter Knabe, ausgehungert nach Büchern, gierend nach Studium, das Land verabscheute und doch daran gebunden war, bis er einundzwanzig Jahre zählte. Erst dann war er frei, und dann ritt er davon auf dem Pferde, das sein Vater jedem der Söhne, wenn er großjährig wurde, gab. Er ritt von dannen, um verspätet seine Studien zu beginnen und die Jahre einzubringen, die ihm vergeudet schienen. Niemals wieder rührte er Spaten oder Haue an, weder um Gemüse noch um Blumen zu pflanzen, ja nicht einmal für Caries Gärten.

Doch bis sie alle das einundzwanzigste Jahr erreicht hatten, mußten sie unter dem Befehl dieses Mannes auf dem Lande arbeiten, und seine Gattin und seine beiden Töchter hatten in der Meierei und der Küche ihre Beschäftigung. Der Vater besaß ein paar Neger, doch war er gegen den Besitz von Sklaven. Zudem hatte er doch seine Söhne und seine Töchter. Er trieb sie alle zur Arbeit an, ein großer, herrschsüchtiger, polternder Geselle, der seinen Hausgenossen abends und morgens die Bibel vorlas und ihnen gebot: »Du sollst Vater und Mutter ehren«, obwohl ihm das mit der Mutter nicht so wichtig war. Er führte seine Herrschaft ziemlich munter, denn er hatte einen gewissen verschlagenen Humor. Er beherrschte die ganze Gemeinde. Er war Oberhaupt der Schulverwaltung und wählte die Lehrer für die aus einer Klasse bestehenden Schule, und wenn die Lehrer kamen, brachte er sie in seinem großen, ungetünchten, weit ausgedehnten Hause unter, in dem ein halbes Dutzend Fremder miternährt werden konnte, ohne daß man es bemerkte. In seinem Hause nächtigten auch die Prediger, wenn sie auf ihren Rundritten zu der kleinen presbyterianischen Kirche kamen, denn er beherrschte auch die Kirche. Manchmal erzürnte ihn ein Prediger durch seine Predigt, und mindestens zweimal wurde er für kurze Zeit Methodist, lediglich um einen widerspenstigen Prediger zur Disziplin zu bringen. Später hatte er darunter zu leiden, daß er diese Methode der Auflehnung ersonnen. Denn Deborah, seine Gattin, trat nach einem besonders heftigen Zank der Methodistenkirche bei und blieb darin. Er vergab ihr nie, nicht nur solcher Auflehnung wegen, sondern auch deshalb, weil ihn dieses Vorgehen eines so nötigen Werkzeuges gegen die Presbyterianer beraubte. Und von seinen sieben presbyterianischen Söhnen schloß sich der eine, Christopher, in der Tollheit seiner rebellischen Jugend der Methodistenkirche an und blieb ihr treu, verstockt, verhärtet, wie diese ganze Familie verstockt war und verhärtet – ›die predigttollste Familie in der Grafschaft Greenbrier‹ nannte sie einst ein Reporter jener Gegend, als er ein halbes Jahrhundert später über sie schrieb – ›eine Familie mit unverwüstlichem Sektiererblut‹.

Als ich nach Amerika ins College heimgeschickt wurde, machte ich erst Bekanntschaft mit ihnen allen. Das waren zu dieser Zeit zumeist schon weißhaarige Leute, eine erstaunliche Versammlung hochgewachsener, leidenschaftlicher, zorniger Männer, keiner an Wuchs kleiner als sechs Fuß und jeder von ihnen mit den gleichen funkelnden, klaren blauen Augen, mit dem trockenen Humor und dem unduldsamen Gemüt. Der Hader zwischen ihnen loderte hitzig wie nur je, so hitzig, daß er in der Gegend sprichwörtlich geworden war, eine Ursache der Schande und des Gelächters, und sogar in den Zeitungen hatte man schon darüber geschrieben. Die fünf presbyterianischen Prediger stritten miteinander über viele Dinge, denn es gab endlosen Stoff für Streit – über den Zeitraum der Erschaffung in der Genesis, über die Auslegung der kleinen Propheten und des Hohen Liedes Salomons, über die Vorausbestimmung und über die Wiederkehr Christi, und wenn das alles versagte, konnte man immer über die Teilung des Grundstückes zanken, über den Verkauf des alten Farmhauses und seiner alten handgefertigten Einrichtung oder darüber, ob Beckys Gatte sie auch anständig behandelte. Aber immer waren sie einig gegen den Methodisten – doch Andrew führte damals schon seit langem seine eigenen Missionsfeldzüge. »Armer Chris«, nannten sie den Abtrünnigen, in wütendem Bestreben, ihn seiner Verirrung wegen zu bedauern.

Doch als ich den »armen Chris« zu Gesicht bekam, fiel es mir schwer, ihn zu bedauern. Er war vorsitzender Kirchenältester in der von ihm erwählten Kirche, ebenso tobend unduldsam wie alle seine Brüder und ebenso erbittert überzeugt davon, daß seine Gottesauffassung der einzige Weg zur Erlösung sei. Es vermehrte die Schwierigkeiten noch, daß er großen Erfolg hatte und von seinem bedauernswerten Zustand nichts wußte, und daß er groß und selbstsicher und durch und durch hochfahrend war. Wenn man ihn am Sonntagmorgen die Seligkeiten hervorgrölen hörte, die er seiner Herde wie Kanonenkugeln an die Köpfe warf, wenn man sah, wie seine Brauen über den klaren blauen Augen zuckten, während er schrie: »Selig sind die Friedfertigen . . .«, wenn man ihn brüllen hörte: »Selig sind die Armen im Geiste . . .«, dann hatte man etwas Ungewöhnliches zu hören und zu sehen.

Ja, Andrew wuchs in einer Kampfatmosphäre auf, in der Atmosphäre militanten Glaubens, doch weder an Aussehen noch an Selbstsicherheit kam er jemals seinen Brüdern völlig gleich. Er war hochgewachsen, ging jedoch ein wenig gebückt. Der gerade, stolze Blick der anderen fehlte ihm. Die Mädchen schauten ihm nie nach, so wie dem schwarzhaarigen Hiram, der die Gitarre spielen konnte und nie das Geld ganz zurückzahlte, das er sich ausgeliehen hatte, um das College besuchen zu können, oder dem vorsichtigen John, der klug genug war, frühzeitig eine reiche ältliche Witwe zu heiraten und sich aus dem Religionskrieg der Familie zurückzuziehen, um sich der staatlichen Gesetzgebung zu widmen, oder wie sie eigentlich allen anderen nachschauten. Nein, die Mädchen blickten Andrew gar nicht an, denn er konnte niemals vergessen, was Mrs. Pettibrew gesagt hatte. Diese nie vergessenen Worte nährten sein ganzes Leben lang heimliche Scheu in ihm. Immer mehr und mehr zog er sich in seinen privaten, leidenschaftlichen Glauben zurück. Doch unter dem scheuen, abwesenden Äußeren brannte all das trotzige Feuer. Er war darin um nichts geringer als die anderen, nein, noch hitziger, noch inbrünstiger in seiner Frömmigkeit, denn in ihm lebte nichts Weltliches, das sein Gefühl hätte verringern können.

Die Geschichte dieser furchtbaren Familie habe ich nicht von Andrew gehört. Ich erinnere mich eigentlich nur einer Sache, die er mir einmal erzählte. Als ich einst noch ein sehr kleines Mädchen war, drängte ich ihn, mir eine Geschichte zu erzählen, obgleich ich mir eigentlich nicht viel erwartete. Meine wichtigste Quelle für derartiges war Carie. Doch in diesem Augenblick hatte sie mit einem neuen Kind zu tun. Andrew war von einer apostolischen Reise zurückgekommen und nahm mich in einem Augenblick ungewohnter Behaglichkeit vor dem Kamin auf die Knie. Ich erinnere mich des harten Knochens seines Knies unter meinen kurzen Röcken, denn er war immer hager und hegte tiefe Verachtung für jeden Fetten. Wenn ein Mitmissionar ein Bäuchlein zu bekommen begann, war Andrew sogleich entrüstet und hegte Argwohn. »Er ißt zuviel«, rief er dann. »Er wird träge.« Das war eine große Anklage, beinahe so schwer wie die einer ketzerischen Lehre. Als ich bei dieser Gelegenheit auf seinem kantigen Knie hockte, fragte ich: »Weißt du auch nur eine einzige Geschichte?« Ich starrte in seine sehr klaren, nicht ungütigen Augen. »Aber keine aus der Bibel«, verbesserte ich mich schnell. »Die kenne ich alle.« Er war verblüfft, offenbar hatte er eben aus dem Alten Testament etwas auswählen wollen. »Laß mich nachdenken«, sagte er grübelnd. »Vielleicht aus der Zeit, da du ein kleiner Junge warst«, schlug ich vor, um ihm zu helfen. Ich wartete, wie mir schien, lange Zeit. Offenbar konnte er sich nicht sehr genau daran erinnern, daß er jemals ein kleiner Junge gewesen war. Aber endlich fiel ihm doch etwas ein.

»Einmal hatte mein Vater ein paar Schweine«, begann er feierlich, während er, der Erinnerung hingegeben, ins Feuer starrte. »Und diese Schweine zwängten sich immer durch den Zaun des Obstgartens, in dem sie eigentlich hätten bleiben sollen, um das abgefallene Obst zu fressen. Aber imer wieder drangen sie in den vorderen Hof ein. Nun, mein Vater war ein jähzorniger Mann. Er wurde wütend. Er lief hinaus und jagte sie zurück, gleichgültig, was er eben tat, aber gar bald waren sie wieder im Hofe, diese Säue. Eines Tages ergrimmte er so sehr, daß er es nicht länger aushielt. Er jagte ihnen nach bis zum Zaun, und sie liefen nach Leibeskräften, und sie zwängten sich durch, knapp vor ihm – das heißt, bis auf eines. Das letzte war dicker als die anderen und blieb stecken. Mein Vater zückte das Taschenmesser und schnitt dem Tier den Schweif ab.«

Ich starrte Andrew erstaunt an. »Warum hat er das getan?« fragte ich.

»Um ihm eine Lehre zu erteilen«, antwortete er mit flüchtigem Lächeln.

Doch ich blieb ernst. »Was für eine Lehre?« fragte ich weiter.

Wie er es manchmal tat, lachte er unvermutet kurz auf. »Vielleicht, daß es nicht so dick werden darf«, sagte er.

Später sollte ich noch viele Dinge von jenem furchtlosen Mann hören, von Andrews Vater. Die Leute fürchteten ihn, hatten ihn gern, verlachten ihn und schenkten ihm Vertrauen. Polternd, zornig und ungeheuer starrsinnig, war er doch unendlich gut zu seinen armen Nachbarn und bis aufs äußerste erbarmungslos gegen seine Familie. Einmal ging er um die Ecke einer seiner großen

Scheunen und entdeckte dort einen armen Teufel, der bei einem Astloch stand und einen großen Sack hielt, in den unablässig ein Strom von Weizenkörnern floß. Als der Mann Andrews Vater sah, lief er davon. Andrews Vater sagte gar nichts. Er nahm die Stelle des Mannes ein, blieb stehen, den Sack in Händen, und seine Augen zwinkerten. Nach einer Weile hörte er eine Stimme aus der Scheune: »Ist er denn noch nicht voll?«

»Dürfte fast schon voll sein«, antwortete er freundlich.

Totenstille war in der Scheune. Andrews Vater knüpfte den Sack zu, hob ihn auf die großen Schultern, trat ein und entdeckte dort eine zusammengekauerte angstvolle Gestalt.

»Da – nehmt«, sagte er, während er den Sack dem Mann hinwarf, in dem er einen armen Nachbarn erkannte, einen Pächter. »Das nächste Mal kommt und bittet darum. Ich gebe es Euch gerne!«

Andrews Vater und Mutter habe ich nie gesehen, aber ich besitze ihre Daguerrotypien. Sein Vater hat ein eckiges, starrsinniges Gesicht und die hochmütigsten Augen, die ich je gesehen habe. Nur ein Mann, der Gottes und der eigenen Seele sicher ist, kann solche Augen haben. Niemals habe ich ähnliche in anderen Menschengesichtern gesehen.

Aber die Frau paßt zu ihm. Ihr Unterkiefer ist um nichts weniger kraftvoll als der seine, und wenn ihre Augen nicht das Feuer Gottes in sich brennen haben, haben sie die Ruhe des Teufels. Kein Wunder, daß Gott und der Teufel in jenem stürmischen Haus solche Wirklichkeiten darstellten. Jemand erzählte mir, doch war das nicht Andrew, daß Deborah, als sie sechzig Jahre alt war, nicht nur Methodistin wurde und blieb, sondern auch erklärte, sie habe genug gearbeitet und wolle nie wieder arbeiten. Mit diesem Entschluß änderte sie sich völlig. An die Stelle der unablässig tätigen, tüchtigen, geschäftigen Mutter des großen Haushaltes, die Käselaibe formte, Pasteten und Kuchen und Brotlaibe buk, denn sie war eine bemerkenswert gute Köchin, wurde sie ein Mensch völligen Müßiggangs. Sie machte sich nicht einmal mehr das eigene Bett. Sie saß bei schönem Wetter den ganzen Tag in der breiten Vorhalle des Farmhauses, schaukelte sich gelassen und saß bei schlechtem Wetter beim Fenster des Wohnzimmers, von wo man auf die Straße sah. Sie machte einsame Spaziergänge, eine große, immer schlanke, aufrechte Gestalt. Sie ging allein zu ihrer methodistischen Kirche, es sei denn, daß Christopher zu Hause war.

Ihre Familie war verblüfft und ihr Gatte beinahe außer sich vor Wut. Aber sie zwang allen ihren Willen auf und bewahrte durch nahezu fünfunddreißig Jahre ihren völligen Müßiggang, während sie bald von dem einen, bald von dem anderen mißvergnügten Familienmitglied bedient wurde. Sie wurde ein Mittelpunkt für die Besuche der Nachbarinnen. Einmal trafen dort ohne jede Verabredung zweiundzwanzig Frauen zusammen, um den Tag bei ihr zu verbringen, und ein Dutzend Besucherinnen war nichts Ungewöhnliches. Sie saßen in der Vorhalle oder im Wohnzimmer, klatschten und machten einander Mut.

Aber ich erzähle ja Andrews Geschichte und sonst nichts, und diese Dinge waren von geringer Bedeutung für ihn. Seine Eltern gaben ihm Körper und Seele, prägten ihm immer wieder die Begriffe Gott und Teufel ein, und es ist richtig, daß sie ihn in gewissen großen Umrissen gestalteten. Von ihnen lernte er seinen Glauben, den Glauben nicht nur an die religiösen Lehren, sondern auch an seine Stellung in der Schöpfung als Mensch. In jenem Hause, das zum Bersten erfüllt war mit den sieben großen Söhnen, in jenem Hause, das unter dem Donnergepolter des Zankes zwischen Mann und Weib erdröhnte, hörte er oft den lautgeschrienen Satz, daß der Mann der Herr der Frau ist. Das mußte der alten, unbezähmbaren Frau oft zugeschrien werden, die ewig in ihrem Schaukelstuhl saß. Es machte ihr keinen Eindruck, aber tiefen Eindruck machte es auf ihre sieben Söhne. Carie erzählte mir einmal, daß von diesen sieben großen Söhnen, die schon junge Männer geworden waren, als Carie sie kennenlernte, kein einziger auch nur daran gedacht hätte, hinaufzugehen und sich schlafen zu legen, ehe eine der beiden Schwestern eine Kerze angezündet hatte, um ihnen der Reihe nach hinaufzuleuchten. Welch eine Prozession war das – David, Isaac, Hiram, John, Christopher, Andrew und Franklin! Und die Schwestern waren Rebecca und Mary, hochgewachsen, wie ihre Brüder hochgewachsen waren, unterdrückt, verbittert, denn ihr Vater hatte ihnen verboten, in jungen Jahren zu heiraten, weil er und seine Söhne ihrer Dienste bedurften, und später heirateten sie gerade noch rechtzeitig Männer, die unter ihnen standen. Aus so ungestümer Saat, aus so stürmischem Boden war Andrew gewachsen.

II

Die Geschichte sollte eigentlich damit beginnen, wie Andrew mit einundzwanzig Jahren das Vaterhaus verließ, denn Andrew selbst betrachtete dies immer als Beginn seines Lebens und erachtete die Jahre als wertlos, da er nichts anderes hatte leisten können als die Arbeit seiner Hände, um nichts anderes zu ernähren als die Körper von Menschen. Und niemand scheint sich seiner als eines Kindes oder eines Knaben deutlich erinnern zu können. Einmal sagte jemand, eine alte Frau, die eine Zeitlang Nachbarin der Familie gewesen war: »Dieser Knabe hatte immer die Hände eines alten Mannes – es hieß, er sei mit alten Händen geboren worden.« Und aus seiner Jünglingszeit ist nur eins zu berichten, und das ist alles, was ich eigentlich weiß, es sei denn das eine, daß ich von einem unterdrückten koboldartigen Humor in ihm gehört hätte, einem gewissen Humor, den er eigentlich sein ganzes Leben lang bewahrte. Manchmal dachte ich, dieser Humor grenze oft an Grausamkeit, obwohl ich überzeugt bin, daß dem nicht so war. Doch einmal lernte ich einen alten Mann kennen, der Andrew als Kind gesehen und der in den wenigen Wintermonaten, da man nicht auf der großen Farm zu tun hatte, mit ihm gemeinsam die kleine, aus einer Klasse bestehende Schule besucht hatte. Der alte Mann spuckte Tabaksaft aus und grinste, während er seine Geschichte erzählte. »Dieser Andrew!« bemerkte er. »Als Knabe konnte er Gesichter schneiden, daß eine Katze hätte lachen müssen. Und wenn wir dann alle kicherten und grinsten, wandte der Lehrer sich um, ganz wütend, und Andrew war der einzige mit ernstem Gesicht.« Welcher Art immer sein Humor gewesen sein mag, immer wurde er energisch zurückgedrängt hinter ein kühles Gesicht und machte sich nur in trockenen Scherzen und in gelegentlichen spitzen Anspielungen Luft. Niemals war diese Laune fröhlich oder offen und frei; und weil er sie so meisterte, war oft Bitterkeit in seinem Scherz, und sein Lachen war leise, war stumm oder wenn es schon viel war, ein vereinzeltes »Ha!«

Einmal sagte ich zu ihm: »Was hast du denn in allen Jahren deiner Jugend getan?«

Sein Gesicht beschattete sich. »Für meinen Vater gearbeitet«, antwortete er kurz.

Seine Schwester Mary sagte einmal zu mir: »Pa wollte, daß Andrew im Hause bleibe, denn er war so verläßlich. Er war der einzige Knabe aus der ganzen Schar, von dem man überzeugt sein konnte, daß er alles rechtzeitig machte und so, wie es sein sollte. Er hatte ein furchtbares Pflichtgefühl.«

»Du weißt wohl, daß es ihm bis in die kleinste Kleinigkeit verhaßt war?« sagte ich.

»Das spielte für ihn keine Rolle«, antwortete sie nachdrücklich. Sie lächelte. »Auch nicht für Pa«, fügte sie hinzu.

Damals war sie eine alte Frau, schon allzu dick, derb, ein wenig schlampig. Die jahrelange Ehe mit einem Mann, der unter ihr stand, hatte sie nachlässig gemacht. Doch wenn sie lächelte, sah man die Augen der Familie: harte, furchtlose, blaue Augen.

Doch waren diese Jahre seiner frühen Jünglingszeit furchtbare Jahre, denn es waren die Jahre des Bürgerkriegs. Vier der Söhne zogen gegen den Norden in den Kampf. David, Hiram, Isaac, John – einer nach dem anderen marschierten sie aus dem Hause, in grauer Uniform, und vertauschten für eine kurze Weile ihren Kampf gegen den Teufel mit dem Kampf gegen die Yankees. Zwei wurden verwundet, einer saß lange Zeit im Norden in Kriegsgefangenschaft. Niemals hörte ich Andrew etwas davon erwähnen, nur eines Tages sagte er, er könne Bohnensuppe nicht leiden, seit Isaac aus dem Krieg zurückgekommen war und ihnen erzählt hatte, er habe sie in der Gefangenschaft bei den Yankees dreimal am Tag essen müssen. »Und außerdem«, fügte Andrew mit seinem schiefen Lächeln hinzu, »war sie so dünn, wie Isaac erzählte, daß man nach den Bohnen fischen mußte.« Und als das jüngste und letzte seiner Kinder zu Andrew kam und ihm erzählte, sie habe sich verlobt, blickte er von der Arbeit gerade solange auf, daß er mit jenem schiefen Ausdruck, den er hatte, sagen konnte: »Ich weiß nicht, was ich Böses getan habe, daß alle meine drei Kinder Yankees heiraten.« Ja, noch eine andere Erinnerung hatte er – niemals konnte er den Namen Abraham Lincoln hören, ohne daß er trocken und immer mit denselben Worten bemerkt hätte: »Lincoln ist ungemein überschätzt worden.« In Andrews Haus wuchs ich auf, ohne überhaupt zu ahnen, daß Lincoln ein Nationalheld ist oder daß jenseits der See in Amerika die Kinder an seinem Geburtstag schulfrei haben.

Aber Kriege und die Zeiten der Menschen waren nicht wichtig im Leben Andrews. Irgend einmal in jenen Jugendjahren, während er getreulich schweigend und in widerwilligem Warten seinem Vater diente, empfing er seine Missionsberufung. Das weiß ich, denn jene kurze Lebensbeschreibung, die er selbst verfaßt hatte, beginnt damit. Was ihn betrifft, war dies die Morgendämmerung seines Lebens, seine eigentliche Geburt. »Im Alter von sechzehn Jahren«, so schrieb er, »empfing ich die erste Mitteilung von dem göttlichen Ruf ins Feld der Mission.«

Später vermochte ich dadurch, daß ich ihm Fragen stellte, aus seinen spärlichen Worten die Geschichte zusammenzustückeln. Natürlich war es unvermeidlich, daß er Prediger des Evangeliums wurde. Es ist unmöglich, sich einen einzigen jener hochgewachsenen Männer anders denn als Priester vorzustellen – alle waren sie Prediger, und ihnen glich Andrew. Es war wohl unvermeidlich, daß sie alle Prediger waren. Abgesehen von der Gelegenheit zur Ausübung persönlicher Macht über die Gemüter und über das Leben anderer Personen, gab es noch weitere Gründe. Zu jener Zeit war das ein Beruf von hohem sozialen Rang. Der Prediger in einer Gemeinde galt gleichzeitig auch in anderen Dingen als Führer, und ein ehrgeiziger junger Mann, der nach Macht strebte, konnte kaum einen befriedigenderen Weg finden, dazu zu gelangen. Und diese sieben jungen Männer waren, einer wie der andere, ehrgeizig und machtliebend.

Aber ich weiß es von Andrew selbst, daß er anfangs niemals daran gedacht hatte, Missionar zu werden, ja nicht einmal daran, seinen Heimatstaat zu verlassen. In seiner sonderbar zwiespältigen Seele lebte eine zäh festhaltende Liebe zur Heimat. Ich glaube, eigentlich gehörte es zu seiner körperlichen Furchtsamkeit, daß er Sicherheit und Obdach und Geborgenheit liebte. Wäre er nicht in einem religiösen Zeitalter geboren worden, er hätte den Beruf eines Gelehrten ergriffen und sich für Lebenszeit in ein von Büchern erfülltes Zimmer eingeschlossen. Ich habe ihn gesehen, wenn er von einer langen mühseligen Reise zu Fuß oder mit dem Maultier durch eine halbe chinesische Provinz zurückkam und sich fast wie ein Kind an dem Essen und an einer Schale heißen Tees und an einem flackernden Feuer freute. »Es ist gut, daheim zu sein – oh, es ist gut, daheim zu sein!« murmelte er vor sich hin.

»Ich ging nie von zu Hause fort ohne inneren Kampf«, sagte er mir, als er schon ein alter Mann war. Doch er hatte von Geburt ein rastloses, grimmiges Gewissen, und ich habe nie erlebt, daß er die Stunde seines Fortgehens verschoben hätte oder vor der schwierigsten und gefährlichsten Reise zurückgeschreckt wäre. Im eigenen Herzen trug er die Quelle seiner Kraft. Und weil er gegen sich selbst so streng war, war er erbarmungslos in seinem Urteil über geringere Menschen. Einst hörte ich ihn über einen Mitmissionar zornig ausrufen: »Er gibt nicht gerne das Behagen seines Heims auf – er ist träge!« Wäre er jemals selbst in Versuchung geraten oder hätte er einer Versuchung manchmal nachgegeben, wäre er vielleicht nachsichtiger gegen seine Mitmenschen gewesen. Doch niemals vermochte die Schwäche ihm etwas anzuhaben, so wie keinem, der stark genug ist für die Versuchungen, die ihn befallen. Denn er war stark genug für den größten Zwiespalt seines Lebens – den Zwiespalt seines Pflichtgefühls und seiner sonderbaren körperlichen Furchtsamkeit.

Dies nun ist die Geschichte seiner Berufung. Ein Missionar aus China kam nach Lewisburg in Westvirginia und predigte dort in der alten Steinkirche. Er erzählte die Geschichte seines Lebens. Andrew, damals sechzehn Jahre alt, saß mit seiner Familie in der vordersten Bank und hörte den Bericht über Wechselfälle und Gefahren und verzweifelte menschliche Not, und er lauschte und hatte Angst. Er hatte solche Angst, daß er allein nach Hause eilte und einer Begegnung mit dem Missionar auswich. Aber sein Vater brachte den hochgewachsenen, hageren Mann zum großen Sonntagsmittagessen heim, und da ließ sich die Begegnung nicht mehr vermeiden.

Der Missionar blickte die lange Reihe der Söhne entlang und sagte zu Andrews Vater: »Und von allen diesen Söhnen, die Sie gezeugt haben, wollen Sie keinen einzigen für China opfern?«

Niemand antwortete. Der Vater war verblüfft. Es war schon ganz hübsch, einmal im Jahr oder zweimal einen Missionar erzählen zu hören, ihm nachher tüchtig zu essen zu geben und ihn im Wagen zur nächsten Kirche zu führen; etwas ganz anderes aber war es, ihm einen Sohn zu schenken.

»Ich möchte nicht, daß sich die Jungens solche Gedanken in den Kopf setzen«, sagte Deborah energisch vom Ende der Tafel.

»Gott ruft«, erwiderte der Missionar ruhig.

»Nehmen Sie doch noch Huhn und Saft«, sagte der Vater eilig. »Hör, Deborah, gib noch Kartoffeln her – Becky, hol das warme Brot – so essen Sie doch, mein Lieber! Wir haben hier guten Appetit!«

Niemand antwortete, aber Entsetzen packte Andrews Herz. Wie, wenn Gott ihn fortrief? Er konnte den Bissen nicht schlucken.

Auch nachher ging er tagelang voll Entsetzen umher. »Ich glaube, ich habe damals zehn Pfund Gewicht verloren«, sagte er, wenn er sich nach fünfzig Jahren dieses Vorfalls erinnerte. Er hatte Angst, seine Gebete zu sprechen, damit Gott ihn nicht während des Gebets rufe. Niemals hatte er sein Heim als so warm, als so schützend empfunden. Dennoch war er tief unglücklich. »Ich ging Gott aus dem Wege«, schrieb er als alter Mann. »Ich wußte es und war tief unglücklich.«

Denn es war seinem Wesen notwendig, daß er die Beziehung zu Gott klar und rein empfinde, und jetzt mochte er tun, was er wollte, hingehen, wohin er wollte, er fühlte, daß er Gott nicht entrinnen konnte.

Eines Tages stellte ihn die Mutter. »Was fehlt dir, Andy, du siehst ja aus, als bekämest du die Gelbsucht!«

Lange zögerte er, es ihr zu erzählen, aber sie hatte seine Schulter mit festem Griff gepackt. Sie war noch größer als er. Schließlich gestand er murmelnd die Wahrheit, und seine Augen füllten sich mit Tränen der Ohnmacht. »Ich fürchte, die Berufung wird an mich ergehen«, sagte er.

»Was für eine Berufung?« fragte sie. Sie hatte den Missionar schon ganz vergessen.

»Auf den Acker der Fremde.«

»Hinaus mit dir!« sagte sie ungestüm. »Dein Vater wird nichts davon hören wollen! Er rechnet damit, daß du den Besitz übernimmst.«

Ich glaube, daß nichts Andrew in größere Wut bringen könnte, obwohl er schon lange tot ist, als wenn er wüßte, daß diese Bemerkung irgendwie dazu beigetragen haben mag, ihm die Berufung Gottes erträglicher zu machen. Aber gewißlich empörte sich seine Seele bei den Worten der Mutter. Er entwand sich ihrem Griff und schritt von dannen. Er dachte nicht daran, auf dem Land zu bleiben, Berufung oder nicht. Der Zorn verlöschte für diesen Augenblick die Furcht. Allein ging er in den Wald, und dort rief er entschlossen Gott an. »Ich habe mein trotziges Herz gebändigt«, schrieb er später. »Ich rief Gott zu: ›Hier bin ich – sende mich aus!‹ Unverzüglich füllte Frieden meine Seele. Ich hatte keine Furcht mehr. Ich fühlte mich stark. Als ich meinen Willen aufgab, senkte sich die Macht Gottes auf mich. Und Gott sandte mich aus.«

So war sein Leben entschieden. Aber damals sagte er noch nichts. Er entwarf einen Plan für die nächsten Jahre. Fünf Jahre mußte er noch seinem Vater dienen. Von den anderen, älteren Söhnen wußte er, daß der Vater ihm am einundzwanzigsten Geburtstag ebenso wie allen anderen die Wahl freistellen werde, zu Hause zu bleiben und für die Arbeit, die er dort leistete und die er bisher umsonst getan hatte, Lohn zu empfangen, oder ein gutes Pferd zu erhalten, ein Handgeld von hundert Dollar und davonzureiten. Alle hatten sich für das Fortreiten entschlossen, und das wollte auch er. Er erzählte es niemandem, aber er hatte die Absicht, davonzureiten, ins College und ins Seminar zu gehen und sich für das von ihm erwählte Leben tauglich zu machen. Sein Herz pochte bei diesem Gedanken. Bücher – endlich konnte er eine Menge Bücher haben. Er hungerte von je nach ihnen, und die Schule war ihm immer zu wenig gewesen. Selten habe ich in seinem Ton Wärme gehört, einmal aber in dem Satz: »Ich *liebte* die Schule.« Eigentlich glaube ich nicht, mich erinnern zu können, daß er das Wort »lieben« in irgendeiner anderen Weise zu sich in Beziehung setzte. »So sehr hat Gott die Welt geliebt . . .« In diesem Sinne habe ich das Wort oft genug gehört. Doch klang es sonderbar, wenn er sagte: »Ich liebe . . .« Ich erinnere mich daran, denn in jener Zeit sollte ich selbst in die Schule geschickt werden und war gar nicht dessen sicher, daß ich sie lieben würde, und ich hätte niemals geglaubt, daß er irgend etwas außer Gott lieben könnte.

An seinem einundzwanzigsten Geburtstag ritt er also fort, und heiß brannte in seiner Brust die Berufung. Sein Leben hatte begonnen, und ausgehungert trat er es an. Seine Geschichte berichtet, daß er nicht gleich das College besuchen konnte. Der Bürgerkrieg hatte die ganze Schultätigkeit unterbrochen, und obwohl die älteren Söhne, wenn sie wieder heimkamen und ehe sie fortgingen, den jüngeren Kindern Unterricht erteilt hatten, war Andrew doch ziemlich ungleichmäßig vorbereitet. Darum ging er für ein Jahr an die Frankfort Academy – mehr weiß ich nicht –, von dort nach Washington und an die Universität, die Hiram knapp vor ihm bezogen hatte.

Meine erste Kenntnis von jenen Jahren erhielt ich, als ich noch ein kleines Mädchen war. In einem Zustand des Ausgehungertseins, der jenem Zustande Andrews sehr ähnelte, durchstöberte ich alle Bücherregale in dem Missionshause auf dem Hügel über den Yangtsetal. Alle Bücher auf Erden wären mir nicht genug gewesen, und in jenem Missionshause gab es nur sehr, sehr wenige Bücher über die Welt. Und so tat ich, während Andrew auf einer seiner langen Predigtfahrten war, etwas, das ich, wäre er zu Hause gewesen, nie gewagt hätte – ich ging in sein Arbeitszimmer, um die Regale abermals zu durchsuchen; freilich hegte ich nicht viel Hoffnung, denn ich hatte sie schon einmal besichtigt, hatte die Lebensbeschreibungen Plutarchs gelesen, Josephus und die »Märtyrer« von Fox und überhaupt alles, was irgend aussah wie eine Geschichte. An diesem Tage aber war ich so verzweifelt, daß ich mir Geikies »Kommentar zur Bibel« nahm, den ich allerdings wieder zurückstellte. Das war schlimmer als nichts. Dann entschloß ich mich aus eitel Langeweile, die Laden des alten Rollschreibtisches durchzusehen. Ich erinnerte mich, einmal, als Andrew zufällig eine Lade geöffnet hatte, ein paar Bücher bemerkt zu haben. Doch als ich jetzt Nachschau hielt, fanden sich nur seine Missionsverrechnungsbücher vor, in seiner leicht zitterigen Handschrift bis in die kleinste Einzelheit genau geführt. Einst hatte er einen Sonnenstich erlitten, der ihm beinahe das Leben gekostet hätte, und seither zitterte seine rechte Hand ein wenig beim Schreiben. Eine nach der anderen öffnete ich die Laden. In der untersten sah ich einen Stoß sonderbarer Rollen aus lederartigem Papier. Sie waren sehr staubig, und lange Zeit konnte niemand sie angesehen haben. Manche waren wohl überhaupt nie geöffnet worden. Ich nahm sie heraus, Stück für Stück, und entrollte sie. Darauf standen lateinische Worte gedruckt. Ich studierte damals für mich die lateinische Sprache, und da sah ich seinen Namen und daneben immer die drei Worte: »Magna cum laude.« Ich ging zu Carie und fragte sie, was das bedeute.

Sie saß in ihrem Schlafzimmer, hatte eine große Socke über die Hand gezogen und stopfte flink. Diese hageren, knochigen Füße Andrews, die täglich im Dienste seiner Sendung viele Meilen zurücklegten, über das Steinpflaster von Städten, über geschotterte Straßen und auf staubigen Pfaden, füllten Caries Nähkorb immer mit einem hohen Stoß. Wie ein Licht strahlte nun Stolz aus ihren Zügen. »Dein Vater wurde an der Universität in jedem Fache mit Auszeichnung graduiert«, sagte sie. Als ich nach Jahren ins College kam, wäre ich beinahe beleidigt gewesen, als er nichts zu einem Zeugnis zu sagen hatte, das ich der guten Noten wegen für hervorragend hielt. Doch wenn er nichts sagte, geschah dies deshalb, weil er von seinem Kind nichts Geringeres erwartete, und eigentlich erwartete er von mir eher Besseres, als ich ihm geben konnte, wie ich leider sagen muß. Einmal erhielt ich zu meinem Staunen neunundneunzig Punkte in Geometrie, einem Fach, in dem ich nie hervorragend war. »Eine gute Note«, sagte er zurückhaltend, fügte jedoch gleich hinzu: »Hundert wären besser gewesen.«

Während seiner Studienjahre im College war er verzweifelt arm. Ich kann ihn mir vorstellen, hochgewachsen, schon ein wenig gebückt, aber mit jener hochmütigen großen Würde, die ihm stets innewohnte. Er hatte sie schon damals, denn seine Studiengenossen hegten Angst vor ihm, und offenbar stand ihm keiner sehr nahe, was übrigens auch später bei allen Menschen in seinem Leben der Fall war. Er hatte auch sehr kurzsichtige Augen und wußte es nicht, auch hatte ihm noch niemand soviel Beachtung geschenkt, um das zu bemerken. Wenn möglich, setzte er sich ganz vorne hin, und ging dies nicht an, schrieb er, was auf der Tafel stand, von einem seiner Kameraden ab. Er konnte Leute erst erkennen, wenn sie zum Greifen nahe an ihm vorüberkamen, und so lernte er nie, jemandem ins Gesicht zu sehen oder die Dinge seiner Umgebung zu beobachten, und das trieb ihn noch mehr in sich zurück. Als ihm später einer seiner Professoren zu einer Brille riet, war er geradezu entzückt, daß er jetzt besser werde lesen können. Er pflegte keinerlei Verkehr an der Universität, zum Teil, weil er arm war und einzig und allein den Wunsch hegte, mehr Bücher kaufen zu können, und zum Teil, weil er Gesellschaft nicht wünschte. Er wünschte nur, den Saft aus seinen Büchern pressen zu können. Hiram, der hübsche, konnte zu Vergnügungen gehen, auf der Gitarre klimpern und hübsche Mädchen besuchen, aber Andrew tat nichts dergleichen. Und dennoch war er erschütternd glücklich. Er stand noch früher auf als sonst und fühlte sich ganz ungeheuer verwöhnt, denn hier gab es keine Kühe zu melken, keine Feldarbeit zu verrichten. Er konnte seiner einzigen Leidenschaft nachgeben, der Liebe zu den Büchern. Darin übertraf er alle anderen. Hiram konnte sich nicht mit ihm messen, keiner der anderen konnte es, nicht einmal David, der in Sprachen beinahe genial begabt war.

Ich weiß, denn Andrew erzählte es mir, daß er zu arm war, die elf Dollar aufzubringen, die die Verpflegung in der Studentenmesse monatlich kostete, und daß er mit Hiram in einem Zimmer des alten hölzernen Schlafhauses wohnte, im Winter Holz fällte und es in einer Ecke des Raumes aufstapelte, wo er aus Pilzen und Kartoffeln über demselben Feuer, das auch zur Erwärmung diente, kärgliche Mahlzeiten zubereitete. Er sagte mir dies, denn vierzig Jahre später erschien es ihm unglaublich, daß ein Mädchen imstande sei, im College so viel Geld auszugeben. Sie hörte dies und hatte nicht den Mut, ihm zu sagen, daß, was er ihr gab und für großzügig hielt, nicht einmal hinreichte, Kost und Quartier zu bezahlen. Sie saß schweigend da, und nachdem er fortgegangen war, ging auch sie und suchte sich eine Stellung als Lehrerin in einer Abendschule. Aber für Andrew hatten sich die Zeiten nicht geändert. Er lebte nie in der Zeit, sondern in der Ewigkeit.

Ich weiß sonst nichts von seinem Leben im College, nur daß er mit der größten Auszeichnung graduierte, von ungewöhnlicher Aufmerksamkeit der Öffentlichkeit ermuntert, und ich kenne einen Vorfall, der ihm selbst noch im Alter sein Leben lang eine Tragödie bedeutete.

Am Abend nach seiner Graduierung – am nächsten

Tag sollte er abreisen – brach in dem baufälligen hölzernen Schlafhaus Feuer aus. Hiram hatte schon ein Jahr vorher das College absolviert, Andrew war also allein, und da er jung und müde war vor Erregung und Triumphgefühl, schlief er fest. Erst im letzten Augenblick wurde er durch dichten Qualm und furchtbare Hitze erweckt. Das Haus stand in Flammen. Er tastete sich zur Treppe, die schon brannte, und brachte sich eilig in Sicherheit. Hinter ihm stürzte die Stiege ein. Es war kein Leben zu beklagen, denn nahezu jedermann war schon fort. Er aber stand da und sah zu, wie das wackelige Gebäude aufflammte, dann dunkel wurde und in Asche zerfiel, und er war verzweifelt wie wohl nie wieder im Leben. Seine Bücher, mit denen sein Leben verbunden war, die er mit solchen Opfern erstanden hatte, gingen in dem Brande unter, eins nach dem anderen.

Er kehrte nun wieder heim, ohne einen Groschen. Nichts hatte sich geändert. Sein Vater begrüßte ihn mit rauher Herzlichkeit, mit kargem, aber wohlgemeintem Mitgefühl. Bücher! Nun, er brauchte doch keine Bücher mehr. Wollte er sich nicht endlich einer wirklichen Arbeit widmen? Sein Lohn wartete auf ihn. Er aber wartete nicht auf den Lohn. Es schien ihm unmöglich, von neuem dieses langweilige Alltagswerk körperlicher Arbeit zu beginnen. Er scheute die Mühe, die die Kraft des Hirns aufsaugt, als wäre die ein nutzloses Nebenprodukt, und nichts anderes übrigläßt als die stumpfe körperliche Ermüdung, die nur vom Schlaf gelindert werden kann. Zufällig stieß er in einer religiösen Zeitung auf eine Ankündigung: »Junger Mann gesucht zum Verkauf von Bibeln.« Sogleich war ihm klar, daß der Verkauf von Bibeln mehr bedeutete als das bloße Verkaufen eines Buches – er bedeutete, daß man das Wort Gottes weithin verbreiten konnte. So beantwortete er die Einschaltung, und bald kam ein Paket Bibeln, und Andrew machte sich zu Fuß auf den Weg von Haus zu Haus.

»Ich weiß nicht«, schrieb er nach Jahren in jenem kurzen Abriß seines Lebens, »woran der Fehler lag, aber ich verkaufte nur ein einziges Exemplar. Ob die Leute so harten Herzens waren, oder ob ich mich nicht sehr geschickt an sie wandte, das weiß ich nicht. Ich weiß nur, daß Gott mein Unternehmen nicht segnete.«

In Wahrheit liegt der Grund darin, daß noch nie jemand auf Erden gelebt hat, der weniger vom Kaufmann in sich gehabt hätte als Andrew, und ich glaube, daß wohl auch der Verkauf von Bibeln kaufmännische Fähigkeiten erfordert. Ich kann mir ihn vorstellen, wie er sich in kläglicher Scheu einem Hause näherte. Ich kann mir vorstellen, wie eine muntere Hausfrau am frühen Morgen mitten in der schlimmsten Arbeit nach dem Frühstück die Tür öffnet und dort einen großen, gebückten, errötenden jungen Mann auf der Schwelle sieht, der ihr stammelnd ein Buch entgegenhält.

»Gnädige, ich verkaufe Bibeln. Ich weiß nicht, ob –«

»Wir haben eine Bibel«, erwiderte sie ganz gewiß heftig. Schließlich hatte doch jedes Haus eine Bibel. Es war doch ein christliches Land. Und so schmiß sie die Tür zu und griff wieder ins Spülwasser. Gerade eine Bibel!

»Am Ende eines Monates zog ich den Schluß«, schrieb Andrew, »daß Gott mich nicht ausersehen hat, irgend etwas zu verkaufen.«

So ging er zu seinem Vater zurück und wußte nicht, was er sonst beginnen könnte, und sein Vater, der ein wenig lachen mußte, zahlte ihm gar nicht so übel, obwohl Andrew keine Bezahlung für hinreichend erachtete, wenn ihm die Arbeit verhaßt war.

Während aller Studienjahre hatte er seinen Entschluß, Missionar zu werden, heimlich in seiner Brust verschlossen. Und wie gut verstand er sich darauf! Er vermochte einen lieben Plan jahrelang für sich zu behalten, völlig durchzuformen und alles ihm anzupassen. In späteren Jahren war dieses Heimlichtun eine Qual für Carie und ein Grund der Erbitterung für seine Missionsgenossen.

Andrew hatte frühzeitig entdeckt, daß das sicherste Mittel zu tun, was er wollte, darin bestand, daß er es tat, ohne irgend jemandem zu sagen, was er tue. Doch als der Sommer allmählich dahinschwand, wurde es nötig, den Eltern zu sagen, daß er im Herbst ans Seminar gehen wolle, um sich auf den Missionarberuf vorzubereiten. Er hatte sich jeden Groschen von seinem Lohn erspart. Bei dem reichlich gedeckten Tisch spielte es gar keine Rolle, daß er mitaß. Zudem hatte damals sein Bruder John schon seine reiche Witwe geheiratet und hatte ihm versprochen, ihn mit einem Darlehen zu unterstützen. Auch David, der zu dieser Zeit in einer kleinen Stadt der nächsten Grafschaft Prediger war, bewies ihm sein Mitgefühl.

So sagte er es seinen Eltern und begegnete sogleich beim Vater furchtbarem Widerstand.

»Unsinn!« grölte der stürmische alte Mann, und er schüttelte sich das schüttere weiße Haar aus der Stirn zurück. »Werde Prediger, wenn du es schon so haben willst – obwohl ich sagen muß, sechs Söhne von sieben ist schon zuviel des Guten. Aber in ein fremdes Land vagabundieren gehen, ist mehr, als ein Mensch tun muß.«

»Nicht, wenn Gott einen ruft«, sagte Andrew. Er war wohl der starrsinnigste Mensch, den ich je gesehen habe, wenn Gott ihn zu etwas berief. Und so kann ich mir denken, daß der Grimm und das Gebrüll seines Vaters ihn in seinem Entschluß nur noch mehr bestärkten. Was seine Mutter dazu gesagt haben mag, das weiß niemand. Doch als sie die Entscheidung des alten Mannes hörte, war sie aus Widerspruchsgeist sogleich gewonnen.

»*Ich* habe nichts dagegen, Andy«, sagte sie, hin und her schaukelnd. »Handle, wie es dich gutdünkt – das heißt, eines verlange ich von dir als von meinem Sohn. Versprich es mir, Andrew.«

In seiner Erleichterung und Dankbarkeit versprach er es ihr. »Ich verspreche es dir gewiß, Mutter.«

Er hatte nicht geahnt, welche Bedingung sie stellen werde.

»Du sollst nicht fort, ehe du eine Frau gefunden hast, die mit dir geht«, sagte sie, auf und ab schaukelnd. »Ich würde mich nicht ruhig fühlen, wenn du nicht eine Gattin hättest, die dich betreuen kann.«

Ihm schwanden schier die Sinne. Eine Gattin! So etwas hatte er nicht vermutet. Nie hätte er auch nur im Traum daran gedacht, zu heiraten – eine Gattin zu nehmen, da er doch in fremden, gefährlichen Ländern leben mußte – ein Weib – er kannte kein einziges!

»Wie soll ich denn je eine Frau finden, die bereit wäre, mit mir zu gehen?« stöhnte er. »Du könntest es mir ebensogut verbieten!«

»Ach laß«, erwiderte seine Mutter freundlich. »Es gibt immer Frauen, die bereit sind, jeden zu heiraten, er muß nur zwei Beine haben und Hosen tragen.«

Andrew ging verwirrt von dannen. Seine Mutter hatte ihn nicht beruhigt.

Es scheint, daß er die Sache schließlich Gott überließ. Ich will nicht sagen, daß er nicht selbst sich ein wenig bemüht hätte. Aber seine Bemühungen waren vergeblich. Ich kenne keine Einzelheiten, denn über seine Mißerfolge, welcher Art sie auch sein mochten, wahrte er immer tiefes Schweigen und vergaß sie unverzüglich. Doch eines Abends, als er ein sehr alter Mann war, erzählte er mir etwas. In jenen Jahren saß ich allabendlich eine Zeit bei ihm, damit er, wenn er danach gelaunt war, jemanden habe, mit dem er sprechen konnte. In diesen Stunden erzählte er mehr als je zuvor – nicht folgerichtig, sondern bald diese, bald jene Einzelheit aus einem Leben, das dreiviertel Jahrhunderte gewährt hatte. Das Zusammenfügen war meine Sache. Und so sagte er plötzlich an einem solchen Abend: »Es hätte dir passieren können, daß Jenni Husted deine Mutter gewesen wäre.«

»Was?« rief ich. Es war unmöglich, sich irgend jemanden anderen denn Carie als Mutter vorzustellen. Sogleich hegte ich Groll gegen Jennie Husted. Wer war sie?

»Im Seminar machte ich mir viel Sorge wegen des Versprechens, das ich meiner Mutter gegeben hatte«, sagte er, während er ins Feuer starrte. »Ich beobachtete viele junge Damen – das heißt von weitem«, fügte er rasch hinzu. »Wenn irgendeine mir überhaupt möglich erschien, fromm und im Glauben fest, fragte ich sie zuerst, ob sie jemals den Acker in der Fremde in Erwägung gezogen habe. Es erschien mir klug, ihre Ansicht über diesen Punkt zu kennen, ehe ich mir die Zeit nahm und die Kosten machte, weitere Schritte zu tun. Alle verneinten.«

»Aber wer war Jennie Husted?« fragte ich.

»Meine Probepredigt«, fuhr er in seiner ruhigen Art fort, ohne die Unterbrechung zu beachten, »gefiel sehr gut – ja so gut, daß sie in einer Kirchenzeitung abgedruckt wurde. Sie hieß: ›Die Notwendigkeit, das Evangelium den Heiden zu verkünden, im besonderen Hinblick auf die Lehre von der Vorausbestimmung.‹ Nach ihrem Erscheinen erhielt ich einen Brief von einer gewissen Miß Jennie Husted. Darin billigte sie aufs wärmste meine Ansichten, und es entspann sich ein Briefwechsel. Sie war in Lousville in Kentucky daheim. Im letzten Jahr meiner Seminarstudien bat ich um die Erlaubnis, sie besuchen zu dürfen.

Ich fühlte, daß Gott sie berufen habe, meine Gattin zu werden. Und so unternahm ich die weite Reise, um sie zu sehen, noch unter diesem Eindruck. Doch als wir einander kennenlernten, fand ich, daß ich mich geirrt hatte.«

»Was geschah denn?« fragte ich, über alle Maßen neugierig.

»Ich hatte mich einfach geirrt«, erwiderte er fest und sagte nichts mehr.

»Nun, so sag mir wenigstens, wie sie ausgesehen hat«, drängte ich, bitter enttäuscht.

»Ich erinnere mich nicht mehr«, erklärte er mit großer Würde.

Mehr habe ich darüber nie erfahren. Dennoch glaube ich, daß Caries Platz als unsere Mutter niemals ernstlich bedroht gewesen ist.

III

Caries Einstellung zu ihrer Bekanntschaft und ihrer Verheiratung mit Andrew lasse ich gänzlich unberücksichtigt. Schließlich hatte Carie als Carie sehr wenig für Andrew zu bedeuten. Es war von der Vorsehung so gefügt – das heißt, Gott fügte es so, daß im Sommer, in dem er das Seminar absolvierte und zum Antritt seines Dienstes bereit war, wovor ihn nur das der Mutter gegebene Versprechen zurückhielt, eine junge Frau gefunden wurde, die – so schien es wenigstens – ein Interesse daran hatte, als Missionarin mit ihm zu ziehen.

In jenem Sommer war er zu seinem Bruder David auf Besuch gekommen, so wie im Sommer vorher, um unter der Anleitung seines Bruders zu studieren. David verfügte über gelehrte Kenntnisse in Sanskrit, Hebräisch und Griechisch und in anderen für das Bibelstudium wichtigen Sprachen. Und außerdem übernahm Andrew nicht nur für David, sondern auch in Nachbarkirchen die Stellvertretung des Predigers. Das war eine gute Übung für ihn und gab ihm außerdem die Möglichkeit, ein wenig Geld zu verdienen. Und der Übung bedurfte Andrew wahrlich. Den Mantel der Scheu konnte er niemals ganz von den Schultern streifen. Ein gewisser heimlicher Zweifel an sich selbst und seiner Männlichkeit vermischte sich immer mit seinem Selbstvertrauen als Gottesbote. Niemals hegte er Zweifel daran, daß er von göttlicher Führung geleitet werde, niemals Zweifel daran, daß er den rechten Weg gehe. Ich glaube, der Grund lag darin, daß er die Worte Mrs. Pettibrews nicht aus dem Sinn bekam. Sein ganzes Leben lang bewunderte er mit ein wenig Wehmut hübsche und kluge junge Männer. Viele hübsche und kluge junge Chinesen taten auch wirklich mit ihm, was sie nur wollten.

Trotz Mrs. Pettibrew hatte er sich besser entwickelt, als er selbst wußte. Das rote, strohige Haar seiner Knabenjahre war wie durch ein Wunder zu dunkelbraunen Locken geworden. Ich weiß, wie sehr man darüber staunte, denn diese Veränderung ging ziemlich rasch vor sich, so daß man ihn hänselte und sagte, er habe sich das Haar gefärbt, worüber er sich entsetzte. Carie erzählte mir, daß sein Haar, als sie ihn kennenlernte, unleugbar rot war. Doch in dem Sommer, da er ihr den Heiratsantrag machte, in demselben Sommer, in dem sie auch heirateten und nach China fuhren, hatte er schon dunkles Haar. Sie sagte, er sei ›gar nicht so häßlich‹ gewesen. Aber er hatte immer sandfarbene Augenbrauen, und sein Schnurrbart blieb rötlich. Und als er sich dann bei den Chinesen einen Bart wachsen ließ, nannten sie ihn ›Rotbart‹, obwohl ihm Leute, die ihn besser kannten, den Spitznamen ›der Büchernarr‹ beilegten, denn in China hat jedermann seinen Spitznamen. Nun war er freilich von jeher in Bücher verliebt bis zu dem Tag, an dem wir ihn mit seinem kleinen griechischen Neuen Testament begruben, das mehr ein Teil seines Lebens war, als irgendeiner von uns es je gewesen.

Ich habe ein Bild von ihm aus dem Sommer, in dem er Carie heiratete. Nach der Sitte der Zeit sitzt er, und sie steht neben ihm und legt ihm ein wenig verlegen die Hand auf die Schulter. Doch offenbar weiß er gar nichts davon, daß die Hand dort liegt. Er schaut aus dem Photo mit dem Gesicht, das ich so gut kenne, dem Gesicht, das aus jenem trotzigen, vorgestreckten Unterkiefer besteht, jenen kindlichen klaren Augen und einer schönen frommen Stirn. Diese ungetrübte Stirn blieb stets die gleiche, obwohl er am nächsten Geburtstage achtzig Jahre alt geworden wäre, hätte er noch den Sommer des Jahres erlebt. Ich wurde mir nie darüber klar, welcher dieser drei

Teile seines Gesichtes weniger wandelbar war, ich glaube aber die Stirn. Die war breit und glatt und hatte eine durchsichtig helle Haut. Er trug den Tropenhelm immer tief über die Augen gezogen, so daß die rötlich braune Sonnenfarbe seiner Wangen niemals zur Stirn emporsteigen konnte. Am Morgen war diese Stirn, nachdem er wie immer eine Stunde lang allein in seinem Arbeitszimmer gebetet hatte, durch drei flammend rote Streifen gekennzeichnet, an der Stelle, an der er das Haupt auf die ausgespreizten Finger gestützt hatte. Doch diese Flecke verblaßten bald, und die glatte hohe Stirn war wieder weiß. Er wurde nie kahl, und sein dunkles Haar verwandelte sich, als es schütter wurde, zu Silber. Denn er litt nie. Er erlebte dieses Außerordentliche und Seltsame: ein völlig glückliches Leben, und auf seiner in Wahrheit edlen Stirn lag niemals eine Furche.

Erbarmungslos lasse ich Caries Anteil an dieser Geschichte jetzt aus dem Spiel.

An jenen langen Abenden seines hohen Alters stellte ich ihm gar manche Frage. »Wie sah Mutter aus, als du sie heiratetest?« fragte ich ihn. Er starrte ins Kohlenfeuer, das er so gerne in seinem Kamin brennen hatte. Er hielt die ausgebreiteten Hände nahe an die Flammen. Diese Hände zeigten durch keine Spur, daß der Mann hier seine Jugendjahre auf einer Farm verbracht hatte. Sie waren die Hände eines Gelehrten, ziemlich groß, sehr schmal, fein geformt und mit sorgfältig gepflegten Nägeln. Überhaupt sah ich ihn nie anders als ordentlich und makellos sauber. Niemals in der ganzen Zeit unserer von Armut geplagten, an Wechselfällen reichen Kindheit und niemals in den Jahren seines höheren Alters sah ich ihn anders, als frisch rasiert mit blendend weißem, steifem Stehkragen und sorgfältig gekämmtem Haar. Bei aller Armut war er adrett. Niemals wollte er mehr als zwei Anzüge besitzen – wenn er mehr hatte, verschenkte er den Überfluß an jemanden, der der Kleidung bedurfte –, und auch diese beiden Anzüge trug er, bis sie fadenscheinig wurden, doch immer war er frisch und sauber. Wohin er auch ziehen mochte auf seinen Reisen, bei denen er nachts in kleinen, dreckigen chinesischen Herbergen einkehren mußte, begann er den Tag nie, ohne irgendwie zu baden. Und ich sah ihn nie mit schmutzigen Händen.

»Deine Mutter?« sagte er sinnend. »Ich erinnere mich nicht genau. Sie hatte dunkles Haar und dunkle Augen und sang sehr gerne.«

»Wie hast du ihr deinen Antrag gemacht?« fragte ich allzu kühn.

Er wurde verlegen. »Ich habe ihr einen Brief geschrieben«, erwiderte er. Einen Augenblick dachte er nach und fügte dann hinzu: »Das erschien mir als einzige Art, alles genau auszudrücken, damit sie es sich reiflich überlege.«

»Mutters Vater wollte doch nicht haben, daß sie dich heiratet, nicht wahr?« Das sagte ich, um ihn ein wenig zu weiteren Erinnerungen zu verleiten.

Er erwiderte gelassen: »Ja, es war ein unsinniges Gerede, aber ich wollte davon nichts wissen. Es war ein Mann von großem Jähzorn, freilich auf seine Art ein wackerer Mann – doch sehr eigenwillig. Ich kann mit eigenwilligen Leuten nicht viel anfangen.«

»Und dann?«

»Nun, dann heirateten wir und zogen geradenwegs nach China. Ich erinnere mich, daß mir kein Mensch etwas davon gesagt hatte, man könne im Zug Schlafplätze belegen, und so mußten wir die ganze Zeit sitzen.«

»Hat nicht jemand erzählt, daß du nur eine Fahrkarte für den Zug kauftest?« sagte ich prüfend.

»Aber nein«, antwortete er, »das ist Unsinn.«

»Du meinst, das ist eine Erfindung?«

»Ach, natürlich kaufte ich eine zweite Karte, sobald man mich darauf aufmerksam machte«, sagte er.

Und er lachte vor sich hin, sein trockenes, halb stummes Lachen, und er verlachte sich, weil er in dieser Fahrkartengeschichte und auf der Reise überhaupt so unerfahren gewesen war. Der Spaß lag jedoch darin, daß er keine Ahnung davon hatte, daß er niemals im Leben in den Dingen der Welt etwas anderes gewesen war als unerfahren. Eisenbahnkarten und die Kompliziertheiten einer Reise blieben für ihn immer ein Gegenstand der Verwirrung, obwohl er auf diese oder jene Art dennoch an sein Ziel gelangte. Dies tat er einfach so, daß er sich möglichst frühzeitig im Hafen oder an der Bahn einfand, damit er, wenn er zufällig das falsche Schiff oder den falschen Zug besteigen sollte, von jemandem darauf aufmerksam gemacht werde, der ihm rechtzeitig Weisungen geben konnte.

Natürlich legte er auf seinen Reisen unglaubliche Strecken zurück und war mit jedem Beförderungsmittel zufrieden. Dennoch konnten wir ihn nie ein Schiff oder einen Zug oder irgendein anderes modernes Verkehrsmittel besteigen sehen, ohne daß wir seine Hilflosigkeit gewahrt und uns geängstigt und an seiner Ankunft am Ziel Zweifel gehegt hätten, fast mit dem sicheren Gefühl, er werde nie wieder zurückfinden. Dennoch kam er, gewöhnlich mit Hilfe einer mitleidigen Person, die seine Verwirrung bemerkte, immer wieder irgendwie zurück. Aus grundsätzlichen Erwägungen war er gegen jeglichen Luxus, obwohl er insgeheim die Bequemlichkeit liebte, und darum wollte er vom Reisen in der ersten Klasse nichts wissen, ja auch von der zweiten Klasse erst, als er schon ein sehr alter Mann war. Als man in China Eisenbahnen zu bauen begann, war er aufgeregt wie ein Kind und fand das größte Vergnügen daran, mit diesen Bahnen durch Gegenden zu fahren, die er einst zu Fuß oder auf einem Maultier bereist hatte. Doch durch Jahre weigerte er sich energisch, anders zu fahren als dritter Klasse, in der die Bänke schmale Bretter waren, und wenn wir nicht scharf aufpaßten, stieg er sogar manchmal in einen Wagen vierter Klasse für Kulis. Er tat dies nicht, weil er des Geldes wegen knickerig gewesen wäre, er war Gottes wegen knickerig, damit jeder Groschen der Sache zugute komme, der er sein Leben geweiht hatte und der er in unbewußter Erbarmungslosigkeit auch alle Leben, für die er verantwortlich war, weihte.

Seine Flitterwochen auf dem Schiff, auf dem er den Stillen Ozean überquerte, verbrachte er damit, daß er seine Kenntnisse in der chinesischen Sprache vervollkommnete. Monate vorher hatte er das Studium begonnen. Nun teilte er, wie er es immer tat, sein Leben genau ein. Eine gewisse Anzahl von Stunden war täglich dem Studium des Chinesischen gewidmet, eine andere Zahl dem Hebräischen und Griechischen. Die Bibel las er immer in diesen Sprachen. Höchst unzufrieden war er mit der mangelhaften Übersetzung der Bibel ins Englische und später auch mit der chinesischen Übersetzung. Trotz aller Starrheit seines Glaubens war er ein gründlicher Gelehrter und vermochte es nicht, irgendeine Übersetzung der Bibel als das endgültige Wort Gottes zu betrachten. Das endgültige Wort Gottes war hier auf irgendeine Art im hebräischen und griechischen Originaltext beschlossen, und es war die Leidenschaft seines Lebens, die Wahrheit des Wortes zu enthüllen. Die erste ketzerische Ansicht, die er je äußerte – und er war voll ketzerischer Ansichten, die er allerdings niemals als solche anerkannt hätte –, war die, daß ›man‹ ganz unrecht habe, wenn man das Wort ›Jom‹ im ersten Kapitel der Genesis mit Tag übersetze – es bedeute nicht Tag, sondern Zeitraum. ›Gott schuf die Welt in sieben Zeiträumen‹, pflegte er zu sagen. Aber er schenkte den Wissenschaftlern keinerlei Glauben, noch auch ihren Forschungen über die Entstehung des Menschengeschlechtes. ›Ein Rudel alter Kerle, die sich über ein paar Kratzer in dieser oder jener Höhle aufregen‹, sagte er, und das Rudel war für ihn erledigt. Darwin aber war für ihn ein vom Satan Besessener. ›Evolution‹! höhnte er. ›Ich nenne es eine Schändung!‹ Dennoch konnte er mit wehmütiger Ehrfurcht einem Bibelforscher oder Archäologen lauschen, der über die Ausgrabungen in Ninive oder Tyros berichtete. Er hörte solche Erfüllung der alten Prophezeiungen mit erstaunlicher Glaubensdemut, denn sie war ihm ein Wunder, eine Wiederauferstehung und ein tausendjähriges Reich, wie man sie nirgends in irgendeinem der Romane finden konnte, die zu lesen er verschmähte, weil sie nicht ›wahr‹ waren.

Ins Chinesische also stürzte er sich mit inbrünstiger Freude. Er war in der Tat genial begabt für alle Sprachen und fand Entzücken an den schwierigen Beziehungen des Chinesischen: an dem Unterschied zwischen aspirierten und nichtaspirierten Lauten, an den musikalischen Tonfällen: aufsteigend, gleichbleibend, gleichbleibend-aufsteigend, absteigend! – an all den feinen Nuancen und Unterscheidungen der Bedeutung und des Satzbaus. Er sprach Chinesisch, wie nur wenige Weiße es vermögen, mit Gefühl und literarischer Feinheit. Schließlich wurde es ihm vertrauter als seine Mutterspache, denn er mußte es viel öfter anwenden. Als er einmal auf Urlaub in Amerika war, bestieg er vor einer großen Gemeinde die Kanzel. Wie immer stand er eine Weile schweigend da, um alles, was nicht Gott war, aus seinem Geiste zu bannen. Und wenn er dann fühlte, daß niemand da war außer ihm und Gott, begann er zu beten – und dieses Gebet war chinesisch. Erst als er es halb gesprochen hatte, erkannte er seinen Irrtum. Er hielt inne und fuhr englisch fort. Aber aus dem Gebet wurde nichts rechtes, jetzt war er sich dessen bewußt, daß noch andere hier weilten, und Gott war fort.

Eigentlich sprachen nur wenige Chinesen so genau wie er, denn wenige kannten gleich ihm die Syntax ihrer Muttersprache. Es existiert ein kleines Buch, das er einst über chinesische Redensarten verfaßt hat, eine wirklich wertvolle Studie, in dem gedrängten Stil geschrieben, der ihm eigen war. Und es ist für ihn bezeichnend, daß er bei der Neuauflage des Buches sich weigerte, einen Index zu verfassen, wie man von ihm wünschte, denn er sagte: ›Es wird den Leuten nichts schaden, zu suchen, was sie wissen wollen, wenn sie es wirklich brauchen.‹

Jedoch war es gerade die Genauigkeit seiner Kenntnisse, die seine chinesische Rede allzu literarisch erscheinen ließ, und sie überstieg wahrlich oft das Verständnis gewöhnlicher Leute. Ich erinnere mich, daß er sein ganzes Leben lang an Carie zu nörgeln hatte, weil ihre chinesische Aussprache ein wenig nachlässig war. »Eure Mutter«, so sagte er mäkelnd zu uns, »wird niemals lernen, daß gewisse Worte aspiriert werden.« Und er beschwor sie, da sein empfindliches Gehör Qualen litt: »Carie, ich bitte dich, dieses Wort wird aspiriert.«

Worauf sie unbekümmert erwiderte: »Was weiter? Mich stört es nicht, solange man mich versteht. Außerdem verstehen mich die einfachen Leute besser als dich.«

Die Situation wurde dadurch in keiner Weise besser, daß diese Schlußbemerkung völlig den Tatsachen entsprach.

Wenn ich auf die achtzig Jahre seines Lebens zurückblikke, erkenne ich, daß ihr Grundzug sehr einfach war. Die ersten achtundzwanzig Jahre waren Jahre des Kampfes und der Vorbereitung, hartnäckig durchgeführt mit geradezu genialem trotzigen Beharren bis zu dem Augenblick, da er die Reise nach China antrat. Von diesem Augenblick an ist sein Leben fünfzig Jahre lang ein Bild schlichten Glücks. Rings um mich sehe ich heute in jedem Lande der Welt die Menschen nach dem persönlichen Glück ringen. Sie streben danach auf hunderterlei Art. Sie setzen ihre Hoffnung auf hundert verschiedene Dinge – auf neue Regierungsformen und Gesellschaftstheorien, auf Pläne für die öffentliche Wohlfahrt, auf private Anhäufung von Reichtum. Keiner ist ganz frei von dieser Suche nach persönlichem Glück. Wie immer er seine Kämpfe unter edlen Namen von Ideen und Kreuzzügen auch verbergen mag, die bittere Wahrheit ist, daß an keinem Kampfe auch nur *ein* vollkommen glückliches Individuum teilnimmt. Andrew war die glücklichste Person, die ich je kennenlernte, und er kämpfte nie. Er ging seines Weges, heiter und selbstsicher, sicher in dem Wissen um seine eigene Gerechtigkeit. Ich habe ihn gegen andere zornig gesehen, weil sie ihm auf diesem Wege des Herrn, den er so sicher dahinschritt, Hindernisse bereiteten, niemals aber sah ich ihn verwirrt oder seiner selbst nicht sicher. Niemals sah ich ihn auch in unwürdigem Zanke mit anderen. Er schritt seinen Weg dahin in stolzer Ruhe. In seiner klaren Entschlossenheit lag Größe.

Ich kann auch keinen Augenblick die Auffassung zugeben, daß es die Religion war, die ihn mit solcher Kraft erfüllte. Die Religion hatte nichts damit zu tun. Wäre er ein geringerer Geist gewesen, hätte er einen geringeren Gott gewählt. Wäre er für den heutigen Tag geboren worden, er hätte einen anderen Gott gewählt, aber welchen Gott er auch gewählt hätte, er wäre für ihn Gott gewesen. Was immer er tat, hätte er mit seiner schwertscharfen Einseitigkeit des Herzens getan. Und so wie er war, als Kind seiner Zeit und jenes kämpferischen Blutes, wählte er den größten Gott, den er kannte, und machte sich auf in die Welt, um die Menschen zu zwingen, daß sie seinen Gott als den einzigen wahren Gott anerkannten, vor dem alle sich beugen müßten. Es war ein prächtiger Imperialismus des Geistes, unglaublich und unverständlich für jeden, der nicht in dieser Denkart erzogen wurde oder darüber hinausgewachsen ist. Die Vielen sind die, die noch darin stecken und nicht wissen, was sie sind.

Für Andrew aber war der geistige Imperialismus ebenso naturgegeben wie das Gottesgnadentum der Könige für Karl II. Andrew hatte auch die naive und kindliche Arglosigkeit dieses Königs. Er wäre schmerzlich erstaunt gewesen, hätte ihm jemand erklärt, er sei anmaßend und herrschsüchtig. Und er machte auch wirklich keinen solchen Eindruck, denn sein Betragen war von großer Freundlichkeit und Würde, sein Schritt ruhig, seine Stimme sanft, seine Art immer beherrscht und zurückhaltend, mit Ausnahme jener seltenen, sonderbaren, plötzlichen Wutanfälle, bei denen ein Etwas, das er tief in sich verschlossen hielt, für einen Augenblick die Fesseln sprengte. Jedermann fürchtete ihn in diesen Augenblicken. Seine Kinder waren entsetzt, wenn sie dieses rasche Zucken seines Gesichtes sahen, das scharfe Emporfahren der Hand. Irgend jemandem mußte dies Schmerzen bringen – einen Schlag, wenn seine Hand oder sein Stock zuhieb. In einer Sekunde war es wieder vorüber, und je älter er wurde, desto seltener kam es vor, bis es endlich gänzlich verschwand oder sich zu einer verteilten Kraft läuterte, die nicht mehr in Zornanfällen losbrach, so daß er in seinen letzten Jahren bis in die Tiefe des Herzens sanft war.

Aber in seiner Jugend gab es so jähe Wutanfälle. Ich weiß jetzt, daß er einen nie laufen ließ, ohne sich zu schämen und zerknirscht zu sein. Ich bin überzeugt davon, daß er, wenn er die Hand so plötzlich sinken ließ und so rasch aus dem Zimmer ging, sein Arbeitszimmer aufsuchte, um auf die Knie zu fallen und Gott um Verzeihung zu bitten. Doch glaube ich, der Gedanke, irgendeinen Menschen um Verzeihung zu bitten, kam ihm all sein Lebtag nicht. Und das deshalb, weil er auf unmenschliche Art stolz war. Hätte er es als seine Pflicht betrachtet, um Vergebung zu bitten, hätte er es gern getan. Vor einer Pflicht schrak er nie zurück. Doch schien ihm nur die Verzeihung Gottes wichtig, die Überzeugung, daß der klare, tiefe Strom zwischen ihm und Gott nicht getrübt war. Um jeden Preis hielt er diese Verbindung sauber und tief, und so lebte er glücklich. Denn er kannte dieses Glück: früh hatte er sich mit einer Pflicht vermählt, an die er sein ganzes Leben lang ohne den Schatten eines Zweifels glaubte. Nicht einmal sein eigenes Gemüt wurde ihm untreu. Er hielt sein Denken und Fühlen unter unerbittlichem Zwang. Bei seinem Tode war er überzeugt, daß er richtig gewählt, richtig geglaubt und in seinem Werke Erfolg errungen habe. Nur wenige sind es, denen solches Glück gegeben ist.

Da er immer völlig glücklich war, umgab ihn ein Zauber. Oft war er in einer Stimmung ruhiger Heiterkeit, manchmal sogar voll mit Scherzen. Ich habe ihn oft bei Tisch sitzen sehen, oder in der Stille des Abends nach dem Tagewerk, und plötzlich überquoll in seinen blauen Augen heimliches Lachen, und er lachte lautlos. »Was gibt es?« fragte ich dann immer. Manchmal, selten, sagte er es mir. Doch zumeist erwiderte er einfach: »Mir ist etwas eingefallen.« Ich glaube beinahe, daß er hörbares Lachen für unschicklich gehalten hat. Dennoch begann er manchmal, wenn er die Ursache seines Lachens angab, zu husten und vor Lachen zu stammeln. Das verblüffte uns immer ein wenig, wenn er es uns dann erzählte, denn das, worüber er lachte, war oft überraschend einfach und irgendwie inkongruent. Carie lächelte über ihn, als wäre er eins der jüngeren Kinder. Dieser Sinn für einfache Inkongruenzen war sein ganzer Humor.

Aber manchmal gab es Schwierigkeiten dabei, denn wenn ihm jemand mißfiel, verbarg er sein Lachen nicht. So mißfielen ihm zum Beispiel die Frauen im allgemeinen, aber ganz besonders und unverhohlen haßte er den lauten, selbstsicheren, überzuversichtlichen Typ, den unsere westliche Zivilisation in solchen Scharen entwikkelt zu haben scheint. Einmal, schon als ganz alter Mann, saß er an meinem Tisch einem Besuch gegenüber, einer Person dieser Art. Andrew, dem sie sofort mißfallen hatte, hatte in verstocktem Schweigen dagesessen und ihre Anwesenheit nur durch eine knappe Verbeugung zur Kenntnis genommen. Sie schnatterte unbekümmert dahin, geschwätzig, wie es ihre Art war, sprach von dem Ball, den sie nach dem Essen im amerikanischen Konsulat besuchen werde, und fragte sich beunruhigt, ob es sie wohl »stören« werde, wenn sie mit den chinesischen Herren, die gewiß dabei anwesend waren, tanzen mußte. Sie hatte noch nie mit Männern einer anderen Rasse getanzt. Jetzt hob Andrew flink den Blick von seinem Teller. Ich wußte, daß ihm ihr Aussehen verhaßt war, die dicken Arme, bis zur Schulter nackt, der große Busen, der das enge Gewand zu sprengen drohte. Fleischmassen erfüllten ihn immer mit Abscheu, der sich bis zur Wut steigern konnte. Jetzt sah ich, wie sein ins Ferne gerichteter Blick den wohlbekannten fröhlichen, boshaften Schimmer annahm. Plötzlich begann er mit jener trügerisch langsamen, sanften Stimme: »Ich kann mir kaum vorstellen, daß sich ein Chinese finden wird, der –« Da trat ich ihm unter dem Tisch fest und rasch auf den Fuß. Die Augen der üppigen Dame funkelten.

»Nehmen Sie doch noch Kaffee«, bat ich sie. »Ach, wie entzückend Ihr Kleid ist«, schwatzte ich weiter. »Die Farbe steht Ihnen so gut zu Gesicht. Genau dieselbe Nuance wie Ihre Augen.«

Geschmeichelt und strahlend wandte sie sich mir zu. »Finden Sie wirklich?«

»Ja, wirklich, wirklich«, rief ich, während ich meinen Fuß noch immer fest auf dem Andrews stehen hatte. Er rührte den Tee in seiner Schale um und schüttelte sich vor lautlosem Lachen, denn er vergaß jetzt alles andere als das Bild, das er in seiner Phantasie sah: wie nämlich diese ungeheuere Amerikanerin in einem albernen Tanz eine zarte chinesische Gestalt an sich gepreßt hielt. Als ich ihm später Vorwürfe machte, was ich mir in jenen Tagen herauszunehmen erlaubte, bemerkte er ruhig: »Nun, eine solche Frau muß man doch auslachen – sie ist eine Idiotin.« Andrew war seiner Sache immer sehr sicher.

»Es war sehr peinlich«, sagte Andrew oft, »daß deine Mutter immer seekrank wurde. Ich erinnere mich, daß die Seekrankheit sie sofort, nachdem wir die Küste Amerikas hinter uns gelassen hatten, befiel. Ich drängte sie, sie möge trachten, sich zu beherrschen, aber sie schien entschlossen, dem Übel seinen Lauf zu lassen. Bei einer anderen, weniger eigensinnigen Natur wäre Beherrschung möglich gewesen, doch in ihrem Fall erreichte die Seekrankheit besondere Heftigkeit, so daß deine Mutter ihr nie wieder entrinnen konnte.«

»Du meinst doch nicht, daß sie etwas dagegen hätte tun können«, riefen wir, sogleich bereit, Carie zu verteidigen.

»Man muß sich Mühe geben«, bemerkte er heiter. »Außerdem war es höchst unangenehm.«

Ich kann mir nicht vorstellen, daß Andrew auf dieser Hochzeitsreise über einen stürmischen, von Taifunen heimgesuchten Ozean ein sehr guter Pfleger einer seekranken jungen Frau gewesen sein kann. Natürlich dürfte er höchst rücksichtsvolle Fragen gestellt haben, wußte aber wohl kaum, was er für die Patientin tun sollte. Er selbst war nie krank. An jenem Abend, als sie das Goldene Tor verlassen hatten, aß er, wie er mir mit unbewußt freudigem Erinnern erzählte, seine ersten rohen Austern. Es war so rauhes Wetter, daß die erste Auster in seinen Schlund glitt, ehe er noch geschluckt hatte, so daß er gar nicht bemerkte, wie sie eigentlich schmeckte. In die zweite biß er kräftig. »Mit ein wenig Pfeffer und Ketchup«, bemerkte er sanft, »erschienen sie mir eßbar. Mir scheint, ich aß zwölf Stück, doch bedauerte ich später, daß ich nicht bei sechs halt gemacht hatte.«

»Du warst doch nicht seekrank?« fragten wir boshaft.

»Gar keine Rede«, erwiderte er, »ich war auf See nie krank. Ich empfand bloß ein paar Stunden lang eine Art Bedauern, doch beschäftigte ich mich mit anderen Dingen.«

Er hatte eine Konstitution aus Stahl und eine Verdauung, die durch nichts in Unordnung gebracht werden konnte. Das war das äußerste Unwohlsein, das ihn auf See befallen hatte, und er konnte nie verstehen, welche Qualen Caries zarter organisierter Körper zu erdulden hatte.

Aber Andrew war nie krank. Jahre hindurch aß er auf seinen Reisen, was es eben zu essen gab. Hartgekochte Eier waren ein Leckerbissen, den die chinesischen Bäuerinnen ihm vorsetzten, und er aß davon. Eines Abends sah er daheim hartgekochte Eier auf einem Salat, den Carie bereitet hatte.

»Zwölf Stück«, murmelte er freundlich. »Ich habe heute zwölf harte Eier gegessen.«

»Aber Andrew«, rief Carie entsetzt. »Warum denn?«

»Um Christi willen«, sagte er. »Wenn ich die Leute gekränkt hätte, hätten sie auf mich nicht gehört, und da es arme Leute waren, konnten sie mir nichts Besseres bieten.«

Einmal wollte er im Hause eines Bauern Konversation machen und blickte auf ein Feld weißblühenden Buchweizens hinaus und bemerkte, daß er Buchweizenkuchen gerne esse. Die Hausfrau machte sich unverzüglich zu schaffen, und bald sah er vor sich auf dem Tisch eine gewaltige Schüssel mit dicken, trockenen, ungeheuer großen Buchweizenkuchen und sonst nichts. Er aß sich durch so viele durch, wie ihm möglich war. Weder damals noch zu irgendeiner anderen Zeit, da er dieses Haus besuchte, schrak er davor zurück, die Kuchen zu essen, obwohl er Angst vor ihnen hatte und jedesmal, wenn er es für seine Pflicht hielt, dorthin zu gehen, verzagt war.

Und darum konnte er bei Caries Seekrankheit nicht glauben, daß es ihr nicht besser gehen könnte, wenn sie nur den Versuch machen wollte.

»Wenn man sich bemüht –«, murmelte er ihr in ihrer Verzweiflung zu.

»Oh, geh weg, Andrew«, flehte sie ihn an. »Hast du denn nirgends ein Buch zu studieren?«

»Andrew kann sich nicht vorstellen –«, so sagte sie uns oft und oft im Flüsterton. Gleich darauf bat sie uns: »Kinder, ihr dürft auf mich nicht achten. Euer Vater ist ein wunderbarer Mann.«

Er war wunderbar. Sechs Monate nach der Ankunft hielt er seine erste Predigt in chinesischer Sprache. Im allgemeinen gilt es als schöne Leistung, wenn man dies nach zwei Jahren zu tun vermag, und so war Andrew ein Wunder unter den Missionaren. Er war auch ganz stolz auf sich und erzählte den Fall gar oft mit naiver Freude, obwohl es nur gerecht ist, wenn man feststellt, daß er immer wieder mit jenem unterdrückten Schimmer seiner blauen Augen hinzufügte: »Natürlich ist es eine andere Frage, ob mich jemand verstanden hat oder nicht. Ich habe nie gehört, daß diese Predigt irgendeine Bekehrung zur Folge gehabt hätte.«

Seine Erinnerungen an ihre Landung an der chinesischen Küste glichen denen Caries ganz und gar nicht. Sie konnte sich von dem Gedanken an die Not des Volkes, die sie ringsum sah, nicht freimachen. Aber Andrew war erstaunt über die Bequemlichkeit, in der die Missionare lebten.

»Sobald wir landeten«, sagte er, »wurden wir von einer Delegation älterer Missionare begrüßt, die sich sehr freuten, mich zu sehen, da schon durch einige Jahre kein Nachschub gekommen war. Wir wurden von Dr. Young Allen zum Essen eingeladen. Das Dinner war ausgezeichnet – viel zu ausgezeichnet für den Tisch eines Missionars. Ich erinnere mich noch genau, daß das damals mein Eindruck gewesen ist. Aber später hörte ich, daß Dr. Young Allen sich auch kaufmännisch betätigte. Er begann in der Periode des Bürgerkrieges, sich mit derlei Dingen abzugeben, zu einer Zeit, da die Kirche daheim nicht imstande war, ihm weiterhin sein Gehalt zu zahlen – ich glaube, er handelte mit Öfen.«

»Während des Essens schliefst du ein, und Carie schämte sich sehr«, sagten wir ihm, denn wir hatten die gleiche Geschichte von Carie gehört.

»Ich erinnere mich ganz und gar nicht«, sagte er mild. »In Shanghai kaufte ich meinen ersten Überzieher«, fuhr er fort. »Das war eine Verschwendung, wie mir damals schien, aber man sagte mir, es sei unumgänglich.«

Carie hatte trotz aller Seekrankheit während ihrer Flitterwochen vier Weisheitszähne bekommen, und jetzt war ihr ziemlich zarter Unterkiefer so voll von Zähnen, daß sie Qualen litt. Andrew führte sie zu einem Zahnarzt, denn die einzigen Zahnärzte in China waren damals in Shanghai, und er wartete, während sie sich die Zähne ohne Betäubungsmittel ziehen ließ – vier große, kräftige, neue Zähne. Carie hatte immer schöne, gesunde Zähne gehabt. Einmal, als sie sechzig Jahre alt war, rief ein Zahnarzt seine Schüler herbei und hieß sie, sich anzusehen, wie vollendet Zähne in Caries Alter noch sein können. Sie sammelten sich rings um sie, feierliche junge chinesische Zahnärzte, während sie liebenswürdig den Mund, so weit sie nur konnte, öffnete. Sie lachte, wenn sie uns diesen Bericht gab. »Sie starrten so lange, bis es mir war, als hätte ich den Mund voll mit ihren Augen«, sagte sie, aber in ihrer Stimme klang auch ein wenig Stolz – sie wußte, daß sie einen gesunden Körper hatte. Und die Weisheitszähne hatten tiefe, starke Wurzeln gehabt.

Unmittelbar nach dem Zahnziehen bestiegen sie eine Dschunke, um auf dem Kanal nach Hangtschau zu fahren – eine Geschichte, die ich von Andrew gehört habe, nicht von Carie –, und bevor sie absegelten, begannen die Wunden zu bluten, so daß Andrew seine Frau zum Zahnarzt zurückbringen mußte.

»Das war höchst unbequem«, sagte er. »Aber wir machten uns mit nicht ganz zwei Stunden Verspätung wieder auf den Weg. Mir lag schon daran, rasch zu meiner Arbeit zu kommen.«

IV

Das interessante an Andrew und Carie war, daß wir von ihnen über dieselben Ereignisse immer völlig verschiedene Berichte erhielten. Sie sahen nie das gleiche und empfanden die Dinge auch nicht ähnlich, und es war gar nicht so, als ob sie an denselben Ort gegangen oder mit denselben Leuten zusammengekommen wären. Andrew erinnerte sich von dieser Kanalfahrt nur an lange Gespräche mit dem ältesten Missionar und an seinen gewaltigen Fortschritt in der Sprache, während Carie unter einem großen Sonnenschirm ihre Stunden auf dem kleinen Verdeck verbrachte, die langsam vorbeiziehenden Ufer betrachtete, die Reisfelder, die eben abgeerntet wurden, und die kleinen Dörfer. Ich weiß – denn wie oft bin ich im September durch chinesische Felder gegangen! –, daß die warme windstille Luft im rhythmischen Takt der Dreschflegel widerhallte, mit denen man auf den Lehmtennen Reis drosch. Ich kenne den tiefblauen Himmel über den abgemähten goldenen Feldern und die Scharen weißer Gänse, die da und dort Reiskörner aufpicken. Es ist noch immer warm, und kleine Kinder torkeln über den Pfad, nackt und braun von der Sommersonne, und legen sich dann zusammengerollt an der Wurzel eines Baumes in den Schatten schlafen. Denn die Luft an sich ist schon angenehm und einschläfernd, zumal bei diesem abgebrochen rhythmischen Schlagen der Dreschflegel.

Andrew aber hatte nur Augen für das Missionsgebäude.

»Alles war viel besser, als ich mir vorgestellt hatte«, sagte er mir einmal. »Wir fanden große saubere Wohnstätten, und die Mahlzeiten waren vortrefflich. Ich hatte erwartet, wir würden in kleinen Lehmhütten wohnen müssen. Inmitten solchen Behagens – gutes Essen, Dienerschaft, viel Platz – fühlte ich mich unbehaglich. Eure Mutter hängte in unserem Zimmer sonderbare rötliche Vorhänge auf. Die hielt ich für zu übertrieben, und ich sagte es ihr auch.«

»Hat sie sie abgenommen?« fragte ich.

»Nein«, sagte er. »Sie hatte immer ihren eigenen Kopf. Aber ich war sehr wenig dort. Ich verbrachte meine Zeit unten im Arbeitszimmer. Am Morgen nach meiner Ankunft begannen wir mit dem Studium der Sprache. Um acht Uhr fing es an, da studierten wir bis zwölf und wieder von eins bis fünf. Dann machten wir einen Gesundheitsspaziergang. Da es keine halbwegs brauchbaren Gebetbücher gab, begannen wir, das Neue Testament zu lesen. Der Lehrer las eine Zeile, und wir sprachen sie ihm möglichst deutlich und mit seiner Betonung nach. Wir taten dies täglich, mit Ausnahme des Sonntags.«

»Wurdet ihr nicht müde?« fragten wir. Carie war oft müde geworden. An der grauen Ziegelmauer des Missionsgartens war ein Chrysanthemenbeet, und Carie saß beim Fenster, damit sie die flammenden Pflanzen mit den schweren Blüten ansehen könne, wenn sie die summende Stimme des alten Lehrers nicht mehr ertrug. Sie erlaubte sich nicht oft, dort hinauszuschauen – nur dann, wenn sie so müde war, daß sie es nicht länger ertragen konnte. Und als die Chrysanthemen verblaßten, war zum Glück ein herrlicher Bambus in der Nähe des Fensters, dicht behängt mit scharlachroten Beeren. Und manchmal flogen Wildgänse über das Stück Himmel, das sich oberhalb des Anwesens erstreckte.

»Müde!« rief Andrew. »Wie konnte ich müde sein, wenn ich das einzige Ding auf Erden tat, nach dem mein Sinn stand – mich für das Werk vorbereiten?«

Alle Gründlichkeit, die er von seinen germanischen Vorfahren geerbt hatte, wandte er an diese Studien. Er grub und schürfte an den Wurzeln der Sprache. Er erlernte die zweihundertvierzehn Klassenhäupter und die musikalischen Worttöne, die Aspiraten und Nichtaspiraten. Er meisterte die Grammatik und erforschte die mundartlichen Eigenheiten. Er begann das Studium der konfuzianischen Klassiker, damit er vom Anbeginn einen kultivierten Wortschatz und eine feine Ausdrucksform habe. Es war bezeichnend für die Zähigkeit seines Geistes und die Festigkeit seines Vorsatzes, daß die Philosophie des Konfuzius, die der Jesu Christi so wesentlich zugrunde liegt, ihm niemals wichtig erschien. »Konfuzius sagt ein paar sehr hübsche Dinge«, pflegte er ruhig zu erklären, »wußte aber nichts von Gott und verstand daher auch nichts von der Verderbtheit der menschlichen Natur und von der Notwendigkeit der Erlösung durch unseren Heiland und Herrn Jesus Christus.«

In späteren Jahren hegte er außerordentliche Verachtung für jene Missionare, deren Seelen zarter waren und die in der Weisheit des Konfuzius ein gewisses Mittel zur Erlösung der Menschheit zu sehen glaubten. »Er ist auf falscher Spur«, sagte Andrew dann mit echtem, kummervollem Mitleid.

Andrew fand überhaupt Grund zu endlosem Erstaunen bei seinen Mitmissionaren. Das Volk ringsum war, so wie er es erwartet hatte – unerlöst. Aber er hatte nicht erwartet, die Missionare so menschlich zu finden, wie sie waren. »In der Mehrheit«, so sagte er, »waren es zwar wackere, aber nicht sehr helle Männer.« »Der Kerl!« rief er. »Er war träge. Er wollte nicht das Behagen seines Heims aufgeben. Er ging ein- oder zweimal in die Kirche, die an der Straße lag, und wunderte sich dann, warum der Herr ihm keine neuen Schäflein schenkte.«

»Sie waren sehr zanksüchtige Männer«, sagte er, wenn er sich an die heiligen Männer der Kirche in jener frühen Zeit erinnerte. »Ich weiß noch genau, wie ungemein erstaunt ich war, als man mich das erstemal nach Sutschau sandte und ich dort Dr. Du Bose und Dr. Davis fand, die einzigen zwei weißen Männer in der Stadt, und der eine lebte im Norden und der andere im Süden, und sie kamen nie zusammen und sprachen auch nicht miteinander. Als ich Dr. Davis besuchte und von Dr. Du Bose sprach, sagte er: ›Oh, wie ich diesen Mann hasse!‹« Andrew machte eine Pause und fügte feierlich hinzu: »Ich war entsetzt.« Dann fuhr er fort: »Als ich stromauf nach Tschinkiang geschickt wurde, waren dort Dr. Woodbridge und Dr. Woods. Sie verbrachten viel Zeit mit Schachspiel und waren abwechselnd Freunde und Feinde. Meine Ankunft fiel in eine solche Periode der Feindschaft. Sie sprachen nicht miteinander. Ein jeder erzählte mir die Geschichte von der gänzlichen Unfähigkeit des anderen Missionars. Ich hielt es für meine Pflicht, unparteiisch einen jeden anzuhören und dann eine Versöhnung zwischen den beiden zu versuchen.«

Er lächelte ein sonderbares Lächeln.

»Hattest du Erfolg?« fragten wir.

»In gewissem Sinn – sie wurden dann einig und wandten sich gegen mich!« Er lachte wieder lautlos und trocken, wie es seine Art war.

Andrew wußte nicht, und ehe ich erwachsen war und es selbst beobachten konnte, wußte auch ich nicht, daß er bei aller scheinbaren Ruhe ein Krieger war, ein Streiter Gottes, der unabhängig in die Schlacht auszog, ein Engel mit dem Schwert. Eine meiner frühesten Erinnerungen in jenem klobigen Missionsbungalow ist die an die Montagnachmittage, die den sogenannten ›Stationszusammenkünften‹ gewidmet waren, einer Versammlung der dort lebenden Missionare. Am Sonntag war jedermann religiös tätig gewesen, in drei Gottesdiensten – aber nicht nur religiös tätig, sondern auch körperlich erschöpft und angespannt. Dann kam der Montag. Hunderte von Montagen saß ich als kleines verwirrtes Kind und sah die Erwachsenen an, ein verbissenes Gesicht nach dem anderen, und lauschte einer verbissenen Stimme nach der anderen. Worum der Streit ging, wußte ich in jenen Tagen nicht ganz genau, denn das Thema wechselte immer wieder. Zumeist handelte es sich um Geld – ob Mr. Wang, der Prediger in der Kirche beim Westtor, zehn Dollar im Monat erhalten solle statt acht, und ähnliche Dinge. Ich hoffte, man werde ihm zehn geben, denn ich hatte den fröhlichen kleinen Mr. Wang mit dem runden Gesicht, der mir am Neujahrstag Pakete mit süßem Reiskuchen brachte, gern. Stundenlang wurde über diese zwei Dollar debattiert. Aber es schien, als ob diese beiden Dollar Mr. Wang Flausen in den Kopf setzen könnten – eines Tages mochte er gar zwölf verlangen –, vielleicht leistete er sich irgendwelchen Luxus – Missionsgeld war heilig, war anvertrautes Gut. Mr. Wang durfte nur seine acht Dollar haben. Carie stand auf und verließ das Zimmer, und ihr Gesicht war sehr rot. Schüchtern folgte ich ihr.

»Was ist los, Mutter?« wollte ich wissen.

»Nichts«, sagte sie, und sie preßte die Lippen zusammen. »Nichts – gar nichts!«

Aber ich sah viel in ihrem Gesicht. Zerschmettert ging ich zurück und mußte entdecken, daß Mr. Wang jetzt schon ganz vergessen worden war, und daß sie über einen frischen Anstrich der Kirche oder über die Eröffnung einer neuen Station oder über dergleichen zankten. Andrew wollte die Tätigkeit immer mehr ausdehnen, wollte neue Stationen errichten, aber die anderen wollten das nicht zulassen. Wenn ich ihnen lauschte, quoll mir das Herz in hilflosen Tränen. Es schien mir, als wären sie immer gegen Andrew und Carie, diese Männer und Frauen mit ihrer lederähnlichen Haut, den harten Lippen und den bitteren, entschlossenen Augen. Andrew saß dort und sah sie nicht an, sondern blickte immer durchs Fenster quer über das Tal zu den Hügeln; seine Stirn war weiß und ruhig, seine Stimme gelassen und fest. Immer wieder sagte er: »Ich empfinde es als meine Pflicht, weiter ins Innere des Landes vorzustoßen. Ich bedaure, wenn das gegen euren Willen ist, aber ich muß meine Pflicht tun.«

So hatte auch Andrew teil an dem Zank, aber auf seine eigene Art. Niemals fügte er sich irgendwelchen Regeln, weil sie ihm immer mit seiner Pflicht in Widerstreit zu stehen schienen, und seine Pflicht kannte er immer genau. Die anderen mochten nach Belieben abstimmen und beschließen, denn die Missionstätigkeit wurde durch eine Art demokratische Beschlußfassung aller Missionare, eine Beschlußfassung, die dann von der Finanzverwaltung in Amerika genehmigt werden mußte, bestimmt. Aber Andrew hörte nur auf Gott, Mangel an Geld gebot ihm nie Einhalt. Wenn er kein Geld hatte, und er hatte es nie, schrieb er jemandem, der als wohlhabend bekannt war, und bat schamlos darum. Wenn er welches bekam, und er bekam es oft, mußte er es nach der Missionsregel melden und in die gemeinsame Kasse einzahlen. Er meldete es, wenn es ihm gerade einfiel, gab es aber nie her und verwendete es nach seinem Ermessen – immer zu einem weiteren Vordringen ins Innere und zur Errichtung neuer kleiner Zentren für seine Predigertätigkeit. Ich habe geringere und bürokratischere Missionare fast verrückt werden sehen bei dem Versuch, Andrew im Zaum zu halten. Sie schrien ihm bittere Worte zu, sie drohten ihm mit der Verstoßung, wenn er nicht aufhöre, den Vorschriften Ungehorsam zu erweisen, immer wieder und wieder nannten sie ihn einen Ketzer, einmal sogar einen Irrsinnigen, weil er kein Wort von dem zu hören schien, was sie sagten. Er war ein Fels inmitten der schäumenden Brandung – unbeweglich, ohne Groll, ruhig, aber so entschlossen, so starr in seiner Art, daß es, das weiß ich, Leute gegeben hat, die angesichts dieser erhabenen, verbissenen, cherubhaften Ruhe am liebsten aus dem Zimmer gegangen wären und geweint und in einem Anfall hilfloser Wut die Köpfe an die Wand geschlagen hätten. Aber Andrew wußte nicht einmal, daß sie ihm zürnten. Hatte er ihnen nicht von Gottes Willen gesprochen? Er mußte dem Willen Gottes gehorchen.

Nun, und der Wille Gottes schickte ihn sein Lebtag in die Schlacht. Er führte unablässigen Krieg – kämpfte Schlachten und Scharmützel, kannte aber keinen Rückzug. Einen seiner Kriege, den ihm die Zeit und seine eigene Entschlossenheit schließlich gewannen, führte er für einen gebildeten chinesischen Klerus. Als er nach China kam, fand er dort die chinesischen Priester zum großen Teil fast als Analphabeten vor. Sie waren früher Kulis gewesen, Diener, Türhüter in Missionsstationen, schlichte Leute, die sich leicht hatten bekehren lassen und noch leichter die einfache Aufgabe auf sich nahmen, die Kanzel zu besteigen und einer vorüberziehenden Menge eine Ansprache zu halten. Andrew war in tiefster Seele entsetzt. Er war ein Gelehrter und liebte die Gelehrsamkeit, und er erkannte die intellektuellen Fähigkeiten des Chinesen und wußte, wie wenig ein Chinese von Wert und Rang diese unwissenden Männer achten konnte. Das hieß die Kirche verächtlich machen.

Jetzt, mehr als ein halbes Jahrhundert später, scheint es absurd, wenn man hört, was für einen ungeheuren Aufruhr Andrew durch diese Anschauung entfesselte. Er wurde als Ketzer beschimpft, er wurde des Liberalismus und des Modernismus bezichtigt, weil er angeblich nicht an die Macht des Heiligen Geistes glaubte und sich lieber auf das Hirn der Menschen als auf die Macht Gottes verließ – er hörte alle Beschimpfungen und Schlagworte, die man durch Jahrhunderte für Leute bereit hat, die es wagen, von einer orthodoxen Religion abzuweichen. Denn Gott ist allmächtig und kann alles. So riefen die Orthodoxen, und sie riefen immer so. Gott kann auch aus einem Pförtner einen großen Prediger machen. Das menschliche Wissen ist nichts als Trug, und der Heilige Paulus hat gelehrt, alle menschliche Selbstgerechtigkeit als ein Nichts zu achten.

Andrew schritt erhobenen Hauptes durch diese Brandung und begann, eine kleine Gruppe junger Intellektueller um sich zu sammeln, fünf oder sechs Männer, denen er in seinem Arbeitszimmer Unterricht erteilte. Sie waren in ihrer eigenen Sprache schon gelehrt. Jetzt unterwies er sie noch in Geschichte, in Religionsphilosophie, in Hebräisch, Griechisch und Homiletik – in allen Gegenständen, die er selbst im Seminar studiert hatte. Jahrelang führte er diese Klassen, deren Teilnehmer wechselten. Niemals verwendete er in einer seiner Kirchen einen ungebildeten Mann. Fünfzig Jahre nach dem Beginn seines Feldzuges durfte er ein blühendes theologisches Seminar erleben, und er schloß seine Kurse. Die Welt hatte ihn überholt.

Dann war noch die Frage der religiösen Sekten. Eine der erstaunlichsten Formen des westlichen Imperialismus war die Beherrschung der Chinesen durch Methodisten, Presbyterianer, Baptisten und alle anderen, so daß von protestantischen Bekenntnissen allein über hundert verschiedene Typen vorhanden waren. Dies bedeutete für China mehr als eine geistliche Knechtschaft, nein, auch eine physische. Man hat viel über politische Einflußsphären gesprochen, über Japan und Deutschland und England und Frankreich, die Chin in einzelne Handels- und Machtgebiete aufteilten. Aber auch die Missionare teilten China auf. Gewisse Provinzen, gewisse Gebiete waren gewissen Sekten zur Propaganda zugewiesen, und man duldete keine Übergriffe in fremdes Gebiet.

Andrew neigte natürlich seinem Wesen nach dazu, solche Grenzen zu überschreiten, denn er tat immer nach seinem Gutdünken. Er ging, wohin er wollte, um zu predigen. Wenn irgendein erzürnter Methodistenmissionar darauf hinwies, daß es in dieser oder jener Stadt schon eine Methodistenkirche gebe, und daß daher Andrew dort nichts zu suchen habe, tat er es mit einer Handbewegung ab und predigte munter weiter. Machte man ihm dann Vorwürfe, sagte er gelassen: »Die Methodisten erreichen dort nichts. Der Mann, den sie haben, ist ein Klotz. Ich kann nicht alle Einwohner dieser Stadt ohne das Evangelium lassen.« Ja, ich weiß, daß er einen zur Raserei bringen konnte.

Denn, so unglaublich dies klingt, er selbst konnte gegen jeden, der in sein Gebiet eindrang, erbarmungslos sein. Ein Popanz unserer Kindheit war ein gewisser einäugiger Baptistenmissionar, der, wie ich jetzt weiß, harmlos und gütig war und in seiner Art nicht starrsinniger als andere, den ich aber doch während aller meiner Kinderjahre als einen Geist der Finsternis empfand. Diesen Eindruck verdankte ich Andrew, denn jener Mann hielt das Untertauchen für die einzig richtige Form der

Taufe und lehrte auch so, während Andrew als Presbyterianer lediglich das Haupt des Täuflings mit Wasser besprengte. Aber der einäugige Baptist machte Andrews Gebiet unsicher und erzählte einem jeden, das Besprengen sei unrichtig.

Es war eine nette Situation, die lediglich für den unbeteiligten Beobachter der Komik nicht entbehrte. Denn das unwissende Volk, das von der Voraussetzung ausging, wenn schon ein wenig Wasser der Seele guttue, müsse mehr Wasser noch besser wirken, folgte nur zu oft dem Einäugigen, was Andrew in heftige Wut versetzte. Außerdem gab es einige Stellen im Neuen Testament, die die Theorie des einäugigen Missionars auf höchst unangenehme Art zu bestätigen schienen, daß nämlich Christus die Leute ganz ins Wasser steigen hieß. Der einzige Umstand, der Andrew zu Hilfe kam, war der, daß eine große Zahl Chinesen keinerlei Neigung fühlte, sich ganz naß zu machen, besonders im Winter, so daß das Untertauchen nur in der warmen Jahreszeit beliebt war.

Dieser Kampf dauerte Jahr um Jahr und wurde immer schwieriger, weil Carie mit der liebenswürdigen Gattin des Baptisten in Freundschaft verbunden war. Schweigend saßen wir bei mancher Mahlzeit, während Andrew mit ungewohntem Wortschwall seine Meinung über andere religiöse Bekenntnisse äußerte, besonders aber über die Torheit des Untertauchens und ganz besonders über den Irrsinn, daß jemand imstande war, unwissenden Menschen zu sagen, sie müßten sich untertauchen lassen. Zu seiner Verteidigung ist jedoch anzuführen, daß es für ihn natürlich höchst lästig war, wenn er sich bemühte, einen guten presbyterianischen Konvertiten zu gewinnen und dann bei seinem nächsten Besuch entdekken mußte, daß dieser Geselle durch Untertauchen Baptist geworden war. Das ähnelte einem Kuckucksei im Nest. Da lehrte man und bemühte sich und übernahm all die Plage, die fundamentalen Lehrsätze des Christentums einem Heiden einzutrichtern, und dafür wolle man wenigstens in der Statistik ein neues Mitglied verzeichnen können. Es war nahezu religiöser Diebstahl, wenn dieses Mitglied dann die Glorie der Baptisten vermehrte.

Nach dreißig Jahren heftigen Kampfes klärte sich die Lage eines Morgens dadurch, daß der einäugige Missionar in seinem Bett tot gefunden wurde, weil ihn der Herzschlag gerührt hatte. Andrew fühlte sich gerächt. Er saß beim Frühstückstisch, als die traurige Nachricht vom Pförtner der Missionsstation überbracht wurde. Andrew goß sich Büchsensahne in den Kaffee und warf noch ein Extrastück Zucker hinein, ehe er antwortete. Insgeheim liebte er Zucker, war jedoch in dieser Hinsicht sehr streng gegen sich. Doch nicht an diesem Morgen. Da blickte er sich um, sah uns alle an und sagte in einem Tonfall gelassenen und gerechten Triumphes: »Ich habe ja gewußt, der Herr wird nicht zulassen, daß derartige Dinge immer weitergehen!«

Später war er ein begeisterter und unermüdlicher Anwalt einer Union der Bekenntnisse. Doch das ist die Geschichte eines anderen Feldzuges, und er starb, ehe er ihn zu Ende führen konnte.

Die Sache liegt so, daß jene frühen Missionare geborene Kämpfer und sehr große Männer waren, denn zu ihrer Zeit stellte die Religion noch ein Banner dar, unter dem man kämpfen konnte. Keine schwache oder furchtsame Seele wagte die Seereise in die fernen Länder oder vermochte Gefahren und Tod Trotz zu bieten, es sei denn, sie hielt ihre Religion als ein Banner hoch, unter dem sogar der Tod ein herrliches Ende bedeutete. Die frühen Missionare glaubten an ihre Berufung, so wie man heute an nichts mehr zu glauben versteht. Der Himmel war wirklich, ein Raum, erfüllt mit greifbaren Gütern. Die Hölle brannte, nicht nur für die bösen Ungläubigen, sondern, was viel furchtbarer war, für alle, die in Unwissenheit starben. Hinauszuziehen, laut zu rufen, zu warnen, andere zu retten – das war die erschreckliche Pflicht der schon geretteten Seelen. Es herrschte geradezu eine Tollheit in diesem Drang, eine verzweifelte Wut, zu retten. Die frühen Missionare kämpften einen verzweifelten Kampf, um jene zu retten, die rascher zur Welt kamen und rascher starben, als daß man sie retten konnte. Sie entwarfen gewaltige Pläne, sie führten Feldzüge über Hunderttausende von Meilen, hastig eilten sie von Seele zu Seele. Nicht einmal zwei Minuten waren ihnen zu wenig, wollten sie einer Seele den Weg des Heils zeigen. ›Glaube an den Herrn Jesus Christus – glaubst du? Gerettet, gerettet!‹

Das darf man nicht belächeln, nicht einmal in den heutigen Tagen geringschätzenden Unglaubens. Es war furchtbar, es war ein Greuel, nicht für den glücklicherweise Unwissenden, der friedlich starb und, ohne etwas zu ahnen, zur Hölle fuhr, sondern für jene toll verzweifelten Männer und Frauen, die die Verantwortung für die Rettung der Seelen auf sich lasten fühlten. Nur Starke konnten eine solche Last tragen – nur Starke, nur blindlings Hoffende vermochten es, unter einem solchen Druck zu essen, zu schlafen, Kinder zu zeugen und ihre Tage zu verleben.

Aber sie waren stark. Ich habe noch niemals etwas Ähnliches gesehen wie Andrew oder seine Generation. Das waren keine milden Stubenhocker, keine behaglich lebenden Landleute. Wären sie nicht ausgezogen als kühne Missionare, sie hätten sich in die Goldfelder gewandt oder Polarforschungen unternommen oder als Piraten Raubfahrten gemacht. Sie hätten auf andere Art die Eingeborenen fremder Länder beherrscht, wenn Gott nicht ihre noch jungen Seelen an sich gerissen hätte. Sie waren stolz und streitbar und tapfer und unduldsam und leidenschaftlich. Kein einziger Schwächling befand sich unter ihnen. Sie schritten auf den Straßen Chinas dahin, ihres Rechtes gewiß. Niemals wurden sie von einer Frage behelligt, kein Zweifel schwächte sie je. Sie waren im Recht in allem, was sie taten, und sie zogen in den Kampf Gottes, sicher des Sieges.

Ach ja, jetzt sind sie alle dahin! Keiner ihresgleichen ist geblieben. Die Männer, die in unseren modernen Zeiten ihre Stelle eingenommen haben, sind von Zweifel durchsetzt, mißtrauen sich selbst und ihrer Sendung. Sie sprechen von Toleranz und gegenseitiger Achtung, von liberaler Erziehung und von freundlicher Einstellung und von allerlei ähnlichen schwächlichen Dingen. Sie sehen Gutes in jeder Religion; sie führen keinen Krieg mehr, und sie dienen ihr Lebtag für geringen Lohn. Sie haben keinen Saft in sich. Ich kann Andrew geradezu hören, wie er aus dem Buch der Offenbarung grimmig liest: »Und weil du lau bist und weder kalt noch heiß, will ich dich aus meinem Munde ausspeien!« Die Riesen sind heute verschwunden.

Meine Erinnerung an diesen Kreis, der aus einem halben Dutzend nüchtern gekleideter Personen bestand, ist düster. Jetzt erkenne ich natürlich, nachdem ich jahrelang mit ihnen nicht in Berührung gekommen bin und seit ich weiß, wie die Menschen an anderen Orten zumeist sind, wie unmöglich das Ziel war, dem ihre menschlichen Seelen nachstrebten. Die wirkliche Geschichte des Lebens in einer Missionsstation ist noch nicht geschrieben worden. Wenn sie erzählt wird, muß sie, soll sie wahrheitsgemäß erzählt werden, mit so ungeheuerem Verständnis erzählt werden, mit soviel Zärtlichkeit und Unbarmherzigkeit, daß sie vielleicht niemals so richtig erzählt werden kann. Das Tragische daran ist geradezu erschreckend. Man stelle sich zwei, vier, fünf, sechs – selten mehr – weiße Männer und Frauen vor, von denen manche miteinander verheiratet sind, die anderen jedoch ausgehungert, ohne die Entschädigung, sich dem Zölibat geweiht zu haben, man stelle sie sich vor, kunterbunt durcheinandergewürfelt, ohne Rücksicht auf natürliches Zusammenpassen irgendeiner Art, in einer Stadt oder einem Marktflecken des inneren Chinas, wo sie Jahr für Jahr mitsammen leben, ohne Abwechslung in der erzwungenen Vertraulichkeit einer Missionsstation, genötigt, miteinander zu arbeiten, und in der Enge ihres geistigen und geistlichen Ausblicks unfähig, in der sie umgebenden Zivilisation Zuflucht und Erholung zu finden. Innerhalb dieser Stationsmauern liegt ihre ganze wirkliche Welt. Ihre wirklichen kameradschaftlichen Beziehungen beschränken sich auf die Missionsgenossen, oder sie leben gänzlich allein. Selten nur machen sie in der Sprache solche Fortschritte, daß sie sich, selbst wenn es ihnen ihre Vorurteile gestatten sollten, an chinesischer Gesellschaft oder Literatur erfreuen könnten. Und so leben sie dort, ringen danach, den Standard christlicher Brüderschaft aufrechtzuerhalten, ringen danach, gegen ihre natürlichen Abneigungen und Wünsche, vergeuden ihr Gemüt in dem Versuch, sich mit dem zu versöhnen, was zwischen ihnen eine Versöhnung unmöglich macht.

Und was für unglaubliche Vorfälle, was für tragische, menschliche, unvermeidliche Vorfälle! Sie werden vertuscht, man trifft alle Vorkehrungen dagegen, man hält sie geheim zur Ehre der Arbeit, zur Ehre der ›Mutterkirche‹, aus Scham, zu Gottes Ehre – aber was für Vorfälle sind das!

Da war jener alte, weißhaarige freundliche Mann, der getreulich viele Jahre arbeitete und am Schluß so sonderbar verrückt wurde, so ruhig verrückt und von seiner verzweifelten, ergebenen Gattin beschützt wurde. Die Geschichte sickerte durch, so wie immer, und zwar durch das Gesinde. Er hielt sich eine Konkubine – ein frisches chinesisches Landmädchen. Ja, seine Frau wußte dies. Ja, gemeinsam hatten sie verzweifelt gebetet, lange Zeit, doch war in ihm ein unstillbarer Durst nach – nach solchen Dingen. Es war kaum zu verstehen – bei einem so wahrhaft guten Menschen. Und dann entsann sich seine Gattin des alten Abraham, der nach der jungen Hagar begehrte, und ihr schien, sie gleiche Sarah, und Sarah führte die Hagar dem Abraham zu. Und Gott grollte nicht – Gott verstand. Aber die Geschichte wurde allmählich bekannt, und das alte weißhaarige Paar wurde eilig zurückberufen.

Und dieses sonderbare kleine, grauäugige, braunhaarige, blasse Chinesenkind, das mit der Kinderschar eines eingeborenen Pastors umherlief. Und der hochgewachsene, einsame Missionar, dessen Gattin jahrelang fern weilte und in der Heimat ihre Kinder erzog. Niemand wußte, wie diese Geschichte über das kleine Dorf hinausgedrungen war, wahrscheinlich hatte ein Feind sie verraten. Niemand ist in China ohne Feind. Aber als der chinesische Pastor gefragt wurde, warum unter seiner dunklen Nachkommenschaft dieses eine bleiche Kind mit den fremden Augen sei, antwortete er ziemlich unverblümt: »Der Weiße, der mein Vorgesetzter ist, führt ein sehr einsames Leben. Und hat nicht auch David die Gattin eines anderen genommen und war dennoch der Liebling des Herrn?«

Und das alte Paar, Missionar und Missionarin, die vierzig Jahre ein gefahrvolles, tapferes, opferbereites Leben führten, das plötzlich in Trümmer ging, als sie alt waren, denn der Mann, der empfindlich und bis auf die Knochen abgemagert war, rief plötzlich aus, er habe sein Weib durch Jahre gehaßt, sein Fleisch sei zurückgeschreckt vor dem ihren, und sein Leben sei verzweifeltes Unglück gewesen. Immer wieder rief er erschauernd: »Ich will ihre Stimme nicht mehr hören. Ich will ihre Hand nicht mehr fühlen!«

Und dann die Geschichte des hübschen Missionars, der jahrelang sonderbaren Stimmungen unterlag, in denen er sich einbildete, seine gütige dunkeläugige Gattin sei ihm untreu, und dann nahm er ein Messer vom Tisch oder nahm einen Stuhl oder irgend etwas, das zur Hand war, und versuchte sie zu töten. Die vier kleinen Kinder des Paares wuchsen mit diesem furchtbaren Geheimnis auf, und kein einziges verriet es, denn ihre Mutter hatte ihnen strenge untersagt, je ein Wort davon zu sprechen. Seine absonderliche Stimmung ging bald vorüber, nachdem er sie gezwungen hatte, Buße zu tun, indem sie auf allen vieren rund um ihn hatte kriechen müssen. Doch die Kinder sprachen nie ein Wort. Sie wuchsen mit einem sonderbar gequälten Ausdruck auf, aber niemand kannte den Grund. Dann starb die getreue Gattin, und der Missionar heiratete noch einmal, eine freundliche, ältere Jungfer, und auch die sprach kein Wort, und so ging es weiter, bis er endlich in einem Anfall selber die Wahrheit enthüllte, und alle die Jahre der Pein lebten wieder auf in den entsetzten Worten der Kinder, die jetzt sprechen durften.

Und niemand hat die Geschichte der Frauen erzählt, die um Christi willen unvermählt geblieben sind, der Frauen, die in dem süßen Idealismus ihrer Jugend in ferne Missionsstationen ziehen. Jahr für Jahr werden sie blasser und schweigsamer, welker und wehmütiger; manchmal werden sie streng und grausam gegen ihre Mitmenschen, und manchmal auch entwickeln sie sich zu wahren Wundern lauterer und liebevoller Selbstlosigkeit. Die wenigsten von ihnen heiraten, denn niemand will sie haben – es ist niemand da, der sie heiraten könnte. Manchmal nehmen sie einen Mann, der unter ihnen steht, einen älteren Witwer, einen derben Flußkapitän, ja manchmal sogar, obwohl davon niemals gesprochen werden darf, einen ihnen bekannten Chinesen. Aber das kommt so selten vor, daß davon wirklich nicht gesprochen zu werden braucht.

Und die verwitweten Missionare, die nach dem Tod ihrer Frau so rasch wieder heiraten, daß sich sogar die Chinesen trotz ihrer Vielweiberei verwundern! Die Missionsfriedhöfe sind voll von Gattinnen. Ich denke an einen schwarzen Grabstein in einem gewissen von Mauern umgebenen Friedhof am Yangtse, wo ein alter Streiter Gottes mit drei Gattinnen und sieben seiner Kinder begraben liegt. Aber der Grabstein ist nur für ihn errichtet. Ja, das Blut dieser weißen Männer fließt heißer als das Blut der Heiden, wenngleich jene Gottes Männer sind.

Die unmögliche Enge dieses Missionslebens verstehen, heißt auch verzeihen, daß jede Fessel manchmal gesprengt wird. In dem heißen, fremden Klima, in Wirbelstürmen und Sandstürmen, bei Überschwemmungen, Kriegen, Volkserhebungen, in einem so unsicheren Leben, angesichts einer so völligen Unmöglichkeit, das Ziel, das sie sich gesteckt haben, zu erreichen, furchtbar abgeschlossen von ihresgleichen, unter dem inneren Druck ihrer eigenen Seele, jenem Druck, der aus ihren düsteren Augen blickt und aus ihren Stimmen klingt, die teilnahmslos sind, wenn sie nicht grollen, ist es nicht erstaunlich, daß Gottes Diener so oft miteinander streiten, sondern erstaunlich ist, daß sie einander nicht töten oder nicht öfter Selbstmord begehen, als es ohnedies geschieht.

Manchmal begehen sie Selbstmord. Da war jene Missionarsgattin, die aus dem Bett ihres Gatten aufstand, nachdem sie ihm acht Kinder geboren hatte, und in ihrem weißen Hemd nachts auf die chinesische Straße lief und von einer Klippe in den Yangtse sprang. Und jenes fröhliche, hübsche Ding aus den Südstaaten, das in einer anderen Nacht aufstand, in die Küche hinunterschlich und sich mit einem gewöhnlichen Fleischmesser den Hals abschneiden wollte. Und als ihr das nicht gelang, stieg sie zum Dachboden hinauf, während ihr Gatte und ihre vier kleinen Kinder schliefen; dort suchte sie einen Strick, erhängte sich, und sprang dabei aus dem Fenster, und der Strick riß, und noch immer konnte sie nicht sterben; und so taumelte sie, triefend vor Blut, wieder hinauf ins Badezimmer, suchte Gift und fand endlich den Tod. Es gibt manche solche Geschichten, aber niemand will, daß man sie erzähle, denn die Arbeit muß weitergehen. Ich sage, es ist nicht verwunderlich, daß es viele Dutzende solcher Geschichten gibt; verwunderlich ist, daß es nicht viel mehr sind. Die Bekehrung ändert die Triebe des menschlichen Herzens eigentlich nicht. Aber natürlich erfuhr ich alle diese Dinge erst später. In jenen Tagen meiner Kindheit war ich, wie ich wohl eingestehen darf, von Angst vor Andrew und seinen Genossen erfüllt. Mein eigenes wirkliches Leben lebte ich ganz anderswo an einem Orte, wo es keinen Gott gab.

Es gab Morgenstunden, helle, sonnige Morgenstunden im Frühling, da man zu Träumen der Phantasie erwachte. Gewöhnlich war das ein Tag, da Andrew eine Reise antrat. Ich kann schließlich noch mehr von der Wahrheit verraten. Eine gewisse Erleichterung überkam uns alle, wenn er sich auf eine seiner Predigtfahrten begab. Munter lief das Gesinde hin und her, um alles zu holen und zu verpacken. Jedesmal mußte eine Bettrolle bereit gemacht werden, ein langer Sack aus brauner hausgewebter Baumwolle, in den man eine dünne Matratze, eine Decke und ein Kissen verstaute. Andrew hegte Scheu vor den Läusen in den Gasthofbetten. Wenn er zu Land reiste, wurde dieses Bettzeug auf den Rücken seines weißen Maultiers gelegt. Dann bestieg er, einen Tropenhelm auf dem Kopf und in einem hellgrauen Kattunanzug oder in früheren Zeiten in chinesischem Gewand, mit einem Stock unter dem Arm zum Verscheuchen der Hunde, das Maultier und die Bettrolle, von der seine langen Beine herabhingen, so daß seine Füße keine zwei Zoll vom Boden entfernt waren. Doch war es ein stämmiges Tier, und es trottete davon mit verbissener Munterkeit, mit bösartig zurückgelegten Ohren und peitschendem Schweif. Wir sahen seiner hageren, unbändigen Figur nach, bis sie von dem geschotterten, von Weiden beschatteten Weg verschwand, und dann überkam uns alle ein Gefühl des Friedens. Die Dienerschaft wurde lässig. Carie ging zum Harmonium und sang lange Zeit oder sie las ein Buch, und ich – ich ging in den Garten und spielte dort den ganzen Tag, es gebe keinen Gott. Und Carie unterstützte mich darin oft unbewußt, indem sie in der Dämmerstunde sagte: »Heute wollen wir uns die Gebete schenken und statt dessen spazierengehen. Dieses eine Mal wird Gott nichts dagegen haben.« Gott! Den ganzen Tag hatte es Gott nicht gegeben.

An einem solchen Abend trieb ich das Spiel meiner Phantasie bis zu einem gefährlichen Punkt. Ich beschloß, überhaupt nicht zu beten. Lange konnte ich nicht einschlafen aus Furcht vor dem Dunkel. Denn im Dunkel wußte ich natürlich, daß es ja doch einen Gott gab – jenes Auge, das alles sah. Aber ich blieb bei meiner Verruchtheit und schlief ein und erwachte zu meinem Erstaunen völlig wohlbehalten beim Schein der hellen Sommersonne, der durch mein Fenster drang. Seither hatte ich nie wieder so große Furcht vor Andrew. Gott hatte mir nichts getan.

Jetzt, da ich nicht mehr jung bin, weiß ich, daß Andrew nicht die Absicht gehabt hat, ein kleines Kind zu ängstigen und daß er auch keine Ahnung von meiner Angst hatte. Jetzt erinnere ich mich, daß es Zeiten gab, da er von seinen langen Fahrten erschöpft und müde heimkam, aber gewissermaßen mit einem Heiligenschein der Zufriedenheit, denn sein Werk war wohlgetan, und er hatte Gott wohl gedient. Er hatte nur selten ein Auge für die Schönheit, und doch kam es vor, daß er beim Abendessen sagte: »Heute waren die Berge hübsch – allenthalben bedeckt mit roten und gelben Azaleen.« Manchmal brachte er sogar einen Armvoll Blüten mit, wenn er gerade mit dem, was er erlebt hatte, zufrieden gewesen war. Dann und wann erzählte er uns, was er gesehen, so von einem kleinen Bergpanther, der neben der Straße gekauert hatte, und Andrew hatte nicht gewußt, ob er den Weg fortsetzen oder sich zurückwenden sollte, doch hatte er zugesagt, zu Mittag in einem bestimmten Dorf zu sein, und dort wartete man auf ihn. So zog er weiter und tat so, als bemerkte er das Tier nicht, und dieses unterließ den Sprung. Wölfe sah er im Winter oft, und manchmal kamen sie in die Felder herabgelaufen, wo die Bauern sie jagten. Freilich war ich enttäuscht, als ich zum erstenmal einen Wolf sah, denn der schien mir kaum etwas anderes zu sein als ein großer Dorfhund, nur hatte er eine sonderbar stumpfgraue Farbe.

Im Frühling war Andrew nie bei uns. Am Ende des Winters wurde er unruhig, und sobald die Frühlingswasser aus dem Fluß in die Kanäle zu strömen begannen, denn der Fluß war vom schmelzenden Schnee der Stromengen im Oberlauf angeschwollen, plante er seine langen Predigtfahrten, die er an Bord einer Dschunke oder auf seinem weißen Esel antrat. Als Carie im Sterben lag, sagte sie mir, denn sie wußte sehr genau, daß ein weibliches Wesen Andrew werde betreuen müssen: »Gib acht auf den Frühling! So um den ersten April wird er schwer zu behandeln. Auch wenn er achtzig Jahre alt sein wird, wird er über Land gehen wollen, über die Berge, um dort zu predigen.« Nun war es ein Glück, daß er immer das Evangelium zu predigen hatte, so daß er hinausziehen konnte in alle Welt und glücklich war in dem Gefühl getaner Pflicht. Nicht jeder ist so glücklich. Doch ich habe ja immer gesagt, daß Andrews Leben glücklich war. Gott schien ihm immer das zu befehlen, was er ohnedies selbst gern getan hätte.

Solange ich ihn kannte, hörte ich ihn nur von zwei Männern mit grenzenlosem Lobe sprechen, und obwohl ich sie nie selber sah, denn dazu kam ich zu spät auf die Welt, erschienen sie mir immer als Giganten. Soviel ich weiß, waren sie Männer von gewöhnlicher Gestalt, ich jedoch sehe sie hochgewachsen wie Götter. Für mich stehen sie neben Goliath und David und an Frömmigkeit neben den älteren Propheten. Sonst hätte Andrew sie nicht gepriesen, denn Silber und Gold mochte er bedenkenlos vergeben, nie aber sein Lob. Jahre wartete ich auf ein Wort der Anerkennung aus seinem Munde, und wenn er ein solches Wort sprach, wußte ich, daß ich es verdient hatte, denn sonst hätte er es nicht gesprochen.

Andrew war mit der Ausdehnung der Tätigkeit seiner Missionsgruppe höchst unzufrieden. »Das ist ja ein Kriechen von Dorf zu Dorf!« rief er. »Die Leute begnügen sich mit einer Kapelle am Straßenrand oder mit zweien in einer Stadt! Wir müssen doch in den Maßstäben eines ganzen Kontinents und einer Millionenbevölkerung denken!« So entwarf er einen Plan schnellen Vordringens nach Norden, einen Plan, der den Mitmissionaren nahezu als Irrsinn erschien. Aber jeder Widerstand brachte ihm neue Kraft.

Zufällig war das die Zeit, da Carie an Tuberkulose erkrankte, und so zog er mit ihr an eine nördliche Seeküste, damit Carie dort Erholung finde. Während dieser Zeit studierte Andrew auf seinen Predigtfahrten die Methoden der Missionare in Shantung, einem Gebiete, das einem anderen Glaubensbekenntnis angehörte. Dabei fand er die beiden Giganten, und ihre Namen waren Corbett und Nevius. Sie arbeiteten nicht gemeinsam. Ich glaube sogar, sie waren Todfeinde, aber beide waren so hervorragende Politiker, beide hatten so großzügige Pläne, daß Andrew sie restlos bewunderte. Er ging mit ihnen, er lauschte, er beobachtete, er lernte. Jahrelang diskutierte er die Vorzüge des einen und des anderen Systems der Verbreitung des Gotteswortes. Der eine arbeitete extensiv, erstreckte seine Tätigkeit über weite Gebiete, nahm jede Gelegenheit wahr, begnügte sich manchmal mit nicht ganz zufriedenstellenden Ergebnissen, nur um die Stetigkeit der Ausdehnung zu wahren.

Der andere ging intensiv zu Werke, indem er jedes Zentrum vervollkommnete und vervollständigte, ehe er ein neues errichtete, und er schuf auf diese Weise eine ununterbrochene Kette von Kirchen, während jener sie weithin verstreute. Beide waren Männer von blendendem Verstand, herrischem Willen und vulkanischer körperlicher Energie. Doch der eine war der Sohn rauher, derber amerikanischer Bauern und der andere ein verfeinerter und kultivierter Gentleman. Aus so verschiedenen Lagern kommen die Streiter Gottes.

Andrew beabsichtigte im grenzenlosen Überschwang seines Ehrgeizes, aus beiden Methoden das Beste zu übernehmen. Er wollte sich ausdehnen und gleichzeitig auch entwickeln. »Jene Monate waren die nützlichsten meines Lebens«, schrieb er. »Die beiden großen Missionare verhalfen mir zu dem Plan meiner Missionslaufbahn.« Als Carie wieder gesund war und sie nach Zentralchina zurückkehrten, war er krampfhaft bestrebt, mit seiner eigentlichen Arbeit zu beginnen. Er hatte beinahe schon fünf Jahre in China verbracht, doch war ihm, als hätte er erst jetzt so richtig begonnen. Er ließ seine Familie in einem gemieteten Haus in Tschinkiang zurück und fuhr, voll des Eifers, allein den Großen Kanal landeinwärts.

V

Beim Erzählen dieser Geschichte vergesse ich immer wieder, von den Kindern zu berichten, die Andrew hatte. Ich bin von ihm besessen. Ich sehe ihn vor mir, wie ich ihn oft sah, voll Eifer, immer eine neue Reise im Kopf. Ich höre, wie er mir in seinem hohen Alter in seiner abgerissenen Art seine Geschichte erzählt, und darin erwähnt er die Kinder nie. Ich war damals noch nicht geboren, so kann ich aus eigener Anschauung nichts über sie berichten. Doch als er den Großen Kanal hinaufsegelte, um neue Gebiete zu erschließen, hatte er schon einen lebenden Sohn, eine Tochter war gestorben, und ein drittes Kind sollte bald geboren werden. Das hatte mir Carie erzählt.

Er erzählte mir nie von der Geburt und vom Tod seiner Kinder. Er erzählte mir kichernd, daß er in einer Stadt am Kanal, wo er seinen ersten Stützpunkt anlegen wolle, ein, wie er sich ausdrückte, ›herrliches Haus‹ beinahe umsonst mietete. Kein Chinese wollte darin wohnen, denn in diesem Hause ging ein Fuchsgeist um. »Es war nur ein Wiesel«, sagte er mit einem trockenen Lächeln, ohne von der Ähnlichkeit etwas zu ahnen, die zwischen solcher Furcht und seinem eigenen heimlichen Gruseln beim Erzählen von Geistergeschichten bestand. Er ließ das Haus tünchen und reinigen, dann holte er seine Familie und überließ es Carie, alles in Ordnung zu bringen, während er nach Norden reiste. Doch sprach er von diesem Haus immer mit einer gewissen Zärtlichkeit. Er war recht stolz darauf, daß er es ausfindig gemacht hatte, und erinnerte sich voll Wärme des schlichten Behagens, wenn er von seinen Wanderzügen heimkehrte. Ich habe kein Bild des Hauses, denn er verstand es nicht, derartige Dinge zu schildern. Aber man kaufte in Shanghai einen Ofen, und so war das Haus im Winter warm und Andrew hatte ein eigenes Arbeitszimmer, wo er seine Bücher aufstellen konnte, ein Zimmer mit einer guten Studierlampe, einem großen chinesischen Tisch und einem Fauteuil. Daran erinnerte er sich gerne, wenn er in einem Gasthof auf einem Ziegelbett lag oder auf seinem Maultier über die unerträglich schlechten Straßen trottete.

Um schneller reisen zu können, entwarf und verfertigte er mit Hilfe eines chinesischen Zimmermanns eine Art Karren mit primitiven Federn. Während diese auf dem Amboß zurechtgehämmert wurden, stand er neben der Esse des Schmiedes, und rings um ihn sammelte sich eine große Menge, die bei diesem sonderbaren Anblick gaffte und sich über die großen Eisenstücke verwunderte. Waren die etwa gar Bestandteile irgendeines fremdländischen Schwertes? Dann kaufte er ein Maultier und spannte es vor den Karren und fuhr von nun an gar sehr zufrieden durchs Land, zur Erregung aller, die ihn sahen.

So groß war jedoch der Neid, den dieser Karren allenthalben erweckte, daß endlich Räuber davon hörten und das Fahrzeug stahlen und außerdem alle seine Habseligkeiten mit Ausnahme der Traktate und Bibeln, die sie in einen Straßengraben warfen. Und Andrew ging dreißig Meilen barfuß und in Unterwäsche, mit drei großen

Stichwunden auf dem Rücken, die man ihm zugefügt hatte, als er Widerstand leistete. Denn er hatte sich tapfer gewehrt, wie Carie durch eingehende Fragen feststellte. Stück für Stück entlockte sie ihm den Bericht. Ja, natürlich habe er gesagt, daß er den Karren nicht hergebe. Warum denn auch? Was habe er getan? Nun, er hieb mit der Peitsche auf die Räuber drein, bis sie ihn vom Bock zerrten, und dann sprang er auf und stieß einigen von ihnen die Köpfe zusammen! Er war bei weitem größer, so daß er es tun konnte. Aber sie hatten die Überzahl – er wurde nicht rasch genug damit fertig. Carie wusch ihm die Wunden aus und verband sie, wobei er sich bitter beklagte, daß er jetzt wochenlang auf dem Bauch werde schlafen müssen, und mehr aus Gereiztheit als aus irgendeinem anderen Grunde ging er zum Mandarin des Ortes und verlangte Karren und Maultier zurück. Der Mandarin war ein friedliebender, dem Opiumrauchen ergebener alter Gelehrter und sagte traurig, das sei unmöglich – er wolle Andrew mit Geld entschädigen. Aber Andrew bestand auf dem Karren und dem Maultier. Er drohte mit internationalen Komplikationen, wenn sich das gestohlene Gut nicht wiederfinde. Andrew wußte immer die internationalen Verträge und die Exterritorialität zu seinen Gunsten als Argument anzuführen. Hatte er nicht das volle Recht, das Evangelium zu predigen? Der Mandarin seufzte und versprach alles. Das Maultier kam nie wieder zum Vorschein – der Mandarin entschuldigte sich dafür demütig und sagte, leider sei das Tier gegessen worden. Aber den Wagen erhielt Andrew wieder, wenn auch in sehr schlechtem Zustand, und er musterte ihn ein wenig grimmig, aber befriedigt. Wenigstens sollte niemand anderer etwas davon haben. So blieb er bei dem Reittier, das sicherer und trotz allem für einen Gottesmann schicklicher war.

Andrews Methode in seinen Tagen streitbarer Expansion war die folgende. Er ritt in ein großes Dorf oder in eine Stadt, die er sich als nächstes Zentrum gewählt hatte, suchte die größte Teestube auf, band sein Reittier an eine der Bambusstangen, die die blaue Baumwollplache hielten, dann trat er ein und setzte sich an einen Tisch nahe zur Straße. Sein hoher Wuchs, seine große Nase, seine hellen blauen Augen, seine ganze überaus fremdartig wirkende Gestalt lockten binnen einer Viertelstunde eine große Menschenschar an. Nach einer Stunde oder nach der Zeit, deren es eben bedurfte, damit sich von Mund zu Mund die Botschaft verbreite: ›Ein fremder Teufel sitzt im Teehaus an der großen Brücke‹, war schon jeder Mensch dort, der nicht bettlägerig war. Der Inhaber der Teestube wußte nicht recht, ob er sich über eine solche Menge freuen oder entsetzen sollte. Gewiß hatte er noch nie vorher einen Gast gehabt, der diesem Riesen geglichen hätte.

Aber Andrew lächelte freundlich, trank eine Schale Tee nach der anderen und erkundigte sich nach der Stadt, wie viele Familien hier wohnten und womit sie sich hauptsächlich beschäftigten, und wer der Mandarin sei. Die wenigen Kühneren unter der Menge, die sich um ihn drängte, antworteten, ein wenig ängstlich, denn wozu wollte ein fremder Teufel derartige Dinge in Erfahrung bringen?

Dann stellte der Kühnste eine Frage: »Welches geehrte Land ist deine Heimat, fremder Teufel?«

»Mein unwürdiges Land? Amerika!«

Die Menge atmete nun freier. Ah, Amerika – Amerika war gut. Es verstrich eine Pause, während sie ihn unverwandt anstarrten. So sahen also Amerikaner aus. Sie musterten ihn genau und stellten dann wieder eine Frage.

»Was ist dein Geschäft, fremder Herr?«

»Ich bin ein Mann der Kirche Jesu.«

Wieder starrten die Leute und nickten einander zu. Die Kirche Jesu – davon hatten sie schon gehört. Nun, das war eine gute Sache – alle Religionen waren gut – alle Götter waren gut. Jetzt fühlte man sich behaglicher, da man wußte, was man von dem Fremden zu halten hatte. Aber Andrew schüttelte den Kopf. Nicht alle Götter seien gut, sagte er fest. Es gebe falsche Götter – Götter aus Ton und Stein –, sein Gott aber sei der einzige wahre Gott. Sie lauschten, um ihn bei guter Laune zu halten. Denn schließlich war er doch ein Fremder – von ihm konnte man wohl kaum gute Manieren erwarten.

Jetzt verteilte er Traktate, doch da schüttelten die Leute den Kopf. »Keiner von uns kann lesen«, sagten sie demütig. Es erschien ihnen besser, nichts von ihm anzunehmen, keine sonderbaren Papiere mit Bildern. »Ich habe auch Bücher«, sagte er. »Ich verkaufe sie für einen Penny das Stück.« Nun, Kaufen war etwas anderes. Das konnte man verstehen. Einige, zwei oder drei, ließen sich von Neugier verleiten, suchten in ihren Gürteln nach Pennies und nahmen dafür die kleinen Bücher entgegen. So saß Andrew eine Stunde oder zwei, und dann zog er seines Weges. Hinter ihm kritisierte ihn die Menge – das war ein harmloser, guter Mann, der eine religiöse Bußübung verrichtete, ganz gewiß. Er mußte einem Gott das Gelübde abgelegt haben, eine gute Tat zu tun, denn warum hätte er sonst seine Heimat verlassen, um über die Erde zu ziehen? Er sammelte Verdienste im Himmel, ganz gewiß war das so. Vielleicht hatte er in der Heimat ein Verbrechen begangen. Nun, er war ja ein häßlicher Geselle, mit so großen Händen und Füßen und einer Nase wie eine Pflugschar und Augen, gleich denen eines Dämons – aber gewiß war er ein guter Mann, der seine kleinen Bücher verkaufte, um unterwegs seinen Reis zu verdienen. Nun, immerhin, es war Zeit, nach Hause zu gehen.

Nach wenigen Tagen kam Andrew zurück. Wieder sammelte sich eine Menge, diesmal nicht so groß, aber schon freundlich und bekannt. »Wieder zurück, Fremder! Gefällt dir unser Dorf?«

»Ja, es ist ein gutes Dorf. Ich würde gern hier predigen.«

»Predige – predige, was du willst – wir werden dir zuhören«, sagten sie lachend.

Und so erhob sich Andrew in der Teestube, um zu predigen. »Denn so hat Gott die Welt geliebt, daß er seinen eingeborenen Sohn hergab, und daß keiner, der an ihn geglaubt, verderbe, sondern das ewige Leben habe.« Aus diesen Worten, die er feierlich wiederholte, hatte sich Andrew eine kurze, gedrängte Darstellung des ganzen Erlösungswerkes zusammengestellt. Gott – sein Sohn – Glauben – nicht verderben – ewiges Leben. Darin lag sein ganzes Glaubensbekenntnis. »Ich verfaßte eine kurze Predigt«, so schrieb er in späteren Jahren, »die alle wesentlichen Begriffe der Erlösung umfaßt, so daß die unerlöste Seele, die diese Worte vielleicht nur einmal hören kann, sie verstehe und sich ihrer Verantwortung bewußt werde.«

Immer wieder kehrte Andrew dann an einen solchen Ort zurück, bis seine Erscheinung allen vertraut wurde, und dann hielt er Ausschau nach einem Zimmer, das er mieten konnte, einem Zimmer, das sich zur Straße öffnete. Wenn er es gefunden hatte, ließ er es weiß tünchen, säubern, kaufte ein paar billige Holzbänke, einen rauhen Tisch als Kanzel, und dahinter hängte er einen gemalten Bibeltext. Hinter dem Tisch hielt Andrew regelmäßig seine Predigten, zweimal die Woche, vielleicht dreimal, sooft er konnte. Und die Menge kam und ging. Müde Bauern stellten auf dem Rückwege vom Markt die Körbe nieder, rasteten und lauschten. Neugierige Städter traten ein und setzten sich für eine Weile hin, um alle diese neuen Dinge zu hören. Mütter kamen aus der Sonne, um hier im Schatten auf den Bänken zu sitzen und ihre Kinder zu stillen.

Aber die Frauen waren für Andrew immer eine Last. »Sie hören ja gar nicht zu«, beklagte er sich. »Sie schnattern miteinander über das ganze Zimmer, stellen alberne Fragen nach Küche und Kindern. Sie verstehen ja so oder so nichts, darum hat es keinen Sinn, an sie Zeit zu vergeuden.«

»Aber sie haben doch eine Seele, Andrew«, erwiderte Carie lebhaft.

Doch darauf gab Andrew keine Antwort. Man merkte ihm an, daß er seine Zweifel hegte. Auf keinen Fall konnte die Seele einer Frau als vollgültige Seele zählen. In seinen Berichten über die Zahl seiner Bekehrungen verzeichnete er sie immer gesondert. »Dieses Jahr dreiundsiebzig aufgenommen (fünfzehn Frauen).« Ein wirklich erfolgreiches Jahr war nur ein solches, in dem es einen niederen Prozentsatz an Frauen gab. Wenn diese zur Prüfung kamen, um als Mitglied in die Kirche aufgenommen zu werden, behandelte er sie nie genau so wie die Männer. »Sie wissen ja eigentlich gar nicht, was sie tun«, sagte er. »Es übersteigt ihre geistigen Fähigkeiten.«

Sobald er eine kleine Gruppe von Konvertiten beisammen hatte – zwei, drei oder vier –, zog er wieder weiter in andere Dörfer und ließ zu seiner Stellvertretung einen älteren Konvertiten aus einem früheren Standquartier zurück, den er schlecht und recht zum Predigen geschult hatte. Zweimal im Jahr, bei den langen Rundreisen, die er im Frühling und im Herbst unternahm, besuchte er jedes Dorf, prüfte die Neubekehrten, taufte die, deren Glauben ihm aufrichtig erschien, hörte Beschwerden und Klagen an und besprengte die Köpfe von Säuglingen, deren Eltern der Kirche angehörten. Einer der Beweise, die nach seiner Meinung unumstößlich die Dummheit der Frauen darlegten, bestand darin, daß die Mütter, deren Kinder mit Wasser besprengt worden waren, nicht verstehen wollten, warum die Kinder dadurch nicht auch Mitglieder der Kirchengemeinde wurden. Oft und oft sah ich, wie sein Gesicht bei einem Abendmahlgottesdienst steif vor Entsetzen wurde, wenn eine chinesische Mutter in aller Unschuld das heilige Brot einem winzigen Säugling in den Mund stopfte und ihm Wein hineinschüttete. Das Kind pflegte in solchen Fällen immer entsetzt zu brüllen und schien gar nicht gerne Christ zu sein. Andrew redete der Mutter »ins Gewissen«. Sie sah ihn an, erschrocken über sein ernstes, entsetztes Gesicht.

»Wird es daran sterben?« flüsterte manche der Frauen.

»Nein – nein – das ist es nicht«, erklärte er. »Verstehst du denn nicht . . .«, fuhr er fort. Und das arme Weib lauschte und versuchte, ihn zu begreifen. Alle lauschten sie, Männer und Frauen, wenn er predigte, und versuchten, ihn zu begreifen.

Ein Etwas an diesen kleinen Scharen von Bekehrten preßt mir heute noch das Herz zusammen, selbst nach so vielen Jahren. Sie waren eigentlich unendlich rührend. Warum hatten sie ihr Volk verlassen, um diesem Fremden Gehör zu schenken? Warum gaben sie die Sicherheit auf, die ihr Volk ihnen bot, um ihm zu glauben? Sie glichen einander so sehr in allen Dörfern – wenn man hinblickte, sah man immer die gleichen: die alte Frau, deren geduldiges Gesicht von Enttäuschung geformt und gemeißelt war, von tiefer, dauernder Enttäuschung. Das Leben lag schon fast ganz hinter ihr, und was kam dann? Ihre Augen waren immer allzu verständig, allzu tief. Sie hatte bei der Geburt mehr Weisheit mitbekommen als ihresgleichen. Ihr war das übliche Leben in der Ehe und als Mutter von Kindern nicht genug gewesen. Sie wollte davon nichts mehr wissen, sie wollte mehr. Fragte man sie, warum sie hierher gekommen, antwortete sie ein wenig schmerzlich: »Ich habe alle anderen Wege versucht, Frieden zu finden, doch den Frieden fand ich nicht.«

»Welche Wege, Dame?«

»Ich habe zu vielen Göttern gebetet. Ich habe vielen Priestern gelauscht, dennoch ist in mir dieser Schmerz.« Und sie hob die erlesen schöne alte Hand mit zarter Gebärde an die Brust.

»Was schmerzt dort?«

»Ich weiß es nicht.«

»Hast du Söhne?«

»Ja, ich habe Söhne – drei Söhne – das ist es nicht.«

»Hast du alles?«

»Alles – doch nicht den Frieden.«

»Woher weißt du, daß du den Frieden nicht hast?«

»Ich frage mich so vieles – Tag und Nacht bin ich rastlos vor Fragen.«

»Was fragst du dich?«

»Ich frage mich, warum ich lebe. Warum alle die am Leben sind, die rings um mich weilen. Was bedeuten Geburt und Ehe und wieder Geburt, wenn am Ende nur der Tod kommt? Was heißt dies?«

»Und du hoffst, hier den Frieden zu finden?«

»Ich weiß es nicht – nur hier ist ein Gott, den ich nicht gekannt habe, und ein fremder Priester, den ich noch nicht gehört habe.«

»Glaubst du, was er sagt?«

»Auch das weiß ich nicht. Aber wenigstens habe ich das Gefühl, daß man ihm glauben sollte, weil er selbst glaubt. Es bedeutet viel, wenn ein Priester sich selbst glaubt. Darum will ich es versuchen.«

Eine andere alte Frau sitzt in ihrer Nähe, ein gewöhnliches altes Ding mit pockennarbigem Gesicht. Während Andrew predigt, schläft sie mit offenem Munde.

»Gute Mutter, warum bist du hier?«

Sie grunzt, öffnet die Augen, lacht und reibt sich den Kopf, um munter zu werden.

»Nun ja, weißt du, das ist so. Ich bin verflucht, keine Söhne zu haben, und habe nur zwei Töchter, die jetzt vermählt sind. Ich bin alt, desgleichen mein Mann, der immer ein Tölpel gewesen ist, und darum gibt er mir schon zehn Jahre nichts zu essen, und ich verrichte Arbeiten, so gut ich kann. Ich stopfe Socken für die Soldaten, oder ich wasche einem Herbergswirt das Gemüse, oder ich scheuere Nachttöpfe für Sklaven, die in reichen Häusern zu vornehm sind, solche Dinge zu tun – ich verrichte jede Arbeit, ich mache, was ich kann, denn ich will nicht immer mit leerer Schale zu den Türen meiner Töchter gehen, sonst lassen ihre Gatten es sie entgelten. Darum muß ich zusehen, wie ich mich durchbringe. Ich bin hier, weil mir dieser Fremde vielleicht eine kleine Arbeit geben kann.«

»Aber du hast doch gesagt, daß du seinen Reden glaubst. Du hast dir von ihm Wasser auf den Kopf gießen lassen!«

»Ach ja – ein paar Tropfen Wasser – nun, ich wollte ihm die Freude machen, weil ich mir dachte, er wird mir dann ein wenig helfen. Kennst du ihn? Willst du ein Wort für mich einlegen? Sag ihm . . .«

An der anderen Seite des Mittelganges, dort, wo die Männer sitzen, ist jener schlanke, blasse Jüngling, der mit gekreuzten Beinen dort hockt und mit einem Fuß rastlos auf den Ziegelboden klopft, während er dem Prediger zuhört und doch nicht zuhört. Denn manchmal öffnet er – er ist rastlos – ein Gebetbuch, und manchmal starrt er durch das kleine Fenster mit den schmutzigen Scheiben.

»Warum bist du hier, junger Herr?«

»Ich will Englisch lernen.«

»Warum?«

»Ich möchte fort aus diesem elenden Dorf. Ich möchte eine Anstellung in einer großen Stadt – in Shanghai. Wenn ich Englisch kann, bekomme ich Arbeit in einem großen ausländischen Büro.«

»Wer hat dir das gesagt?«

»Ich habe es gehört.«

»Glaubst du den Worten dieses Mannes hier?«

»Des großen Fremden? Ich glaube an keine Religion. Ich brauche keine Religion. Ich brauche Geld. Ich möchte die Welt sehen.«

Dort sitzt ein alter Mann – immer sitzt ein alter Mann unter der Schar.

»Alter Herr, warum hast du von Brot und Wein genossen?«

»Die Religion ist gut – jede Religion ist gut – sie bringt Frieden.«

»Glaubst du an andere Götter neben dem Gott dieses Mannes?«

Er lächelt fröhlich und entzückt, und sein Gesicht ist

gelassen wie das Buddhas. »Ich glaube an alle Götter – alle Götter sind gut.«

Daneben ein hochgewachsener Mohammedaner. In ihm rollt arabisches Blut; das sieht man an der scharfen Linie seiner Wangen, an der Krümmung seiner Nüstern und an der schmalen Wölbung der Lippen.

»Du hast Allah verlassen?«

»Ich sehe, daß Allah, nach dem ich immer suchte, der Gott dieses Mannes ist. Dieser Mann hat mich gezwungen, ihm zu glauben.«

»Wie hat er dich gezwungen?«

»In ihm ist Glut. Glut ist in mir. Die Flamme seiner Seele griff über und vereinigte sich mit der Flamme in mir, und so ward ich gezwungen.«

»Haben dich deine Freunde nicht verstoßen, deine Angehörigen?«

»Ja, ich bin verstoßen. Ich habe keine Freunde mehr, keine Angehörigen. Mein Name ist getilgt aus den Namen der Familie. Sie löschten ihn an dem Tage, da ich ihnen sagte, ich sei Christ.«

»Was wirst du jetzt beginnen?«

»Diesem Manne nachfolgen.«

»Und dann?«

»Ihm nachfolgen.«

Und wahrlich, dieser Mann folgte Andrew nach, sein ganzes Leben lang, und Andrew machte aus ihm einen großen Prediger. Er hätte Andrews Bruder sein können, so sehr glichen sie einander mit ihrer hohen, hageren Gestalt, ihrem schmalen Gesicht, ihrer kühnen Nase. Andrew war hell, doch Wind und Sonne hatten sein Gesicht zu dunkler Röte gebrannt, und im Brand derselben Sonne war das Antlitz dieses Mohammedaners zu dunklem Kupferbraun geworden. Doch sie waren Brüder in der Seele.

Und so kamen sie, der eine aus diesem Grund, der andere aus jenem. Wer gekommen war, nur um etwas Neues zu sehen oder zu hören, fiel bald wieder ab.

Aber immer blieb eine Handvoll Leute, die bestrebt waren, zu lernen, endlich das Brot zu essen und den Wein zu trinken. Wenn sie dann gegessen und getrunken hatten, hielten sie an Andrew fest. Denn sonst wären sie verloren gewesen. Sie hatten sich von den Ihren losgesagt und konnten nie wieder das werden, was sie gewesen waren. Sie waren Christen! Ihre Seele hatte die Farbe gewechselt. Eine fremde Substanz war in sie gedrungen. Nie wieder fanden sie zurück in das alte, enge, zänkische, fröhliche Leben der Straßen, der Teestuben und Marktplätze. Und nie wieder konnten sie vor die alten Götter treten. Nie wieder schenkten ihnen die Brüder, ihre Gefährten ganzes Vertrauen. Sie hatten eines neuen Gottes Fleisch gegessen und sein Blut getrunken.

In dieser Zeit wurde Comfort geboren, aber das war ganz unbedeutend, denn Andrew galt es gleich, zumal da es ein Mädchen war. Dennoch hätte er sich ein wenig dankbar fühlen sollen, denn sie half ihm schon durch die Tatsache ihrer Geburt. Das war so. Carie hatte rasch hintereinander zwei Kinder verloren, und plötzlich brach sie zusammen. Sie, die ihr Gatte immer für so stark, für so unbezwinglich gehalten hatte, sie brach zusammen und flehte ihn an, sie in die Heimat zu lassen.

Andrew war nicht ganz ungerührt. Carie erzählte mir einst, sie habe nie in Andrews Augen Tränen gesehen, doch als sein Sohn Arthur starb, war in diesen hellen, klaren blauen Augen beinahe Feuchtigkeit zu bemerken. In der Nacht, da der kleine, liebliche Leichnam aufgebahrt lag, lasen Andrew und Carie wie immer in der Bibel, ehe sie zu Bett gingen. Andrew schlug die Geschichte vom König David auf, der seinen sterbenden Sohn betrauert. »O Absalom, mein Sohn, mein Sohn Absalom!«

»Er würgte ein wenig«, sagte Carie. »Dann fuhr er fort und las den Rest fest und ruhig wie immer. ›Wollte Gott, ich wäre für dich gestorben, o Absalom, mein Sohn, mein Sohn!‹ Dann schloß er die Bibel und war wieder der Alte.«

Denn Andrew glaubte so sehr an Gott und an die göttliche Vorsehung, daß ihm nicht gegeben war, zu trauern. »Der Herr hat's gegeben, und der Herr hat's genommen. Der Name des Herrn sei gelobt!« Diese gewaltige Ruhe durchdrang für ihn das Weltall.

Doch als das zweite Kind, ein Mädchen, starb, wurde Carie vor Kummer beinahe irrsinnig. Noch nach Jahren sagte er ganz entsetzt: »Noch nie sah ich ein so hartes Herz, einen so starren Sinn wie den ihren in jenen Tagen. Nichs, was ich sagen konnte, vermochte sie zu rühren. Der Arzt in Shanghai erklärte, sie werde den Verstand verlieren, wenn es nicht gelinge, sie abzulenken. So machte ich eine Reise nach Europa. Das Heilige Land wäre mir lieber gewesen, doch sie wollte nicht dorthin, denn jemand hatte erzählt, daß die Dorfhunde dort denen in China glichen, und daß die Leute arm seien. So landeten wir in Brindisi. Ich erinnere mich noch, daß es in Luzern vortrefflichen Honig zum Frühstück gab. In Rom gibt es eine gewaltige Zahl nackter Statuen. Das scheint einem seltsam, wenn man bedenkt, daß Rom der Mittelpunkt des christlichen Glaubens ist. Denn der Katholizismus ist zwar papistisch, aber immerhin eine Form des Christentums. Ich bekam Europa satt.«

Die Sache lag natürlich so, daß Andrew sehr rasch alles satt bekam außer seiner Arbeit. Denn er hatte gewaltige Pläne entworfen, für die das Leben eines Menschen zu kurz war. Vor ihm lag beinahe ein ganzer Kontinent – China. Nur durch unablässigen, tätigen Vormarsch konnte es ihm gelingen, vor seinem Tode den Feldzug durchzuführen, der ihm so klar vor Augen stand. Carie sagte immer, sie glaube beinahe, daß Andrews Hirn eine Landkarte Chinas sei. Er kannte jede Provinz, jede Stadt, jeden Fluß, jeden Marktflecken. Die Orte, an denen er seine kleinen Kapellen gegründet hatte, betrachtete er als erobertes Gebiet. Sobald ein Ort erobert und der Kette von Stützpunkten hinzugefügt war, zog Andrew in neue Gegenden.

Für dieses endlose, eifervolle Predigen, für dieses verzweifelte Erlösungswerk brachte er eine tiefe, innere Gemütsstärke mit, eine Spannung, die ihn verzehrte – Leib und Seele. Die flammte in ihm ein Fieber gleich, trotz seinem ruhigen Äußeren. Wenn er in Rom und Florenz Kathedralen besuchte, war er eigentlich noch immer in China, schmiedete Pläne, machte sich Sorgen, ob nicht der Apostel Tschang zu schwach sei, allein das Werk zu tun, ob Li die Seelen, die ihm anvertraut worden, nicht etwa allzu streng behandelte.

Aber vor seinen Mitmissionaren hatte er größere Angst als vor irgendwem sonst, denn er fürchtete, sie könnten an seinen Plänen etwas ändern, könnten seine Gehilfen entlassen oder anderswohin entsenden, könnten durch Geschäftigkeit das verwickelte Ineinandergreifen seiner Entwürfe stören. Wenn er ins Hotelzimmer zurückkam, nahm er ein Blatt Papier und malte darauf in eckigen, deutlichen chinesischen Schriftzeichen Warnungen, Ermahnungen, Weisungen. »Schenke«, so schrieb er immer wieder seinem Gefährten Ma, dem ehemaligen Mohammedaner Ma, jetzt Ma dem Christen, »schenke keinem der anderen Gehör, sondern nur mir, der ich dein Bruder im Geiste bin. Entsinne dich des Planes, den wir mitsammen entworfen haben – halte dich daran, bis ich komme.« Dann starrte er hinab auf die römische Straße und sah, wie der Sonnenschein auf eine Marmorkirche fiel. »Rom ist voll von Bildwerken«, sagte er. »Und sie sind in ihrer Nacktheit unendlich schlimmer als die Götter der Heiden.« Erregt legte er dann die Hand an die Stirn. »Ich sollte eigentlich die Arbeit für meinen Vater verrichten«, murmelte er. »Ich muß das Werk für meinen Vater tun!«

Er zog durch Europa wie ein böser Löwe an der Kette, unduldsam gegen alle Bräuche. Besonders wütete er über das ewige Trinkgeld. Warum sollte er einem Kerl, den er noch nie im Leben gesehen hatte, eine Geldsumme geben, die groß genug war, daß man davon eine Woche lang einen Prediger bezahlte oder sich ein Altes und Neues Testament kaufte? Nur weil der Kerl einem die Koffer trug? Und so schleppte er sie selber in die Hotelhallen und verscheuchte alle Diener wie Fliegen. Nur einmal wurde er herumgekriegt. Er setzte Carie und Edwin in den Zug nach Frankreich, und dann ging er, da zehn Minuten zu warten waren, in den Waschraum des Bahnhofs. Dort starrte er den Diener nieder, der ihm die Hand hinhielt, und er schritt weiter. Aber diesmal hatte Andrew kein Glück. Der Diener schloß ihn ein und hörte ungerührt Andrews Pochen an und sein Schelten, das fast schon ein Fluchen war. Niemand weiß, was Andrew sagte, der Diener sprach nicht Englisch, und Andrew ließ sich über Einzelheiten nicht aus – er berichtete nur die kahlen Tatsachen. In der letzten Minute kam er zum Zug gelaufen, zur ungeheueren Erleichterung Caries und Edwins. »Man hat mich eingesperrt«, murmelte er keuchend.

Carie begriff sogleich, was geschehen war. »Man muß den Leuten eine Kleinigkeit zahlen«, sagte sie.

»Es wäre mir nicht eingefallen, wenn ich sonst nicht den Zug versäumt hätte«, erwiderte Andrew fest, denn er war endlich zu Atem gekommen.

»Aber schließlich und endlich ist es Landesbrauch«, sagte Carie freundlich. »Wir sind hier fremd.«

»Das ist keine Entschuldigung für Straßenraub«, sagte Andrew. Offenbar war hier Wille gegen Wille gestoßen, und der Zug war im Begriff, abzufahren. Die einzige Wirkung, die dieser Vorfall auf Andrew übte, bestand darin, daß er noch verstockter wurde. Besondere Triumphe feierte er über die Franzosen. Und nur wenigen Amerikanern dürfte es gelungen sein, in Frankreich so wenig Trinkgelder zu geben. Trotzdem legte Andrew kein Gewicht auf Geld – er konnte es mit toller Großzügigkeit ausgeben, wenn es galt, Bibeln, Traktate, Bücher über Bibelforschung zu kaufen, oder wenn man damit einem schwer ringenden Theologiestudenten helfen konnte, das Seminar zu absolvieren. Aber es nur herschenken – das war ebenso töricht, wie es töricht war, die Zeit, die man dem Werk zu widmen hatte, zu vergeuden. Dies empfand er als nicht geringere Sünde, und gegen die Sünde war er von jeher unduldsam. Nach vielen Jahren litten seine allzu empfindlichen Kinder erschauernd unter der Verachtung in den Gesichtern dienstbarer Geister, an denen Andrews hohe, hagere Gestalt, mit Koffern und Bündeln beladen, vorbeischritt.

»Das tut man doch nicht!« murmelten die Kinder in jugendlicher Verzweiflung.

Aber Andrew biß die großen Zähne fest zusammen. Man! Für ihn gab es nur Gott!

Nach dem Aufenthalt in Europa richtete er ungeduldig den Blick auf die Heimat. Dort lebte wenigstens eine christliche Nation, deren Männer ehrenhaft waren und nicht immer einzig und allein nach Geld Ausschau hielten. Er war voll unterdrückter Fröhlichkeit an dem Tage, da das Schiff endlich in New York anlegte. Er trug die Koffer an Land und legte sie in das nächste Pferdecab.

»Führen Sie mich in ein anständiges bürgerliches Hotel«, befahl er dem Kutscher.

Carie, die sich der Vorfälle in Europa erinnerte, sagte, vorsichtig wie immer: »Frag doch lieber nach dem Fahrlohn!«

Aber Andrew erklärte mit ungewohnter Sorglosigkeit: »Wir sind jetzt Gott sei Dank in einem christlichen Land.«

Der Wagen ratterte durch unbekannte Straßen. »Es ist ein langer Weg«, sagte Carie.

»Ach, Carie, der Mann weiß schon, was er tut«, erwiderte Andrew. Mit einem Ruck blieb der Wagen jetzt vor einem bescheidenen Hotel stehen.

»Wieviel?« fragte Andrew.

»Fünf Dollar«, sagte der Kutscher.

Andrew war betäubt. Fünf Dollar! Das war ein Haufen Geld. Allerdings hatte die Fahrt lange gedauert. Und so zahlte Andrew, noch immer gut gelaunt. »Wir sind daheim«, sagte er, während er mit Carie und Edwin die Treppe hinanstieg. Sie traten in das Zimmer, das sie gemietet hatten. Carie schritt sogleich zum Fenster, denn sie tat das immer in fremden Räumen. Sie keuchte.

»Aber – aber – Andrew, komm doch her!« rief sie, und sie brach in Lachen aus.

»Was gibt es denn?« fragte er erschrocken. Er trat an ihre Seite und folgte mit dem Blick der Richtung ihres ausgestreckten Zeigefingers. Dort lag, keine zwei Häuserblöcke entfernt, das Schiff, das sie vor nahezu einer Stunde verlassen hatten.

»Was gibt es da zu lachen?« fragte Andrew nicht ohne einen gewissen Grimm. Fünf Dollar!

»Weil«, stammelte sie, »weil das ein so – ein so christliches Land ist.«

Sie fuhren mit der Bahn heimwärts durch viele Staaten, zwischen bewaldeten Hügeln, die nach den kahlen chinesischen Bergen sonderbar pelzig aussahen, über Flüsse, die nach den Wassern des Yangtse und des gelben Stroms Bächen glichen, durch Städte, deren Häuser unwirklich schienen, so ordentlich und sauber waren sie nach dem angehäuften Schmutz und dem Durcheinander chinesischer Dörfer. Zehn Jahre lang hatte Andrew in China einen Bahnzug nicht einmal gesehen, und nun fand er harmlose Freude an Bequemlichkeit und Geschwindigkeit, obwohl die Bequemlichkeit damals noch nicht allzu groß war. Denn in einem Pullmanwagen zu fahren, wäre nach Andrews Ansicht für einen Missionar unschicklich gewesen. Wie? Sollte er das Geld nehmen, das die Kirche gesammelt hatte, auf daß in heidnischen Ländern das Evangelium verbreitet werde, und es für ein weicheres Bett für seinen Körper und für die Körper seiner Frau und seiner Kinder verwenden? Das hätte ihn tief unglücklich gemacht. Sie fuhren Touristen- oder dritter Klasse, und selbst so erschien ihm dies ein unzulässiger Luxus. Den Speisewagen betrachtete er als sündige Verschwendung. Soviel Geld nur für Essen! Er kaufte belegte Brote und freute sich doppelt darüber, denn sie waren Speise und Opfer.

Die Heimkehr war ein sonderbarer Abschnitt. Als er mit Carie vor zehn Jahren das Land verlassen hatte, hatten sie wirklich gefühlt, daß sie die Heimat verließen, Vater und Mutter verließen, um ihrer Sendung würdig zu werden. Das große, ausgedehnte alte Farmhaus hatte ihnen ebenso sicher ein Heim bedeutet hier auf Erden, wie der Himmel droben ein Heim der Seele war. Es war ihnen gewesen, als müßte das Leben der Eltern, die sicher auf eigenem Grund und Boden saßen, endlos währen. Aber jetzt kam Andrew zurück, und er fand, daß das Haus, daß sein Heim einer leeren Schale glich. Seine Augen hatten Fremdartiges gesehen. Seine Füße waren viele Meilen über fremden Boden gewandert. Unter fremdem Dach hatte er Kinder gezeugt, und drei lagen in fremder Erde begraben. Dieses alte Farmhaus war kleiner geworden und alt – und es verfiel. Was einst dem Jüngling so geräumig und fest erschienen war, glich jetzt einem alten Rahmenwerk, das Anstrich und Ausbesserung nötig hatte. Die Holzpfeiler der Vorhalle standen schief, das Dach war löcherig und der Zaun so schadhaft, daß die Schweine jetzt leicht eindringen konnten. Im Hause lebte noch immer der hitzige alte Mann, aber sein Feuer war nur noch ein Glimmen. Der Zank zwischen ihm und seiner Gattin dauerte noch immer an. Abend für Abend lag dieser Mann so wie von je ausgestreckt auf dem Boden vor dem Kamin, starrte in die Glut, und die Frau keifte mit ihm so wie einst, weil er nicht, wie es sich schickte, ihr gegenüber im Lehnstuhl saß.

»Welche Albernheit! Du wirst doch schon alt! Du holst dir den Tod . . .«

Gewiß war von den beiden sie die Stärkere, die Lebhaftere, die Klarere. Doch sie machte sich keine Sorgen wie er. Sie tat nichts. Sie saß nur in der Vorhalle oder beim Fenster und freute sich des Lebens. Ab und zu eilte sie hochaufgerichtet in die Küche und holte sich etwas zu essen, eine Schnitte Pastete, ein Stück Brot mit Salz und Apfelbutter, eine kalte, gebratene Hühnerkeule, eine Schnitte Schinken, und zog sich damit fröhlich wieder zurück.

»Fressen!« knurrte der alte Mann. »Ewig fressen!«

Aber sie blieb schlank und kräftig wie ein Baum und überlebte ihn noch lange Zeit.

Die Söhne hatten das Haus alle schon längst verlassen, mit Ausnahme des jüngsten. Und jetzt war auch der erwachsen und strebte fort. Sohn nach Sohn, waren sie hinausgezogen, um zu predigen, und auch er wollte hinausziehen, denn auch an ihn war der Ruf ergangen. Doch der alte Mann ließ ihn nicht fort. Einer der Jungen hatte auf dem Hof zu bleiben. Und so führte der jüngste Sohn, hochgewachsen und mit den eisblauen Augen, die sie alle hatten, aufrührerischen Sinnes den Pflug und hatte sich vorgenommen, es sogleich nach dem Tode des alten Mannes seinen Brüdern gleichzutun. Er wollte zur Schule und ins Seminar, er wollte auf die Kanzel steigen, die Leute leiten und ihnen sagen, was Gottes Wille sei. Einstweilen heiratete er ein stämmiges irisches Mädchen mit kecken schwarzen Augen, ein Mädchen, das ob seiner Kochkunst und hausfraulichen Tüchtigkeit berühmt war. Sie war es, die scheuerte und säuberte, buk und flickte und zum Gezänke des alten Mannes mit der alten Frau beitrug. Sie hatte schon ihre Zunge und ihr irisches Temperament, so wie es die schwarzhaarigen, schwarzäugigen Irländer haben, und ihre Wangen waren rot und ihr Mund trotzig. Doch hatte sie ein recht gütiges Herz, und ihr Tisch bog sich unter den Speisen, und jedermann war daran ein willkommener Gast.

Aber die Brüder und ihre Gattinnen waren über die

Staaten verstreut. David, der Gelehrte, war schon lange Priester in dem kleinen Dorfe, das einst Caries Heimat gewesen. Hiram, der Hübsche, hatte eine junge Schönheit geheiratet, einen Blaustrumpf, und er wußte, wie ungewöhnlich dies gewesen war. Er predigte im Süden. Isaac wohnte in Missouri, noch immer kränklich nach den Jahren in der Gefangenschaft; Christopher, der Methodist, war nach der Meinung der anderen damit beschäftigt, die Methodistenkirche ›unsicher zu machen‹. John, der Kluge, der mit einer reichen Witwe vermählt war, verwaltete ihr Vermögen in dem großen behaglichen Ziegelhaus, inmitten weit ausgedehnter fruchtbarer Felder, und kandidierte als Abgeordneter. Das Haus stand jetzt ganz leer.

Auch Andrew konnte nicht bleiben. Als er heimkam, sah er sich wieder vor den alten Arbeiten – Kühe mußten gemolken werden, das Heu war zu mähen, die Pferde zu füttern. Wieder verrichtete er die alten, ihm wertlos scheinenden Arbeiten, und sie waren ihm furchtbar. Jeden Augenblick mußte er daran denken, daß in China Millionen starben ohne das Wissen um Gott, das er ihnen bringen konnte, um ihre Seelen zu erlösen, und hier molk er Kühe und schnitt Heu! Die alte schreckliche Ungeduld überkam ihn wieder.

Und hier war er noch immer der junge Andrew. Sobald er dieses Haus betreten hatte, fühlte er sich nicht mehr als den Erwählten Gottes. Er wurde wieder der jüngere Sohn, der weniger geliebt war als die anderen. Seine Mutter starrte ihn an und bemerkte, er sei gelb im Gesicht. Sein Vater höhnte: »Heidenklima und Heidenfressen!«

Seine Hände wurden hart, und wieder brachen ihm die Nägel ab. Jahrelang hatte er insgeheim seine Hände geschont, seit ihn einer seiner Brüder – vielleicht war das Hiram gewesen – wegen ihrer Form und Schlankheit gehänselt hatte. »Sie schauen aus wie die Hände eines alten Mannes«, sagte er immer, und wenn seine

Mutter das hörte, bemerkte sie gelassen: »Andy hatte von jeher Hände wie ein alter Mann, sogar schon als Kind.« Als er wirklich ein alter Mann war, hatte er außerordentlich schöne Hände, groß und knochig schmal, aber zart und voll Anmut. Doch Andrew haßte der Hände Arbeit, obwohl er sie gewissenhaft verrichtete, denn er tat jede Arbeit nach bestem Können, und mochte er sie hassen.

In späteren Jahren war der große Ärger, an den er sich immer wieder erinnerte, wenn er dieses ersten Besuches in der Heimat gedachte, der, daß niemand ihn nach seinem Leben oder nach seiner Arbeit gefragt hatte.

»Das war mir unverständlich«, sagte er ernst. Seine blauen Augen waren voll Schmerz und deutlichem Staunen. »Sie haben mich nie nach China gefragt.«

Es war eine alte Wunde, die er durch all die Jahre im Herzen trug. Denn er war heimgekehrt als Mann, reif an Gestalt und Weisheit, reich an Erfahrung, reifer als alle hier. Er war weit hinausgeschritten über den Horizont dieser Hügel und Felder, hinaus sogar über den Westen, der hier so ferne schien, hinaus über die See. Er hatte fremde Nahrung gegessen, war durch die Straßen anderer Länder geschritten und hatte gelernt, eine fremde Sprache zu sprechen. Aber hier sah man in ihm nur den heimgekommenen Andy. Niemand legte Wert darauf, daß er ausgezeichnet Chinesisch sprach, las und schrieb; niemand fragte ihn: »Was ißt man dort drüben, und wie kleidet man sich?« Flüchtig betrachtete der alte Mann ein paar Geschenke, die Carie mitgebracht hatte. Er freute sich viel mehr darüber, als sie seinen alten Rock nahm, auftrennte und wendete, so daß er wieder wie neu war.

Wenn Andrew im hohen Alter darüber nachdachte, sagte er, und ein schmerzhaft trockenes Rot stieg ihm in die Wangen: »Sie meinten, ich sei sehr ruhig und ich spräche nichts. Aber sie haben mich nichts gefragt. Warum hätte ich ihnen etwas erzählen sollen, was sie nicht wissen wollten?«

Diese Sippe zeigte ihre Gefühle nicht. Einmal sagte Carie lachend, doch klang ein wenig Kümmernis in diesem Lachen: »Armer alter Großvater Stone! Ich glaube, jahrelang hat ihn niemand geküßt. Ich erinnere mich des ersten Abends, den wir dort verbrachten; da gab uns Edwin wie immer den Gutenachtkuß, und dann ging er im Überschwang seines warmen kleinen Knabenherzens zum Großvater und küßte ihn auf die Wange, und der alte Mann sah so erstaunt drein, daß ich Angst hatte, er könnte das Kind erschrecken. Doch bewegte er sich nicht, und er sprach auch kein Wort, und sein Gesicht veränderte sich nicht, und so zog sich Edwin verwirrt zurück. Es tat mir so leid, leid für beide.«

So war also der Aufenthalt in der Heimat keine Freude für Andrew. Für ihn bedeutete es nur eine Rückkehr in die einstige geringe Stellung. Dennoch war es Andrew, der als einziger unter allen Söhnen während seines Urlaubs dem Vater half, bei säumigen Pächtern den Pachtzins einzutreiben und die Rechnungen in Ordnung zu bringen; Andrew war es, der die gewaltige alte Scheune mit einem neuen Dach versah, der das Haus tünchen und die Treppe ausbessern ließ. Die Pflicht trieb ihn, wie einen anderen Liebe oder Ehrgeiz oder Vergnügungssucht treiben mögen. Er schrak nie vor einer verhaßten Arbeit zurück, sobald er sie als Pflicht betrachtete. Denn Gott hatte gesagt: »Du sollst Vater und Mutter ehren.« Ernst und mit grimmer Geduld ehrte er sie.

Doch es gab Zeiten, in denen Andrew die Befriedigung finden konnte, nach der seine Seele dürstete. Er wurde entsendet, um in verschiedenen Kirchen Missionspredigten zu halten. Nur selten predigte er in städtischen Kirchen vor stolzen, gut gekleideten Leuten, die in einer halben Stunde einen gedrängten Abriß der chinesischen Lage haben wollten. Andrew ging in Landkirchen, wo die Leute keine Eile hatten und wo sie eine Predigt erwarteten, die lang genug war, daß es die Mühe lohnte, die Sonntagskleider anzulegen und sie lange Strecken über rauhe, schmutzige Straßen fahren mußten. Die Farmer und ihre Gattinnen lauschten friedlich den Geschichten, die Andrew ihnen von Sünde und Elend zu berichten hatte, und voll Behagen gedachten sie dessen, daß es bei ihnen keine Sünde gab und nur sehr wenig Elend. Wenn er zu Ende gesprochen hatte, blickten sie nicht auf die Uhr, und wenn abgesammelt wurde, trugen sie ihr Scherflein bei, und irgendeiner lud den Prediger immer zum Essen ein.

Dieses Essen! Wenn Andrew sich in späteren Jahren solcher Mahlzeiten erinnerte, rief er mit einer gewissen vorwurfsvollen Freude: »Welche Vergeudung! Gebratene Hühner und kalter Schinken, weißer Kuchen, vier oder fünf Arten Gemüse und Kartoffeln, Salate und Marmeladen, Pickles und pfundweise Biskuits und Pudding und zumeist auch noch Eiscreme! Es wäre dem Herrn besser gedient gewesen, hätte man mehr auf dem Sammelteller gehabt und weniger im Magen!«

Andrew bewahrte bis ans Ende sein Grauen vor der Verweichlichung. Wie irgendein anderer liebte er es, gut zu essen, doch aß er nicht mehr, als er für notwendig hielt, um für die Arbeit Kräfte zu gewinnen. Je seltener der Leckerbissen war, desto strenger wies Andrew ihn zurück, oder er nahm höchstens einen Bissen davon. Einfache Kost, langsam und sparsam gegessen, war seine Regel. Und dennoch konnte er sich über eine Schale Tee an einem kalten Tag, über einen Teller warmer Suppe nach getaner Arbeit ebenso freuen wie irgendein Feinschmecker über Kaviar oder Schwalbennester oder sonst ein unnützes und köstliches Gericht. Daß er immer seine Pflicht tat, hatte zur Folge, daß er stark und schlank wie eine Eiche achtzig Jahre alt wurde. Und als sein Leichnam gewaschen wurde, ehe man ihn in den Sarg legte, war er am ganzen Körper glatt und frisch trotz der starken dunklen Sonnenbräune des Gesichtes und des Halses, glatt und zart wie der Körper eines Kindes.

Er hatte nur wenig Erinnerungen an diese zwei Jahre

in der Heimat. Er und sein Weib blieben die zwei Jahre sehr gegen seinen Willen dort, weil Carie schwanger war und sich weigerte, zurückzukehren, ehe sie dem Kind das Leben geschenkt. Er hätte natürlich auf seinem Willen bestanden und hätte ihn auch durchgesetzt, hätte ihn nicht Caries Vater, jener Mann mit der Gestalt eines kleinen Mannes, doch mit der Seele eines Herkules, ja kühner noch, an die drei toten Kinder erinnert.

»Dieses Kind soll unter meinem Dach zur Welt kommen«, entschied er. Und so wartete Andrew mit Carie in ihrem alten Vaterhause, voll Ungeduld, andere Seelen zu retten, die schon geboren worden waren, auf die Geburt dieser kleinen Seele. Das Kind war ein Mädchen, lohnte also nicht ganz die Mühe des Wartens. Andrew zeigte keinerlei Interesse daran. Auch später machte es auf ihn keinen Eindruck, als das Kind nach Jahren erwachsen war und Bücher zu schreiben begann. Romane – das war doch wertlos; selbst sie lesen, hieß dem lieben Gott die Zeit wegstehlen, geschweige denn, sie schreiben. Einmal nahm er eines ihrer Bücher zur Hand, einen dikken Band, sah ihn an, blätterte ein- oder zweimal darin und schloß ihn wieder. »Ich werde mir das wohl schenken«, bemerkte er mit seiner gewöhnlichen Freundlichkeit, ohne die geringste Absicht einer Spitze. Einmal sagte er, von seinem Pflichtgefühl getrieben: »Hoffentlich schreibst du nie etwas Unwahres, Tochter«, aber ihre Antwort wartete er nicht ab. Es war ihm auch gleichgültig, wie die Antwort ausfallen mochte. Wenn er gesprochen hatte, hatte er seine Pflicht zur Gänze getan.

Andrew behauptete nie, daß er Töchter ebenso gerne hätte wie Söhne. Seine Töchter existierten eben, so wie seine Frau existierte, und waren dazu da, ihn zu betreuen. Wäre er seiner Selbstsucht bewußt gewesen, hätten die Töchter es vielleicht schwer ertragen. Aber er war so rührend, so zutraulich selbstsüchtig wie ein kleines Kind. In allen äußeren Dingen des Lebens verließ er sich in aller Naivität auf Gattin und Töchter, und er nahm alle

Bequemlichkeiten: Nahrung und anständige Kleidung, Wärme und Licht und alles, was ihm sein Heim bot, als selbstverständlich entgegen. Einmal, als er schon ein alter Mann war oder nahezu alt und Carie nicht hatte, und er sich in allen diesen Dingen an eine Tochter wenden mußte, die selbst schon Mutter, Gattin und Brotverdienerin war, wurde er sehr krank, und nach einigen Tagen unablässiger Pflege, in denen er niemanden andern um sich haben wollte als seine Tochter, zwang ihn der Arzt, ins Spital zu gehen. Da war er sehr traurig und unglücklich, denn er hatte kein Vertrauen zu fremden Frauen. »Ich will nach Hause«, sagte er am dritten Tag. »Ich habe eine Tochter daheim, die nichts zu tun hat, als mich zu betreuen.« In seinen Augen gab es für Töchter keine anderen Ziele.

Doch in seinen jungen Jahren bedurfte er ihrer nicht, und es drängte ihn, wieder die Arbeit Gottes zu tun. Zum zweitenmal sagte er seinem Heim und seinen Eltern Lebewohl. Doch diesmal ohne jeden Zweifel und in voller Kenntnis dessen, was vor ihm lag. Er stand jetzt in der Fülle seiner Reife und Zuversicht. Er wußte, wohin sein Weg ihn führte, und er war seiner selbst sowie seiner Sendung sicher.

Nie wieder sollte er das Vaterhaus oder die Eltern sehen. Als er nach Jahren noch einmal zurückkehrte, waren sie tot, die starrsinnige, gelassene alte Frau und der herrschsüchtige alte Mann, der vor dem Sterben erklärt hatte:

»Gott hat mich betrogen! Ich zeugte sieben Söhne, und kein einziger ist auf meinem Grund und Boden zurückgeblieben.« So zog er murrend in die Ewigkeit. Das Haus und das Land aber, die waren verschleudert worden, und als der Kaufpreis zwischen den sieben Söhnen und den zwei Töchtern verteilt wurde, kam nur eine klägliche Summe auf jeden einzelnen. Sie hatten einen der Brüder damit beauftragt, den Verkauf durchzuführen, und als dies geschehen war, schalten sie ihn, er sei ein schlechter

Geschäftsmann – nur Andrew tat es nicht, denn er, der zehntausend Meilen weit entfernt war, kümmerte sich um das Ganze nicht. Er nahm sein Teil und legte es für sein Neues Testament an. Aber schließlich war auch Andrew, so wie alle seine Brüder in Gott, ein sehr schlechter Geschäftsmann.

VI

Als Andrews Füße wieder auf chinesischen Boden traten, wurde er ein anderer. Keiner, der ihn daheim gesehen hatte, wäre imstande gewesen, ihn in China wiederzuerkennen. In der Heimat wirkte er ein wenig lächerlich – eine hochgewachsene, hagere Gestalt in schlechtsitzenden, von einem chinesischen Schneider verfertigten Kleidern, den Prophetenkopf auf den hageren Schultern vorgeneigt, mit zaghaften und verwirrten Augen. An Bord des Schiffes erschien er den vornehmer aussehenden Passagieren als der typische Missionar der Geschichtenbücher, so vertieft war er in seine Sendung, so sehr mied er jeden Umgang. Ihm freilich galt gleich, was man von ihm dachte! Er kam und ging und bemerkte keinen. Es fiel ihm wahrscheinlich gar nicht ein, daß Schiffspassagiere Seelen haben. Frauen hatten gewiß keine. Mit heftiger Mißgunst sah er ihre Frivolität. Doch schließlich war er ein Mann, den keine Frau locken konnte. Einst saß er auf dem Verdeck und las ein chinesisches Buch, ohne zu bemerken, was um ihn vorging. Zufällig wurde gerade zu dieser Zeit unter den Passagieren eine Sammlung für Sportpreise veranstaltet, und ein Komitee hübscher Frauen war ausgewählt worden, die Sammlung durchzuführen. Offenbar betrachteten sie Andrew als einen schwierigen Fall. Ich sah sie miteinander verhandeln und Blicke zu ihm hinwerfen, für die er völlig unempfänglich war. Plötzlich sagte die Hübscheste und Munterste strahlend: »Ich tue es! Mir hat bis jetzt noch kein Mann nein gesagt!« Sie tänzelte hin, zeigte ihr bezauberndstes Lächeln, setzte sich auf die Armlehne von Andrews Sessel und begann zu schmeicheln.

Was sie sagte, erfuhr man nie, denn Andrew warf ihr einen Blick zu, gleich dem Zorn Gottes, erhob sich mit gewaltiger Würde und schritt das Deck hinab, mit wehenden Rockschößen. Aber er sah ja überhaupt Frauen nie an. Oft warf ich ihm vor, daß er meine Freundinnen nicht erkenne, ja daß er sogar auf der Straße an seinen Töchtern vorbeigehe, ohne sie anzusprechen. Worauf er freundlich und fest erwiderte: »Ich sehe einer Dame nie ins Gesicht. Ich halte das für ungezogen.«

Durch Spott und Mißachtung ließ er sich keineswegs beeinflussen, aus dem einfachen Grunde, weil ihm gar nicht einfiel, darüber nachzudenken, was die Leute von ihm halten mochten. Hätte man ihn auf ihr Lachen aufmerksam gemacht, es hätte ihn nicht angefochten. »Was können Menschen mir zufügen?« sagte er immer. Die Welt teilte sich in solche, die dereinst die Erlösung fanden, und solche, die sie nicht fanden. Wer sie nicht fand, war jetzt schon verloren und nicht mehr als lebend zu betrachten.

Man muß zugestehen, daß er in diese zweite Kategorie die meisten weißen Männer und alle weißen Frauen einreihte. »Sie haben die Mittel zum Heil«, pflegte er zu sagen, »und benutzen sie nicht.« Bei diesen Worten dachte er an die Kirchen, die sich daheim in jeder Stadt und in jedem Dorf finden. Ich glaube aber, er betrachtete die Seelen fast genau so wie manche Leute Eier – er wollte sie dunkel, und eine dunkle wog eine beliebige Anzahl weißer auf. So viel mir bekannt ist, hat er nie den Versuch gemacht, die Seele eines Weißen oder einer Weißen zu retten, nicht einmal die seiner eigenen Kinder. Ganz gewiß ist, daß er zu uns niemals ein Wort über Religion sprach. Am Abend und am Morgen hielt er daheim eine schlichte Andacht für uns ab, bei der er jedoch nicht predigte. Er las uns einen Abschnitt aus der Schrift vor, ließ jeden von uns, solange wir noch klein waren, einen Vers aufsagen, und dann betete er.

Wenn er betete, wurde er durch seinen Glauben verwandelt. Ich habe schon viele Menschen sorglos oder leichtfertig oder für die Ohren der Menschen, nicht für die Gottes, beten hören. Ich habe gesehen, wie sie Gebete laut ablasen, offen oder geheim, vorbereitete Gebete. Aber wenn Andrew betete, tat er dies mit angespannter, mit äußerster Aufrichtigkeit. Er tat nie sogleich den Mund auf und begann zu sprechen. Er begann immer mit Schweigen und schwieg, einen Augenblick, einige Sekunden, so viele, als ihm not taten, um sich im Angesicht Gottes zu fühlen. Dann legte sich tiefe, feierliche Ruhe über sein Antlitz. Für uns weilte er dann nicht mehr in unserer Mitte. Seine Stimme änderte sich, wurde tiefer, und voll Ehrfurcht wandte er sich an Gott und zog uns mit. Niemals bei den tausenden Gebeten, die ich ihn sprechen hörte, erbat er irgendeinen äußeren Vorteil, es sei denn im Falle von Krankheiten die Genesung des Kranken, so dies Gottes Wille sei. Seine Gebete galten immer der Seele, einem tieferen Verständnis für Gott und die Pflicht und der Stärke, Gottes Willen zu tun. Sogar das Tischgebet lautete: »Segne diese Speisen zu unserem Gebrauch und uns für deinen Dienst, in Ewigkeit, amen.«

Und so hatte Andrew kein Ohr für Lachen und sah nichts Lächerliches. Er fühlte sich sicher im Allerheiligsten seiner Seele. Doch sobald er die Küste Chinas betrat, glich er nicht mehr einem Fremden, wie es in der Heimat gewesen war. Jetzt war er wieder daheim, nicht so sehr im äußeren Sinne des Wortes daheim, wie vielmehr daheim auf seinem Posten, daheim bei seiner Arbeit, daheim in der Erfüllung seines Lebens. Glück strahlte aus seiner Miene, aus der ungewohnten Flinkheit seines Schrittes, aus seiner Stimme, aus seinem ungeduldigen Wunsche, aus Shanghai fort ins Innere des Landes zu kommen, zu den einfachen Leuten, die dem Heil zuzuführen er hier war. Alle väterlichen Gefühle seines Herzens wandten sich denen zu, die seine Herde bildeten. Die leiblichen Kinder bekamen solche Wärme nie zu spüren, doch sie war da – jede Christenseele konnte, wenn sie Gott suchte, diese priesterliche Vatergüte Andrews fühlen. Er konnte freundlich sein, konnte überreden, konnte über eine Seele nachdenken, wie nur irgendein Vater seinem leiblichen Kind begegnet. Freudig kehrte er zu diesen Menschen zurück, und sie erwiesen ihm die Ehre, die ihm in seinem Lande nie zuteil geworden.

Daher lag in dieser Rückkehr nichts Fremdes. Er belegte Plätze auf einem Yangtse-Dampfer, und hier stapelte er auf dem Verdeck die Bücherkisten auf, die er mitgebracht, die Kisten mit frischen Traktaten, die er in Shanghai erstanden, die Kisten mit billigem Schreibpapier, denn er hegte bereits einen neuen Plan, der den Rest seines Lebens in Anspruch nehmen sollte. Unter seinen Kisten waren auch der rundrückige Koffer, in den Carie vor zehn Jahren ihre Ausstattung verpackt hatte, und sein eigener, ebenfalls rundrückiger, aber kleinerer Koffer. Doch Caries Koffer enthielt jetzt Kinderkleider und einen bescheidenen Vorrat an Nadeln und Stecknadeln und Zwirn, an Stückchen Spitze und an Wolle, an all den kleinen Dingen, die Frauen brauchen, um kleine Kleidungsstücke anzufertigen, und die man in den Straßen einer chinesischen Stadt nicht kaufen kann. Und so schritten sie alle über die schmale Landungsbrücke: Andrew und sein Sohn Edwin und Carie mit dem kleinen Kind im Arm, der Tochter, die damals vier Monate alt war. Und wieder einmal zogen sie zum Herzen Chinas hin.

Einige der bemerkenswertesten Kämpfe, die Andrew je ausfocht, hatten diese Yangtse-Dampfer als Schauplatz. Das waren kleine, festgebaute Fahrzeuge, zumeist in England erbaut, und ihre bunt zusammengewürfelte Mannschaft unterstand dem Befehl gotteslästerlicher, brüllender, rotgesichtiger alter englischer Kapitäne, die sich durch Jahre längs der chinesischen Küste umhergetrieben und sich dann in die verhältnismäßige Sicherheit der Flußschiffahrt zurückgezogen hatten. Kein einziger dieser Kapitäne, der nicht voll gewesen wäre von Erzählungen über die Piraten der Biasbay und über Banditen an den Flußufern, und sie alle hatten nur eine Liebe und nur einen Haß. Sie liebten den schottischen Whisky, und sie haßten alle Missionare. Andrew war unverkennbar ein Missionar und zeigte das mit Stolz, furchtlos und unabhängig, und er fürchtete niemanden und war daher der richtige Fraß für jeden Kapitän, der etwas auf sich hielt. Der Krach begann gewöhnlich damit, daß der Kapitän irgendeine Beschimpfung ausstieß, denn Andrew selbst war immer ruhig und betrug sich freundlich. Am beliebtesten waren Anspielungen auf die zotigen Stellen in der Bibel. Gewöhnlich erklärte der Kapitän laut und herzhaft seinem Maat gegenüber: »Eigentlich verstehe ich nicht, wie diese Missionare ein solches Buch den Leuten in die Hand geben können. Darin hat's mehr dreckige Geschichten, als in irgendeinem anderen Buch zu finden sind. Das nenne ich die Heiden verderben, meiner Treu!«

Ein dunkles Rot kroch jetzt aus Andrews Halskragen empor.

»Sie scheinen gewisse Teile der Bibel sehr gut zu kennen, Kapitän«, bemerkte er.

»Sie können es doch nicht leugnen, wie?« erwiderte der Kapitän.

Andrew hob die durchdringend blauen Augen zum Gesicht des Kapitäns und antwortete mit der ungeheueren Ruhe, die wir immer fürchteten, wenn wir sie sahen: »Gewiß bringt die Bibel einige Berichte über sündige Männer und über die Strafe, die Gott ihnen auferlegte. Sie wurden für ihre Sünden bestraft. Wer in der Schrift richtig liest, liest sie zum Heil seiner Seele. Aber es gibt auch Leute, die sie zu ihrem Verderben lesen.« Und dann nahm er sich gelassen von dem unvermeidlichen Reispudding mit gedämpften Pflaumen, der niemals auf der Tafel des Schiffes fehlte.

Manchmal ging so ein Kampf nicht weiter als bis zu einem Knurren des Kapitäns. Wenn er aber weiterging, kämpfte ihn Andrew bis zu Ende, und zwar mit großer Freude und ohne jede Gehässigkeit. Erst in den sehr mageren Jahren, die ein wenig später kamen, in den Jahren, da die Drucklegung seines Neuen Testamentes alles verzehrte, was wir besaßen, ging er den Zweikämpfen mit den Flußkapitänen aus dem Wege, und zwar deshalb, weil wir es uns nicht mehr leisten konnten, so wie die anderen Weißen auf dem Verdeck zu reisen. Wir legten chinesische Tracht an und reisten Zwischendeck mit den Chinesen. Dann nutzte Andrew diese erzwungene Gemeinschaft, ging mit seinen Traktaten umher, predigte und sprach. Die Leute hörten ihm recht willig zu, denn sie hatten ja nichts zu tun, außer denen, die Opium rauchten oder spielten. Vor Langweile laut gähnend, lauschten sie, wenn er ihnen inbrünstig erzählte, wie Christus um ihrer Sünden willen gestorben war. Halb lauschend rissen sie die Ohren auf, dann sanken sie in grotesken Stellungen in Schlaf, so wie sie gesessen hatten, an ihre Bündel gelehnt.

Was mich betrifft, die ich damals zu sehen und zu fühlen begann, zu erkennen, ohne es zu wissen – was mich betrifft, so kann ich die Gerüche jener Schiffe nie vergessen. Denn so weit mein Gedächtnis zurückreicht, waren wir schon in den mageren Jahren, und ich erinnere mich des Dunkels dieser rechteckigen Schiffsräume mit der niederen Decke. Sie alle glichen einander. An der einen Seite war das gewaltige Ruhelager aus Holz und Matten für die Opiumraucher, abgeteilt durch einen langen, niederen Tisch. Dort gab es immer zwei schläfrig ausgestreckte Gestalten, deren Lampen auf dem Tisch glommen, während der dicke, süßliche übelriechende Dunst aufstieg und in jede Ritze drang. Aus den halbgeöffneten

Türen der winzigen Kabinen drang derselbe Geruch, so daß die dumpfe Luft davon durchtränkt war.

Fast ebenso groß wie dieses Ruhelager war ein großer runder Tisch, auf dem zweimal am Tag die Mahlzeiten aufgetragen wurden, der aber sonst immer zum Spielen verwendet wurde. Früh am Morgen begann schon das Klappern der Dominosteine aus Bambusholz und dauerte auch vom Abend bis zur Morgendämmerung. Um den Tisch drängten sich immer die Spieler, deren angespannte Mienen vor Spielleidenschaft ganz wild waren. Inmitten des Tisches lag ein Stoß von Silberdollar, von jedermann gierig betrachtet, voll wilder Sehnsucht betrachtet. Dieser Stoß schwand dahin oder schwoll an, und gelegentlich wurde er von einer hageren dunklen Hand fortgefegt. Dann fuhr ein seltsames Grollen durch die Schar der Spieler und durch die Menge der Zuseher, die einander rings um den Tisch drängten. Die Leute wollten nicht einmal aufhören, um zu essen, doch die schmutzigen Stewards warfen die Spielsteine erbarmungslos zu Boden, setzten Holzeimer mit Reis auf den Tisch, stellten vier oder fünf Schüsseln mit Kohl und Fisch und Fleisch daneben, desgleichen Eßschalen und Eßstäbchen aus Bambusholz. Ebenso grimmig und schweigend, wie sie gespielt hatten, aßen sie jetzt ein Gericht nach dem andern, und schweigend suchten sie nach den besten Bissen jeder Speise. Wenn die Passagiere gesättigt waren, verzehrten die Stewards und die Schiffsjungen, lauter schmutzige und freche Kerle, die Reste.

Aber Andrew ließ sich nicht stören. Er nahm seine Schale, füllte sie maßvoll mit Reis und Kohl, trat dann zur Seite und aß stehend, den Blick abgewandt von der schmutzigen Menge – hin zu den glatten, grünen Ufern des Stroms. Er verstand es, sich unberührt zu erhalten, wo immer er war, und die Leute gaben ihm den Weg frei. In einem gewissen Staunen, denn unablässig war er an Orten, wo man nicht erwartete, eine Gestalt gleich ihm zu sehen, eine Gestalt, die sich würdevoll zwischen den Gemeinen bewegte.

Aber er war immer und überall völlig zu Hause. Kein Prunk konnte ihm Angst einjagen, keine Armut ihn abschrecken. Friedlich schlief er in den schmutzigen oberen Kojen der schäbigen kleinen Kabinen. Ich erinnere mich, daß ich mit Carie auf der unteren Koje lag und über mir seine großen nackten Füße weit über das Ende des Lagers hinausragen sah. Diese Pritschen waren ihm immer zu kurz, und er pflegte abwechselnd seinen Füßen oder seinem Kopf Ruhe zu gönnen, denn an beiden Enden gleichzeitig zu schlafen, war, wie er behauptete, unmöglich. Doch er klagte nie, denn er hatte nach dem Wunsch seines Herzens gewählt.

Carie aber, die verbrachte ihre Zeit damit, daß sie ihre Kinder mit Karbollösung, so gut es ging, vor Ansteckung schützte und darauf achtete, daß die Habseligkeiten nicht gestohlen würden. Denn die Flußschiffe wimmelten von Berufsdieben. Als diese eine solche Plage wurden, daß sogar die Geschäfte zurückgingen, zahlten die Schiffsreeder der Gilde der Diebe einen gewissen Betrag, damit diese eine Zeitlang den Schiffen ferne blieben. Aber ein paar Diebe gab es immer, und mit großer Gewandtheit eigneten sie sich an, was sie wollten. Einmal kam Andrew in die kleine Kabine zurück, und Caries scharfe Augen entdeckten sogleich eine gewisse Leere an seiner Weste.

»Deine Uhr ist fort!« rief sie.

So war es auch, und als Andrew ein paar Minuten später seine Füllfeder brauchte, war auch diese verschwunden, und nun griff er nach seiner Börse und konnte sie nicht mehr finden. Während er draußen im überfüllten Gemeinschaftsraum gewesen war und gepredigt hatte, hatte ein flinkfingeriger Dieb, der sich offenbar voll Lernbegier nahe herandrängte, ihm alles genommen. Andrew sah einen Augenblick betroffen drein, besonders der Füllfeder wegen, denn die war ein Geschenk, hochgeehrt von ihm und oft verwendet.

»Ach bah!« rief er.

Das war in seinem Munde beinahe schon ein ›Verdammt!‹ Jedenfalls bedeutete es dasselbe, und er fühlte sich nach diesen Worten immer besser. Doch nichts vermochte ihn für längere Zeit zu bedrücken. Er war ein unverbesserlicher Optimist und immer davon überzeugt, daß er Gottes Wille tue, und daß daher alles zu seiner Zeit gut enden müsse.

Bei der Rückkehr in die Stadt im Innern des Landes, wo er vor seinem Urlaub gewohnt hatte, wurde Andrew von seinen Mitmissionaren nicht allzu herzlich willkommen geheißen. Er entdeckte, daß seine Einrichtungsgegenstände rücksichtslos aus dem Haus entfernt worden waren, das Carie zu einem Heim umgestaltet hatte. Alle Möbel standen nun in einem Nebengebäude und waren von den Termiten fast vernichtet worden. »Ich hob mein Bücherregal auf, und es zerfiel zu Staub«, sagte er feierlich. Und was das Schlimmste war, auch die wenigen, aber kostbaren Bücher hatte der Schimmel zerstört. Das konnte er niemals ganz vergeben oder vergessen. »Ich hatte einen guten Bibelkommentar«, pflegte er oft zu sagen, wenn er sich jenes Vorfalls erinnerte, und die Erinnerung war ihm schmerzlich. »Ich versuchte, die unversehrten Stellen auf einzelne Papierblätter zusammenzukleben.«

Es gab einige Debatten des Hauses wegen, das jetzt von anderen besetzt worden war. »Wir meinten, Sie würden nicht zurückkommen«, sagte der andere Missionar zu seiner Entschuldigung.

»Nicht zurückkommen!« rief Andrew. »Das glaube ich nicht.«

Dann erfuhr er die Geschichte, Stück um Stück. Er galt, so sagte man ihm, als ketzerisch in seinen Anschauungen. Er glaubte allzu sehr an die Macht des menschlichen Wissens – warum wandte er sonst Zeit daran, seine Pastoren zu schulen? Warum verließ er sich nicht, gleich anderen Missionaren, auf die Eingebung des Heiligen Geistes? Christus nahm einst unwissende einfache Männer und machte sie zu Aposteln. Ja, die Leute waren so sehr in ihre Ansicht verrannt, daß sie nach Hause an die Missionsverwaltung und an die unterstützenden Kirchen geschrieben und gefordert hatten, daß man ihn seiner irrigen Anschauungen wegen abberufe. Andrew hörte das grimmig an und ließ sie ausreden. Dann sagte er ihnen seine Meinung.

»Was hast du ihnen gesagt?« fragten wir in späteren Jahren.

»Ich sagte ihnen, sie seien träge«, erklärte er. »Ich sagte ihnen, sie wollten in behaglichen Häusern leben, für ihre Familien sorgen und für das Wohlergehen ihres Leibes. Ich sagte ihnen, sie seien ihres hohen Berufes nicht würdig, kurz und gut«, erklärte er energisch, »ich sagte ihnen, daß sie Heuchler sind.«

»O Vater!« hauchten wir.

»Oh, ich sagte es ihnen sehr freundlich«, erwiderte er friedfertig.

Doch das Ergebnis war, daß sie Andrew sagten, er möge hingehen, wohin er wolle, und sie würden dafür sorgen, daß ihm dies erlaubt werde. Er beschloß diese Erzählung immer mit den triumphierenden Worten: »Sie sprachen mir ein Vertrauensvotum aus und gaben mir das Geld, an einer mir beliebigen Stelle eine neue Station zu errichten.«

Er war zu arglosen Denkens, um zu erkennen, was das eigentlich bedeutete. Sie wollten ihn um jeden Preis loswerden – ihn und seine unermüdliche Tatkraft, ihn und seine ständige Entschlossenheit, des Berufes würdig zu sein, der ihm heilig war, ihn und die Verbissenheit seines Pflichtgefühls. Vor allem aber wollten sie seine Anteilnahme an denen loswerden, die dem Heil zuzuführen er gekommen war. Allmählich gewann er die Chinesen sehr lieb. Man erhob oft den Vorwurf gegen ihn, daß er, hatte er die Wahl, einem Chinesen oder einem Weißen zu glauben, immer dem Chinesen Glauben schenkte. »Es war eine bittere Lektion, daß ich ihnen mehr vertrauen kann«, erwiderte er dann immer grimmig. Er fand seinen Lohn in ihrer Ergebenheit, und das brachte ihm keine größere Liebe seiner Gefährten. Der Grund für das Ganze war der, daß Andrew von der Politik der Missionen nichts wissen wollte. Es war die Methode der Missionare, koste es, was es wolle, gegen die ›Eingeborenen‹ zusammenzuhalten. Wenn irgendein einzelner Missionar mit einem Konvertiten oder einem chinesischen Prediger einen Zwist hatte, traten alle Missionare für den Weißen ein, gleichgültig, ob er im Recht war oder im Unrecht. »Es geht nicht an«, hieß es oft, »die Autorität der Missionare durch Eingeborene untergraben zu lassen.« Denn was wäre sonst aus der Autorität der Kirche geworden?

Aber Andrew schob solche Reden mit einer Gebärde seiner großen Hand beiseite. »Ach bah!« sagte er. Er hatte keinen Respekt vor irgendeiner menschlichen Autorität. »Es gibt nur ein Recht«, sagte er. Und gar mancher bescheidene chinesische Pastor, der in einer kleinen Dorfkirche für zehn Dollar im Monat sich durchkämpfte, hatte ihm diesen kleinen sicheren Platz zu danken. Welch kläglicher Sold! Andrew führte sein Leben lang einen Kampf um Erhöhung dieser Bezüge – doch nie in eigener Sache. Und wenn er nichts erreichen konnte, sparte er sich einen oder zwei Dollar ab für den Mann, dessen Gesuch abgelehnt worden war.

Ja, sie wollten Andrews Unduldsamkeit gegen Rassenvorurteile und priesterliche Autorität loswerden. »Ein Kirchenfürst!« pflegte er zu sagen. »Ach bah – so etwas gibt es nicht!«

So packte er die wenigen Bücher, die ihm geblieben waren, und Carie packte alles andere, und sie zogen abermals nach Norden in eine neue Stadt.

In dieser Stadt gab es kein Haus zu mieten. Niemand wollte fremden Teufeln Obdach geben. Andrew konnte nichts anderes tun, als drei kleine Zimmer in einer Herberge suchen, die so armselig war, daß der dem Opiumrauchen ergebene Gastwirt bereit war, verleitet von seiner Gier nach dem Gift, diese Zimmer gegen einen hohen Mietzins abzutreten, denn er hatte ohnedies keine Gäste. Die Zimmer hatten einen Fußboden aus Lehm und sehr kleine Fenster, eigentlich nur Löcher in der Lehmwand. Doch sobald die Familie irgendwie ein Dach über dem Kopf hatte, ließ Andrew es dabei und ging seiner Arbeit nach.

Und jetzt schien ihm, als hätte er nie größere Möglichkeiten gehabt. Auf Hunderte von Meilen war er der einzige Missionar, der einzige Weiße. Nirgends gab es andere Sekten mit ihren störenden Lehren. Ihm unterstand ein Gebiet so groß wie der Staat Texas, voll mit Seelen, die niemals die Heilsbotschaft vernommen hatten. Er war berauscht von der Großartigkeit dieser Aussichten.

Doch er war nicht allein hierhergezogen, denn wohin er immer ging, folgten ihm einige, und es waren chinesische Prediger, die sich ihm und seinem Glauben angeschlossen hatten. Der erste unter ihnen war immer jener hochgewachsene Mohammedaner Ma, dessen arabisches Blut sich so deutlich in dem schmalen hochmütigen Gesicht und in der stolzen Haltung zeigte.

Mit diesem Mann und den wenigen anderen entwarf Andrew den Plan zu seinem neuen Feldzug. Der Acker – das Gebiet, für das er sich verantwortlich fühlte, bezeichnete er immer als seinen Acker – wurde auf einer Landkarte umrändert, und ein jeder erhielt einen gewissen Teil, über den er die Aufsicht zu führen hatte. Denn Andrew mußte immer wissen, wie seine Äcker aussahen, wie viele befestigte Städte es darin gab, wie viele Seelen innerhalb der Stadtmauern lebten, wie viele Tempel dort waren und welcher Religion geweiht, was die Hauptbeschäftigung einer jeden Stadt war, und ob die Leute in Wohlstand oder in Armut lebten. Die ummauerten Städte sollten die Stützpunkte bilden. Dann mußte er wissen, wie viele ummauerte Dörfer es gab, wie viele Marktflecken, und wo die wichtigsten Teestuben lagen, in denen sich die Bauern aus den kleineren Dörfern versammelten, nachdem sie ihre Waren verkauft hatten, denn dann hatten sie Zeit, sich aufzuhalten und zuzuhören. Sein Ziel war eine Kirche in jeder befestigten Stadt und eine Kapelle in jedem Marktflecken. Doch niemals zwang er den Leuten seinen Willen auf. Er liebte es, voll Stolz zu sagen: »Niemals gründete ich eine Kirche oder eine Kapelle an einem Ort, wo die Leute es nicht wünschten.«

»Woher hast du gewußt, ob sie es wünschten oder nicht?« fragten wir ihn, als wir schon alt genug waren, boshaft zu sein.

»Sie wünschten es immer, nachdem ich zu ihnen gesprochen und ihnen erklärt hatte, was es bedeutet, Gott zurückzuweisen«, erwiderte er.

Doch Andrew erkannte nie, daß eine Religion mehr oder weniger diesen Leuten nichts ausmachte. Es bestand immer die Möglichkeit, daß es irgendwo einen Extragott gab, von dem sie noch nichts gehört hatten und den günstig zu stimmen nicht schaden konnte, selbst wenn es sich um den Gott eines weißen Mannes handelte. Buddha selbst war ein Ausländer gewesen, wenn auch von dunkler Hautfarbe. Erst als Andrew kühn lehrte, daß sein Gott der einzige wahre Gott sei, erhob sich feindselige Stimmung. Als Andrew den Leuten erklärte, sie müßten den Ahnenkult in ihren Familien aufgeben, denn sich vor einem Menschen neigen, heiße den Menschen geben, was nur Gott gebühre, fielen manche von ihm ab und folgten ihm nicht mehr nach. Aber Andrew ließ sich nicht abschrecken. Er glaubte fest daran, daß die, die Gott gerufen hatte, ohnedies blieben und daß die, denen nicht vorausbestimmt war, zu bleiben, ohnedies abfielen, und so ließ er sie getrost ziehen.

Dennoch war Andrew zu dieser Zeit seines Lebens ganz gewiß bestrebt, Seelen zu gewinnen. Anfangs legte er chinesische Tracht an, ließ sich das Haar wachsen und flocht es zu einem Zopf. Dies tat er deshalb, weil sein hoher Wuchs und sein ausländisches Aussehen die Landleute erschreckte. Manchmal, wenn er in ein Dorf kam, floh die ganze Bevölkerung querfeldein, und nur die gelben Hunde blieben zurück und kläfften ihn an. Doch fühlte er sich nie wohl in chinesischen Gewändern. Seine langen Beine verwickelten sich darin, und er verlor sogleich die Geduld. »Ach bah!« knurrte er, und er steckte sich das Gewand in den Gürtel, wie es die Kulis tun. Das lange Haar war ihm besonders unerträglich, und nach vielem Stöhnen und Dulden schnitt er es ab und kaufte einen falschen Zopf, den Carie fest ins Innere seiner runden schwarzen Atlaskappe nähte. Das war keine schlechte Nachahmung und befreite ihn von der lästigen Obliegenheit, das Haar auszukämmen – es war keine schlechte Nachahmung, solange er die Kappe nicht abnahm, doch das tat er überall, und dann hängte er sie an die Wand. In diesem Fall wirkte der Zopf, gelinde gesagt, sonderbar.

Aber diese chinesische Mode dauerte nicht lange. Die weiten Ärmel und die flatternden Rockschöße wurden ihm bald unerträglich. Andrew liebte es, fest zugeknöpft zu gehen, und vor allem liebte er einfache Anzüge. Die Seide des chinesischen Herrn wollte er nicht tragen, denn sie war ihm zu fein, und die Baumwollgewänder des Armen hingen so grotesk um seine gewaltige Gestalt, daß Carie ihm nicht erlaubte, sie zu tragen. So kehrte er nach einer Weile wieder zu seiner alten Tracht zurück.

Andrew haßte alles, was anmaßend oder auffällig wirkte. Er hegte tiefe Verachtung gegen die Kleidung des Berufspriesters, nichts brachte ihn in größere Wut als das Ornat eines Bischofs, und besonders verabscheute er den Halskragen der Kleriker. »Niemand weiß, wo diese Kragen zugeknöpft werden«, sagte er. »Vielleicht lassen sie sich rundherum drehen.« Dann fügte er mit einer für ihn bezeichnenden Schärfe hinzu: »Man sollte keine Uniform brauchen, um zu zeigen, daß man dem Herrgott dient. Das soll aus allem hervorgehen, was man sagt und tut.«

Er weigerte sich hartnäckig, etwas anderes zu tragen als einen schlichten Alltagsanzug. Er besaß einen Gehrock, den er sehr wider Willen für seine Heirat gekauft hatte, und einer der ersten Auftritte, die es zwischen ihm und Carie gab, drehte sich um diesen Rock. Carie obsiegte manchmal durch gute Worte und Schmeichelei.

»Du bist doch groß genug, einen langen Rock zu tragen, Andy. Große Männer sehen so hübsch darin aus.«

Andrew war einer kleinen Schmeichelei seiner Gattin zugänglicher als die meisten Männer – er hatte nie ganz die Worte Mrs. Pettibrews vergessen können –, und oft gab er nach, doch kam er dann immer wieder heim und beschwerte sich bitter über die Unbequemlichkeit, daß er auf seinen Rockschößen hatte sitzen müssen.

»Du sollst nicht darauf sitzen«, sagte Carie. »Nimm sie auseinander und setze dich so nieder.«

Aber Andrew winkte ab.

»Ich kann mich im Angesicht des allmächtigen Gottes nicht mit solchen Dingen befassen«, erwiderte er.

So wurde der Gehrock altersgrün, und Andrew kaufte keinen zweiten. Statt dessen ging er unbekümmert in den billigen Anzügen, die die chinesischen Schneider ihm verfertigten. Doch wahrte er eine gewisse sonderbare Etikette. Niemals legte er in Gegenwart einer Dame den Rock ab und setzte sich auch am heißesten Tag nicht in Hemdärmeln zu Tisch. Auch trug er keine anderen Hemden als weiße mit steifem Stehkragen, und seine Wäsche war immer sehr sauber. Ohne diesen Kragen schien er ein ganz anderer Mensch. Wenn man ihn ohne Kragen, in seinen Schlafrock gehüllt, auf dem Weg durch die Halle zum Bad oder vom Bad sah, hob sich sein Hals ein wenig allzu dünn empor für den großen und edelgeformten Kopf. Dies verlieh ihm ein sonderbar kindliches und hilfloses Aussehen. Man freute sich, wenn er den Kragen wieder anlegte, denn ohne den Kragen war die Kindlichkeit seiner Erscheinung allzu deutlich, und es war, als hätte er sich bloßgestellt.

Und er hatte diese Eigenschaft, daß er einem Kinde glich. Er ließ sich immer leicht täuschen. Seinem Wesen war jede Spur von List fremd. Willig schenkte er zum Beispiel einem jeden Glauben, der zu ihm kam und erklärte, er wolle sich zum Christentum bekehren. Andrew vermochte nie, einem Bekehrten zu mißtrauen oder Argwohn gegen einen zu hegen, der behauptete, an den Herrn Jesus Christus zu glauben. Das wäre ihm erschienen, als hätte er Christus selbst mißtraut, denn er glaubte, daß einer, der sich bekehrt hat, für das Heil bestimmt sei, und jede neue Seele nahm er mit tiefem, rührendem Vertrauen auf.

Bei einer Taufe war Andrew ein erstaunliches Erlebnis für jeden, der ihn sah. Viermal im Jahr wurden die Neubekehrten in die Kirche aufgenommen. Sie versammelten sich in dem dazu bestimmten Raum, aus dem ganzen Gebiet, eine kleine Schar einfacher Landleute zumeist, doch darunter verstreut auch Städter und, wenngleich selten, ab und zu auch einer, der aussah wie ein Gelehrter oder ein Mann von Rang. Andrew nahm sie nicht leichtfertig auf und taufte sie auch nicht gleich. Sie blieben manchmal eine ganze Woche, während er sie unterwies und ihre Kenntnisse in der neuen Religion prüfte. Durch Wochen, ja sogar durch Monate hatten Andrews Gehilfen sie unterrichtet, jene, die nicht lesen konnten, im Lesen der einfachen Traktate, die Andrew für solche Leute vorbereitet hatte, die anderen im Lesen der Bibel selbst. Wenn sie zur Taufe kamen, befragte Andrew einen jeden sorgfältig, sowohl nach den Grundlehren des Christentums wie auch nach seiner religiösen Einstellung. Manchmal, wenn die Unwissenheit allzu kraß war, schickte er sie voll Bedauerns wieder heim, hieß sie sich weiter vorbereiten und dann wiederkommen. Doch wenn sie ernstlich ihren Glauben bekannten, nahm er sie auf. In der Kirche vor der versammelten Gemeinde kamen sie heran, einer nach dem anderen, und er rief ihren Namen und tauchte die Finger in die einfache irdene

Schale, die er in der Hand hielt; dann besprengte er ihnen die Köpfe, betete und dankte Gott für jede Seele, die ihm so geschenkt worden war.

Der Ausdruck auf dem Gesicht der Getauften zeigte alle Abstufungen vom Entsetzen bis zur Hoffnungsfreude. Oft sah man den Ausdruck jener, die aufrichtig nach Gott suchten. Doch ebenso oft war es die Miene eines glatten und frommen Schurken. Dennoch nahm Andrew sie alle als kostbar auf, und nachdem sie getauft waren, spendete er ihnen das Abendmahl. Was sie von dem ganzen Vorgang hielten, richtete sich nach der Aufrichtigkeit ihrer Gesinnung. Es gab welche, die, sobald das Wasser ihren Kopf berührt hatte, öffentlich erklärten, es sei ihnen, als wäre ihnen ein Stein von der Pforte ihres Herzens entfernt worden, und es gab welche, die insgeheim erklärten, sie hätten gar nichts gefühlt und könnten keine Veränderung in ihrem Leben erkennen, und das Ganze sei ein Schwindel.

Doch weder die einen noch die anderen waren wichtig. Wichtig war, daß Andrews Seele an solchen Tagen in Verzückung geriet. In einer Freude, die nicht von dieser Erde war, war er buchstäblich gewandelt. Wenn er zum Sonntagsessen heimkam, sah er aus, als brenne in seinem Innern hell eine Lampe. Er war nicht fröhlich – dazu war seine Freude zu tief. Er saß ruhig da, aß, mäßig wie immer, und hörte nichts, was bei Tisch gesprochen wurde, doch um ihn lag ein Strahlen. Oft sah ich ihn an, und wahrlich, ich bemerkte, wie ein lauteres, blasses Licht ihn umgab, als dränge es aus seinem Körper. Besonders seine Augen waren durchscheinend und blau. Nach dem Essen schloß er sich jedesmal für viele Stunden in sein Arbeitszimmer ein, um schließlich in seliger Erschöpfung wieder herauszukommen.

Solcher Stunden wegen, an denen keiner von uns Anteil hatte, an denen auch keiner Anteil haben konnte, war sein Arbeitszimmer für uns kein gewöhnliches Zimmer. Es kam uns nie der Gedanke, dort zu spielen, ja nicht einmal, dort einzutreten, es sei denn, um ihm eine dringende Botschaft zu überbringen. Später ging ich oft hin, damit er meine Lateinlektionen überhöre, und nie stellte ich mich vor ihm auf – dort nicht zu stehen, war undenkbar – ohne das Gefühl, daß hier mehr lausche als nur ein Mensch.

Aus diesem neuen Acker kamen die Bekehrten herbei wie Taubenschwärme. Es war ein Elendsgebiet, von Hungersnot heimgesucht, denn der Gelbe Strom wand sich launenhaft durch die Ebenen und wechselte sein Bett, so daß eine Gegend bald dürr wurde, bald überschwemmt war. Die Leute zürnten ihren angestammten Göttern und waren des Leidens müde; oft hörte man sie sagen: »Kein Gott kann schlechter sein als die unseren. Versuchen wir es mit dem fremden Gott, vielleicht bringt er uns Gutes!«

Einigen brachte er Gutes, denn Andrew und Carie sammelten Lebensmittel, erbaten aus der Heimat und von den Kirchen der Heimat Geld und linderten das Elend, wo sie konnten. Die Leute, die gierig auf weit mehr hofften, als Andrew zu geben vermochte, drängten sich in die Kapellen und begehrten stürmisch nach dem Heil. Als sie bemerkten, daß nicht genug da war für alle, fielen manche wieder ab, dennoch blieben einige, was Andrew sehr ermutigte.

Er war unablässig unterwegs, predigte und lehrte. Ihm folgte die Schar seiner Anhänger, die er zu einem chinesischen Klerus formte. Sobald ein neuer Stützpunkt errichtet war, stellte er einen geschulten Mann zum Predigen und zur Leitung einer Schule an. Denn Andrew liebte das Studium, und wo immer er eine Kirche gründete, gründete er auch eine Schule, wo gegen geringes Entgelt die Kinder der Kirchenangehörigen oder auch anderer Leute lesen und schreiben und die Grundlehren der christlichen Religion lernen konnten. Wenn sie beim Unterricht im Lesen die klassischen Schriften des Konfuzius lasen, störte es ihn nicht. In der Heiligen Schrift lag ein

Zauber, den die heidnische Literatur nicht überwinden konnte. Dies war sein fester Glaube.

Inmitten all dieses erfolgreichen Wachstums erlitt er einen schweren Schlag. Der kam von einer Stelle, von der er ihn am wenigsten erwartet hätte. Eines Tages kehrte er nach einer langen Predigtfahrt heim. Es war zu Beginn des Frühlings, und er hatte viele Wochen ferne geweilt. Nun fühlte er, daß er eine Woche Ruhe daheim verdient hatte. Es war eine wunderbar gute Reise gewesen. Überall hatte man ihm voll Eifer Gehör geschenkt, und viele hatten die Taufe gewünscht. Jetzt gab er sich, glücklich bis ins Innerste des Herzens und voll des Bewußtseins, erfolgreich gearbeitet zu haben, und mit dem Gefühl, daß Gottes Segen auf ihm ruhe, dem freudigen Gedanken an ein warmes Bad und an ein sauberes Bett hin, dem Gedanken an gutes Essen, an die Freude, seine Muttersprache wieder sprechen zu dürfen – lange Zeit hatte er kein englisches Wort gehört oder gesprochen –, und dem Gedanken an das Wiedersehen mit seiner Familie. Er hatte einen Urlaub verdient – eine kurze Weile konnte er sich des Lebens freuen, ohne diese Freude als sündhaft zu empfinden.

Doch als er in den Hof der Herberge kam und von seinem Reittier stieg, stand dort Carie, die ihn erwartete – nicht nur Carie, sondern auch die drei Kinder, denn vor einigen Monaten war ihm ein Sohn geboren worden, und die Amme der Kinder. Sie waren zur Reise gekleidet und hatten alle Habseligkeiten des Haushalts verpackt, und Männer warteten schon, um diese aufzuladen und fortzutragen.

»Aber – aber –« keuchte Andrew, und er stammelte: »Was bedeutet dies, Carie?«

»Das bedeutet«, erwiderte sie, »daß ich und die Kinder jetzt einen Ort suchen, an dem wir leben können. Du magst predigen von Peking bis Kanton, aber ich und diese kleinen Kinder hier gehen künftig hin nicht mehr mit dir.«

Ich weiß diese Worte Caries auswendig, denn sie hat mir die Geschichte so oft erzählt. Und sie kannte sie auswendig, weil sie sie so oft in den Wochen, da Andrew abwesend war, sich vorgesagt hatte. Immer wieder sagte sie sich diese Worte, während sie das an Lungenentzündung erkrankte Kind pflegte, in einem Hause, das so von Wasser überschwemmt war, daß die Möbelstücke auf Ziegel gestellt wurden, und daß man auf Planken ging, die wie Landungsstege von Zimmer zu Zimmer gelegt waren. Carie hatte nicht die Freude gehabt, Seelen retten und großen Menschenscharen predigen zu dürfen. Nein, Schritt für Schritt hatte sie nur ein Leben gerettet, das kleine Leben ihres jüngsten Sohnes, wenn sie es überhaupt gerettet hatte, denn er war doch noch so zart.

Ich weiß nicht genau, was sich dort auf dem Hof abspielte. Andrew machte immer ein böses Gesicht, wenn er von diesem Vorfall sprach. »Sie war keinerlei Vernunftgrund zugänglich«, sagte er. Weder für ihn noch für sie bedeutete dieses Geschehnis einen Kampf zwischen einem Mann und seiner Frau. Nein, hier bot eine Frau Gott Trotz. Sie kämpfte gegen Gott, gegen Andrews Berufung, gegen den Erfolg seiner Arbeit, gegen die Verheißungen der Zukunft.

»Sie kümmerte sich nicht im geringsten um alle die Seelen, die noch gerettet werden konnten«, sagte Andrew einst voll bitteren Erinnerns. »Sie glich einem wilden Sturmwind – nichts konnte ihr Einhalt gebieten.«

Am Ende obsiegte sie, wie sie beschlossen und geplant hatte. Die Zimmer waren jetzt leer, der Herbergswirt hatte die Miete erhalten. Die Karren waren bestellt und warteten darauf, Carie und die Kinder zu der Dschunke zu führen, die sie schon gemietet hatte. Alle Türen waren verschlossen. Andrew brauchte nicht mitzukommen, so sagte sie ihm – sie könne allein fahren. Aber er fuhr mit ihr, verblüfft, zornig, widerstrebend. Einen Augenblick sprach er noch mit seinem Gefährten Ma und gab ihm hastig das Versprechen, sogleich zurückzukehren, nachdem er seine Familie irgendwo untergebracht hätte. Doch fühlte er sich gar sehr erschüttert: aus dem eigenen Heim war ein Schlag gegen ihn geführt worden. Das konnte er Carie nie so ganz verzeihen, und von diesem Tag an ging er einsamer denn zuvor seines Weges.

Aber schließlich war Andrew zur Einsamkeit geboren. Nie hatte er einen vertrauten Freund gehabt. Als junger Mann bedurfte er eines solchen nicht. Er hatte davon geträumt, wie er der Landarbeit entgehen könnte, die er so haßte, hatte Pläne für seine Studien und für seine Missionstätigkeit entworfen. Selbst in der Ehe hatte er nie an Kameradschaft gedacht, denn für ihn bedeutete eine Frau keine Kameradin. Von den Männern hörte er rauhe, geringschätzige Worte, diese Geschöpfe voll Launen und Marotten, die Frauen, die zwar dem Mann nötig seien und nur in der einfachen Funktion als Gattin und Haushälterin ihre Berechtigung hätten, und nach der kurzen Verirrung seiner Bewerbung um Carie kehrte er zu solcher Verachtung zurück. Es kam ihm gar nicht der Gedanke, bei einer Frau geistige Kameradschaft oder seelisches Verständnis zu erwarten oder zu wünschen. Gelegentlich ließ sich freilich diese oder jene Frau durch ein gewisses Wohlwollen in Andrews Blick und durch die ruhige Sicherheit seiner Art irreführen und fühlte sich zu ihm hingezogen und zeigte ihm ihr Interesse. Nichts konnte Andrew tiefer betrüben oder ärger verwirren. Eines Tages sah er am Frühstückstisch seine Post durch, und als er einen Brief las, den er soeben geöffnet hatte, zeigte sein Gesicht einen Ausdruck des Entsetzens. Sogleich reichte er Carie das Schreiben. Sie las es hastig, und ihre dunklen Augen funkelten vor Zorn.

»Das Weib ist eine Närrin!« sagte sie unverhohlen, wie es ihre Art war. »Überlaß sie nur mir – ich werde den Brief beantworten, Andrew!« Sie faltete das Blatt zusammen und steckte es in die Tasche. Dann sah sie ihn scharf an. »Du hast doch nicht allein mit ihr gesprochen oder sonst etwas getan, daß sie sich derlei Dinge in den Kopf setzt?«

Deutlich brach auf Andrews hoher schöner Stirn Schweiß aus. Er schüttelte den Kopf, allzu erregt, um sprechen zu können. Dann räusperte er sich. »Warte«, sagte er heiser. »Eines Abends bat sie mich, ein paar Minuten mit ihr zu sprechen – ich erinnere mich, Mr. Jones war fortgerufen worden. Die Auffassung des Heiligen Paulus über die Erlösung durch die Gnade war ihr in ihrer Bedeutung nicht völlig klar, und ich erklärte sie ihr.«

»Und dann dankte sie dir und sagte, sie habe die Stelle erst jetzt so recht verstanden!«

»Woher weißt du das?« fragte er verblüfft.

Carie ließ ihr kurzes, wohltönendes Lachen hören. »Ich weiß, wie die Frauen die Männer herumbekommen – anfangs wollen sie immer irgendeinen Rat oder wollen etwas erklärt haben! Mach dir keine Gedanken mehr darüber. Ich werde das schon erledigen.«

Andrew beendete schweigend sein Frühstück und ging, erleichtert, doch ein wenig verlegen. Unmittelbar nach dem Frühstück setzte sich Carie an ihren Schreibtisch und schrieb rasch eine kurze Zeit. »So!« rief sie, während sie den Umschlag beschrieb. »Armes dummes Ding!« Dann lachte sie, wieder bei guter Laune. Sie fügte hinzu: »Natürlich weiß ich, daß Andrew unschuldig ist wie ein Lamm. Aber solche Männer lassen sich immer fangen.«

Ich glaube, sie vertraute Andrew, was Frauen betrifft, nie so ganz, gerade weil er so harmlos war. Als sie sich sterben legte, sagte sie in ihrer Pein und in ihrem Zorn – denn sie liebte das Leben – bittere Worte, er werde bald wieder heiraten. Und er ging verletzt aus dem Zimmer. »Sie scheint zu glauben, ich sei – ich sei – ein alter Abraham!« hörte ich ihn murmeln, während er durch die Halle schritt. Aber das war es nicht. Ich glaube, sie wußte genau, daß sie niemals ins Innerste dieses Herzens gedrungen war, wo er einsam lebte, und so hegte sie Zweifel und fragte sich halb kummervoll, halb bitter, ob vielleicht eine andere Frau dorthin vordringen werde, wo es ihr versagt geblieben war.

Doch erkannte sie nicht, daß niemand dort eindringen konnte. Andrew verstand es nicht, irgendwem die Tür zu öffnen. Als er älter wurde, gab es Zeiten, da er sich danach sehnte, jemanden in seiner Nähe zu haben, da er danach hungerte, jemanden bei sich zu fühlen, aber niemand konnte ihm nahekommen, denn er wußte nicht, wie man sich jemanden nahekommen läßt. Er hielt seine Seele bewacht und sein Herz verschlossen. Eine Liebkosung, selbst von einem seiner Kinder, verwirrte ihn; er konnte sie nicht erwidern, und so hörten sie bald auf. Die Kinder waren erwachsen, ehe sie verstanden, daß ihm ein solcher Liebesbeweis heimliche Freude bereitete, und daß ein Wort des Lobes oder der Anerkennung ihm manchmal die Tränen in die Augen trieb. Aber man lobte ihn nicht leicht, denn er war zu scheu, andere zu loben, zu besorgt, aufdringlich zu erscheinen. In jenem Heim seiner Kindheit gab es viele derbe Späße unter all den jungen Leuten, und einzig er war so empfindlich, daß er über Anspielungen nachgrübelte und darunter litt. Und damals hatte niemand daran gedacht, jemanden zu loben. Das konnte nur zu sündigem Hochmut führen. So wuchs er auf, und seine Zunge konnte kritisieren, konnte sich jedoch, wohin auch sein Herz ihn treiben mochte, nicht den weichen Worten des Lobes fügen. Als seine Kinder klein waren, versagten sie ihm deshalb ihre Liebe, doch als sie heranwuchsen und er schon ein alter Mann war, mit den klareren Regungen des hohen Alters sahen sie, daß bei einem anderen und gütigeren Glaubensbekenntnis diese Seele zu freundlicherem Wesen und zu freierer Güte erblüht wäre. Denn die Liebe zur Güte war da und die Sehnsucht eines Kindes, bewahrt durch viele Jahrzehnte, die Sehnsucht nach Zuneigung und Verständnis. Doch keins dieser Gefühle vermochte er auszudrücken.

Und so glaubte er, Carie habe ihn nie verstanden, es kam ihm gar nicht in den Sinn, sich zu fragen, ob er sie verstand – und so sagte er ihr nichts. Er brachte sie und die Kinder kanalabwärts zum Fluß, dann fand er ein leerstehendes Haus auf einem Hügel; dort ließ er seine Familie und ging wieder seines einsamen Weges.

Aber Gott tröstete ihn.

VII

Diese acht Jahre vor dem Boxeraufstand waren die Jahre der größten Gefahr für Andrews Mission. Da er nie an einem Orte verweilte, sondern immer weiter vordrang zu neuen und unbekannten Orten, fand er sich oft unter feindlichen Menschen. Die Chinesen mißtrauen seit jeher den Fremden, nicht nur Fremden aus anderen Ländern, sondern sogar Angehörigen ihrer eigenen Nation, wenn sie aus anderen Provinzen oder Gegenden kommen. Vielleicht deshalb, weil jedes Dorf und jede Stadt sich durch Jahrhunderte als eine Gegend eigener Art erhalten hat, denn bei ihnen ist das Gefühl der Sippenverbundenheit sehr stark. In manchen Gegenden war es allgemein üblich, jeden Fremden, der kam, ohne seine Anwesenheit erklären zu können, lebendig zu begraben. So wie heute war es ganz allgemeiner Brauch, gegen jeden Neuangekommenen die bösen, halbwilden Hunde zu hetzen. Andrew jedoch zog seines Weges und hatte nichts bei sich als einen festen Stock, um damit die Hunde fortzuprügeln. Und die Hunde kamen bald darauf, daß er keine Angst hatte und ihre Tücken nicht duldete, und so lernten sie, ihn in Frieden ziehen zu lassen, bis er in andere Gegenden ging. Sie sind feig, diese Hunde!

Niemals wird man genau erfahren, welche Fährlichkeiten er bestand, denn er sprach nie davon, ohne daß man ihm viel Fragen stellen und die Antworten entlocken mußte. Dann erzählte er hin und wieder mit knappen Sätzen eine Geschichte, für die ein anderer einen ganzen Tag gebraucht hätte.

Zum Beispiel den Vorfall, da er auf dem Ziegelbett eines Gasthofes lag und erwachte, weil er ein Licht bemerkte; und da stand der Herbergswirt neben ihm, in der linken Hand eine flackernde Lampe mit Bohnenöl und in der rechten ein Fleischmesser aus der Gasthofküche. Andrew öffnete die Augen, richtete sie fest auf das Gesicht des Mannes und rief laut zu Gott:

»Rette mich, o Herr!«

Er sprach Englisch, und der Mann bekam Angst.

»Was sagst du da?« fragte er.

»Ich rufe meinen Gott«, erwiderte Andrew, ohne den stetigen Blick der blauen Augen vom Gesicht dieses Mannes zu wenden.

Der hob ungestüm das Fleischmesser und schwenkte es. »Du hast keine Angst?« schrie er.

»Nein«, sagte Andrew ruhig. »Warum sollte ich Angst haben? Du kannst bloß meinen Körper töten, und mein Gott wird dich strafen!«

»Wie?« fragte der Mann, der wieder innehielt.

»Du wirst in Qualen leben«, sagte Andrew mit so ruhiger Gewißheit, daß der andere ihn eine Weile anstarrte und schließlich murrend verschwand.

»Was tatest du dann?« fragten wir Andrew atemlos.

»Ich drehte mich um und schlief weiter«, antwortete er.

»Er hätte doch wiederkommen können«, stammelten wir.

»Ich stand unter Schutz«, sagte er schlicht.

Einmal wurde er von einem derben Gesellen, der ihn zuerst beschimpfte und dann, da dies keinen Eindruck machte, schlug, von einem überfüllten Fährboot ins Wasser gestoßen. Aber Andrew tauchte aus dem schlammigen Wasser des Stromes auf, griff nach dem Steuer der Dschunke und hielt sich fest. Die Menge starrte zu ihm hinab, doch niemand bot ihm die Hand. Er aber verlangte gar nicht nach Hilfe. Er klammerte sich an, bis ihm das Flußufer unter die Füße kam, und dann stieg er heraus, triefend naß, aber ungestört, um auf dem Fährboot seinen Koffer zu suchen. Doch der war fort. Jener Geselle hatte ihn genommen.

Die Menge lachte. »Der war voll Silberdollar«, riefen sie. »Alle Ausländer reisen mit Koffern voll Silberdollar.«

Andrew lächelte und zog zufrieden seines Weges weiter. Die wenigen Dollar, die er besaß, hatte er unversehrt in der Tasche, und der Koffer war mit Traktaten und Druckbogen der Evangelien gefüllt gewesen. »Gott lenkt«, sagte er, wenn er die Geschichte erzählte, und er war überzeugt, daß die Seele dieses Mannes zum Heil gefunden hatte.

Mehr als einmal wurde er, wenn er unerwartet in einer fremden Sadt auftauchte, überfallen und geschlagen. Man schlug ihn offenbar nur deshalb, weil man noch nie seinesgleichen gesehen hatte, so wie Hunde einen fremden Hund, den sie nicht kennen, überfallen.

Doch derartige Vorfälle waren es nicht, die ihn am meisten bedrückten. Er war körperlich ein sehr heikler Heiliger, und oft kam er heim, ganz krank vor Ekel, des Schmutzes wegen, den er hatte erdulden müssen. Einmal kam er zurück, grün vor Entsetzen.

»Was gibt es?« rief Carie.

»Ich habe heute Schlangenfleisch gegessen«, sagte er in unheimlichem Tonfall. »In einer Herberge hat man es mir vorgesetzt, und ich erfuhr es erst später.« Und sogleich wurde ihm wieder übel bei der Erinnerung.

Die allgemein gebräuchliche Sitte des Spuckens konnte er nicht ertragen. Er, der so unendliche Geduld mit den Seelen der Menschen aufbrachte, konnte ihren Körpern keine Geduld entgegenbringen. Als die ersten Züge zu verkehren begannen, freute er sich über die Aufschriften, die erklärten, das Ausspucken sei nur bei Benutzung der zahlreichen, überall aufgestellten Spucknäpfe gestattet. Doch niemand schenkte diesem Verbot Beachtung. Die Chinesen waren gewohnt, hinzuspucken, wohin es ihnen behagte. Die wenigsten konnten lesen, und wer lesen konnte, kümmerte sich nicht um die Aufschrift. Körperliche Bequemlichkeit ist das Gesetz des chinesischen Lebens. Eines Abends im Sommer kam Andrew mit sehr zufriedener Miene nach Hause.

»Heute war ein schauerlicher dicker Kerl im Zug«, sagte er unvermittelt beim Abendessen.

Wir alle sahen ihn an und warteten auf das Weitere.

»Er hatte das Hemd ausgezogen und saß in den Unterhosen da, und sein Bauch war wie der eines großen Frosches«, fuhr er fort, Ekel im Blick. Dann wischte er sich sorgfältig den Mund. »Er spuckte überall hin, nur nicht in den Spucknapf. Schließlich konnte ich nicht mehr zusehen und zeigte ihm die Aufschrift.«

»Hoffentlich hat das genützt«, sagte Carie zweifelnd.

»Es hat nichts genützt, und ich sagte ihm meine Meinung«, erwiderte Andrew.

»Was hast du ihm gesagt?« fragten wir.

»Ich sagte ihm, er sei schmutziger als ein Tier«, antwortete Andrew sanft.

»Aber Vater!« riefen wir.

»Oh, ich sagte ihm das sehr freundlich und nett«, erwiderte er mit der gleichen milden Stimme, und er konnte nicht verstehen, daß wir lachten.

Natürlich hatte er Feinde. Die meisten seiner Feinde waren allerdings unter den Mitmissionaren zu finden, aber die betrachtete er als seine Erbfeinde. Behörden und Missionare galten ihm gleich, denn er hielt sie für seine Feinde, das heißt für Personen, die vom Teufel dazu ausersehen waren, den Willen Gottes oder das, was Andrew zu tun vorhatte, zu durchkreuzen. Er kannte kein Erbarmen gegen die chinesischen Behörden und nutzte jedes vertraglich verbriefte Recht, um sie ganz unverhohlen zu zwingen, daß sie ihm die Pachtung von Grundstücken für seine Kapellen gestatteten. Denn er gründete zwar niemals eine Kapelle, wenn nicht eine Gemeinde vorhanden war, die das wünschte, dennoch gab es aber immer eine Gruppe von Widersachern, die die Religion des Fremden in der Heimatstadt nicht dulden wollten. Ihnen schenkte Andrew keinerlei Beachtung. Gab es irgendwo nur eine einzige Seele, die von Gott zu hören wünschte, war es das Recht dieser Seele, zu hören, und mochte es auch Hunderte geben, die nicht hören wollten. So betrat er kühn die Höfe der Mandarine, wurde immer wieder von neuem vorstellig und wartete stundenlang, je nach Laune der Gewaltigen. Manchmal vertröstete ihn ein Beamter, der ihn eigentlich gar nicht vorlassen wollte, von Tag zu Tag und verschob den Empfang unter diesem oder jenem Vorwand. Tag für Tag stellte sich Andrew ums Morgengrauen ein und wartete bis zum Abend, und am nächsten Tag wiederholte sich das, bis jedermann seiner schon müde war. Er dachte auch nicht daran, nur das kleinste Silberstück in die ausgestreckten Hände Untergebener gleiten zu lassen. Er wußte genau, daß Geld ihm Tür und Tor geöffnet hätte, doch besaß er kein eigenes Geld, und das Geld der Kirche, das nach seiner Ansicht lediglich dem Zweck dienen sollte, das Evangelium zu verkünden, wollte er nicht verwenden. Endlich griff Andrew, wenn der Mandarin sich als verstockt erwies, zur Gewalt, das heißt, er berief sich auf die nach den Opiumkriegen geschlossenen Verträge, die den chinesischen Untertanen das Recht einräumten, sich zum Christentum zu bekehren, wenn sie es wünschten, und Missionaren das Recht, zu predigen. Wenn der Mandarin selber ein Starrkopf war und sich durch die Drohung mit den Verträgen, mochten hinter denen auch Kanonenboote stehen, nicht einschüchtern ließ, wandte sich Andrew an seinen Konsul, der zwar vielleicht die Missionare verwünschte – und wie viele dieser Beamten verwünschten sie und stöhnten, wahrscheinlich mit vollem Recht, ohne Missionare wäre das Leben viel einfacher –, aber trotz aller persönlichen Abneigung gezwungen war, dem chinesischen Würdenträger ein amtliches Schreiben zu schicken. Dieser Brief auf dem Amtspapier mit dem großen, sonderbaren Siegel der Vereinigten Staaten bewirkte stets, was Andrew angestrebt hatte. Wider Willen, in Worten vorsichtig ausgedrückter Verachtung erteilte die Behörde die erbetene Erlaubnis. Aber Andrew machte sich nichts aus der Verachtung der Menschen. Er zog dahin, um triumphierend zu predigen, denn er war der starrsinnigste aller starrsinnigen Söhne des Herrn.

Nun, in allen diesen Jahren sahen wir Andrew kaum daheim. Für seine Kinder war er ein Fremder, der sehr selten ins Haus kam, und wenn dies geschah, glich er nicht einem, der heimkehrt, sondern einem, der für eine Nacht Obdach sucht, ehe er weiterzieht. Das Leben der Seinen hatte sich ohne ihn gestaltet, denn ihre Tage waren von anderen Personen erfüllt. Sie waren vaterlos, weil er sein Leben anderen geweiht hatte, aber sie kannten ihn nicht einmal gut genug, um ihn zu vermissen. Er fühlte dies undeutlich, wenn er manchmal nach Hause kam und sah, wie sein Sohn groß wurde und seine Tochter aufhörte, ein kleines Kind zu sein, und wenn er das Gedeihen des Kleinen sah, das in jener Herberge geboren worden war. Aber dieses eine Kind starb im Alter von fünf Jahren, knapp bevor das letzte Kind, ein Mädchen, geboren wurde.

Manchmal machte er den Versuch, an ihrem Leben teilzunehmen. Es gab zwei Zeiten im Jahr, da sich seine Kinder seiner ein wenig anders erinnern, nicht als eines wandernden Engels, der eine Nacht bei ihnen verweilte, sondern als eines Mannes, der Anteil nahm an den Dingen, die sie zu tun hatten. Die eine dieser Zeiten war Weihnachten und die andere der Termin, da die Kisten von Montgomery Ward ankamen, und eigentlich war Weihnachten die weniger spannende Zeit.

Denn gegen Weihnachten, das für Carie der Kinder wegen so wichtig war, war Andrew ein wenig skeptisch eingestellt. Im Heim seiner Kindheit hatte man dieses

Fest nicht gefeiert, man war nur zur Kirche gegangen, und dann hatte es ein Essen gegeben. Es gab keine Geschenke, es gab keinen Weihnachtsmann. Auch seine Auffassung von Geschenken war sonderbar. Ihm fiel nie etwas ein, das er den Kindern hätte geben können, es seien denn die Dinge, die er als Knabe gerne gehabt hätte und von denen seine Kinder nichts wissen wollten. Doch wenn er schon nicht wußte, wie er seine Kinder beschenken konnte, wußte er noch weniger, was er Carie geben sollte. Sogar die Kinder fühlten das Peinliche eines nicht gut angebrachten Geschenks für die Mutter, und sie waren verständig genug, um am Morgen des Weihnachtstages Mitleid mit ihr zu empfinden, wenn sie ein braunes Papierpaket öffnete und ohne jede Bemerkung schweigend wieder hinlegte. Aber ihre Augen hatten sich verdüstert. Dennoch wußten wir, daß er es nicht böse gemeint hatte – nur kannte er Carie nicht, wußte nicht, was sie gerne hatte, was sie trug und was sie brauchte. Die Kinder, leidenschaftlich ihr zugetan, mühten sich, ihr zu geben, was sie nur vermochten, und wendeten vor Weihnachten viele Wochen daran, ›Mutter etwas Schönes zu bescheren‹. Sie wußten, wie sehr sie sich im geheimsten Herzensgrund nach hübschen Dingen sehnte.

Doch natürlich lag dem allen zugrunde, daß Andrew den Gedanken an eine Geldausgabe, die nicht sein Lebenswerk förderte, nicht ertragen konnte. Das Geld bot Macht, Seelen zu retten, mit Geld konnte man Kapellen mieten, Schulen eröffnen, Bibeln kaufen. Er brauchte nichts für sich selbst. Darum war Weihnachten immer ein wenig schmerzlich. Und manchmal murmelte er zweifelnd: »Kein Mensch kennt das authentische Datum der Geburt Christi. Außerdem spricht manches dafür, daß das Fest mit heidnischen Traditionen vermengt ist. Wir wissen eigentlich gar nicht, was wir feiern – vielleicht gar den Geburtstag eines alten Heidengottes!«

»Unsinn, Andrew!« rief Carie. »Das Wichtigste ist, daß wir den Kindern ein fröhliches Fest bereiten!«

Aber niemand nahm sich je die Mühe, dem Kind Andrew eine fröhliche Zeit zu bereiten, und er hegte immer stärkere Zweifel, denn eigentlich war er der Bürde seiner Aufgabe nie ledig. Sein Glück maß er nach dem Erfolg, den er bei seiner Arbeit hatte, und sonst nach nichts. Gott besaß ihn.

Aber die Kisten von Montgomery Ward waren etwas anderes. Sie enthielten Gebrauchsgegenstände, die man schon Monate vorher bestellt und bezahlt hatte, und die immer pünktlich einlangten. Die Kinder freuten sich monatelang auf den Morgen, da Andrew von der Post, die vor ihm auf dem Frühstückstisch lag, aufblickte und feierlich sagte: »Die Kisten sind angekommen!« Wenn er nicht zu Hause war, hielten es die Kinder kaum aus, denn Carie ließ die Kisten nicht öffnen, ehe er zurückkam. Doch war er um diese Zeit – im frühen Winter – nahezu immer daheim. Es war ein ganz bestimmter, immer höchst erregender Vorgang einzuhalten. Andrew mußte auf den ›Bund‹ zum Zollamt gehen, den Frachtbrief vorweisen und die Kisten verzollen. Die Kinder warteten daheim beim Tor, wenn schönes Wetter war, und kletterten hoch hinauf, um nur so bald wie möglich Andrews ansichtig zu werden, wenn er um die Ecke des alten buddhistischen Tempels im Tale bog. Wenn es regnete, warteten sie in der Vorhalle und preßten sich an den Glasscheiben die Nasen weiß. Inzwischen machte Carie in der hinteren Halle Platz für die Kisten frei.

Es gab kein größeres Entzücken als den Augenblick, da Andrew hinter dem Tempel auftauchte, gefolgt von vier oder fünf Kulis, die an ihren Tragstangen an Stricken aufgehängte Kisten trugen. Der lärmende Ruf des Taktangebens drang hügelan und kam näher und näher: »Hei-ho, hei-ho –« Bald, gar bald wurden die Kisten in der Halle zu Boden gestellt, und die Männer lärmten in der trauten Verwirrung dieser Stunde. Andrew focht einen Kampf der Trinkgelder wegen aus, die die Kulis schreiend verlangten, indem sie sich auf die schwitzende

Brust klatschten und die Striemen auf ihren schwielenbedeckten Schultern zeigten.

»Diese ausländischen Kisten sind voll mit Blei«, riefen sie. »So etwas kann einen ja töten – und wir mußten den Hügel heraufsteigen –, und was soll dieses Nichts auf meiner Hand!« Dann warfen sie die Kupfermünze zu Boden und spuckten darauf, und Carie beschwor Andrew: »Gib ihnen doch ein wenig mehr, Andrew, nur dieses einzige Mal!« Und dann gab er ihnen sehr widerwillig ein wenig mehr, und sie begannen zu grinsen und machten sich davon. Und die Kisten waren da!

Irgendein Kind hielt immer den Hammer und die große Zange, die Andrew für diesen Zweck gekauft hatte, und atemlos sahen alle zu, wie sich die starken eisernen Kiefer ins Holz verbissen, wenn Andrew den Nagelkopf zu fassen suchte, und wie dann der Nagel kreischend vor Widerstand hervorkam.

Jedes Brett, das man entfernte, wurde aufbewahrt, denn die Kisten waren aus gutem amerikanischen Fichtenholz und so trocken, wie es Holz in China nie ist. Alle unsere Bücherregale und Schreibtische und die Schränke auf dem Boden waren aus dem Holz dieser Kisten verfertigt. Unter dem Deckel lag starkes braunes Packpapier. Carie zog es fort, und darunter lagen die Dinge aus Amerika. Das war unsere wirklichste, unsere greifbarste Beziehung zur Heimat.

Wenn ich jetzt zurückdenke, erscheinen mir diese Gegenstände als sehr einfach, Waren, die der Amerikaner täglich beim Krämer bestellt und kaum beachtet. Für uns aber waren sie der kostbarste Luxus, Dinge, die man in der Nähe nirgends kaufen konnte, Speisen, die man kosten und genießen mußte wie Leckerbissen, Spielzeug, das zauberhaft schien in seiner Vielfalt, fertige Kleider, geradezu Wunder der Mode.

In Wirklichkeit aber waren es Büchsen mit Kaffee und Säcke mit Zucker, Seife, ein runder Klumpen Melasse für Caries berühmte Lebkuchen und Gewürze, die vielleicht im Orient gewachsen und jetzt vielleicht wieder zu uns zurückgekommen waren. Hier gab es Nähnadeln und Stecknadeln, Haarnadeln und Zwirn, alle die Kleinigkeiten, die man im chinesischen Leben nicht findet, ein Band, hellfarbig, mit dem man am Sonntag die Locken eines kleinen Mädchens festhielt, und andere kleine Luxusgegenstände, ein paar Pfund harte Pfefferminzstangen, einige Pakete Gelatine, Marmeladegläser, die Carie im Winter verwendete. Dann lange Unterwäsche für den feuchten chinesischen Winter in den schlecht geheizten Häusern und schließlich immer eine Kleinigkeit, die sich jedes Kind aus dem geradezu märchenhaften Katalog gewählt hatte. Oh, welch schöne Stunden verbrachten wir alle mit dem Studium dieses Kataloges und wir suchten einen Gegenstand, der nicht mehr als den uns verstatteten Dollar kostete, und so standen wir vor der herzzerreißenden Entscheidung, ob es besser sei, mehrere Kleinigkeiten zu kaufen, die weniger kosteten, oder das eine, innig Gewünschte für einen vollen Dollar! Und welche Qual, wenn dieses innig Gewünschte einen Dollar neunzehn kostete! Es nützte nichts, zu Andrew zu gehen – keinem der Kinder kam dies in den Sinn –, aber Carie mit ihrem immer allzu zärtlichen Herzen konnte überredet werden, und wenn dann die Rechnung der strengen Prüfung Andrews vorgelegt wurde, trat Carie ganz gewiß für den Sünder ein und sagte: »Ich habe es erlaubt, Andrew, ich werde es schon irgendwo absparen oder aus dem Haushaltsgeld nehmen!« Und so ließ Andrew es dabei bewenden, doch um ihm volle Gerechtigkeit zuteil werden zu lassen, muß ich sagen, daß er manchmal gar keine Einwände erhob, wenn sein Werk gut vonstatten ging und er froher Laune war.

Jedes Kind hatte also sein kleines Paket, und es war köstlich, es zu erhalten, köstlich, es auszuwickeln, es anzusehen, es zu liebkosen, damit zu spielen und es nachts unter das Kissen zu legen. Doch welche Qualen bereitete einem der Katalog! So viele Dinge kosteten mehr als einen Dollar. Eines der Töchterchen Andrews sehnte sich zum Beispiel durch Jahre innig nach einer großen Puppe. Bis zum heutigen Tag hat sie diese Puppe nicht vergessen, unter dem Bilde stand ›lebensgroß‹. Das hieß, so groß wie ein wirkliches Kind. Heute erinnert sie sich noch des runden, ausdruckslosen Gesichts in der gekräuselten Spitzenhaube, der dicken Händchen, des langen Kleidchens und der kleinen, gestrickten Jacke. Doch diese Puppe kostete drei Dollar achtundneunzig Cents und entzog sich natürlich hoffnungslos jedem Wunsche. Das kleine Mädchen kaufte eine oder zwei kleine Puppen, aber die bedeuteten ihr nicht dasselbe. Jahrelang betete sie entschlossen, es möge einmal zu Weihnachen – aber solche Weihnachten kamen nie. Sie hatte kleine billige Puppen, die von Caries Händen köstlich und vollständig angekleidet waren. Aber sie waren nicht lebensgroß. An jedem Weihnachtsabend ging dieses Kind, nachdem es hunderte Male gebetet hatte, mit hoffnungsvollem Herzklopfen zu Bett. Aber der erste Blick auf den ausgelegten Strumpf und auf das winzige Häuflein von Paketen fegte die Hoffnung wieder für ein ganzes Jahr davon. Hätte Carie etwas davon geahnt, hätte sie irgendwie nach dem Rechten gesehen, hätte sie irgendein gewaltiges Opfer gebracht, damit das kleine Kinderherz seinen Wunsch erfüllt sehe. Aber sie wußte es nicht, denn das Kind sprach kein einziges Wort, weil es nicht ahnte, daß es für die Eltern im Bereich der Möglichkeit lag, diese fabelhafte Summe auszugeben. Der Weihnachtsmann oder der liebe Gott mochten sie ausgeben, aber nicht Andrew, der so sehr Geld brauchte. Und Carie hatte kein eigenes Geld. So blieb die Puppe auf den Seiten des Kataloges ein Gegenstand der Träume und schließlich des Opfers; nur kann bis zum heutigen Tag dieses Kind, das jetzt schon längst erwachsen ist, an der Puppenabteilung eines Spielzeugladens nicht vorbeigehen, ebensowenig wie sie wirklicher kleiner Kinder satt werden kann.

Aber es gab viele kleine weiße Kinder im Herzen Chinas, für die die Firma Montgomery Ward den Weihnachtsmann und den lieben Gott vertrat. Ein Kind kam eines Tages heim und sagte feierlich zu seiner Mutter: »Ganz gewiß werden Miß Nan und Mister Rob heiraten.«

»Woher weißt du das?« fragte die Mutter.

»Weil ich gesehen habe, wie sie gemeinsam einen Katalog von Montgomery Ward durchsahen«, erwiderte das Kind schlau.

Während dieser ganzen Zeit ballte sich allmählich ein Sturm in den Tiefen Chinas zusammen. Keiner von uns ahnte ihn, gewiß nicht ich, die ich damals als kleines Kind in Andrews Haus lebte. Dennoch erinnere ich mich, daß ich nachts Angst hatte, der Dinge wegen, über die ich Andrew und Carie hatte sprechen hören. Die Leute schienen nicht mehr so bereit zu sein, Andrews Predigten beizuwohnen. Er kam öfter heim als früher, und sehr oft war er verzagt und niedergeschlagen, so daß Carie uns vor seiner Heimkehr bat, besonders artig zu sein, ihm freundlich zu begegnen und nicht zu vergessen, wie müde er sei.

»Ihr Kinder könnt ja nicht verstehen, welche Mühen er zu tragen hat, während ihr hier sicher –« Sie unterbrach sich, als ob sie sich insgeheim fragte, wie groß wohl die Sicherheit sei.

Doch die Kleinen waren warmherzige Geschöpfe und eilten hin und her, um ihrem Vater die Heimkehr behaglich zu machen: sie pflückten Blumen, die er nicht bemerkte, stellten ihm die alten Lederpantoffel zur Tür, damit er sie gleich nach dem Eintreten anlegen könne – das allerdings bemerkte er, und er freute sich darüber. Es war eine Art Symbolik in diesen großen abgetragenen Lederpantoffeln, die von Andrews Füßen eckig getreten waren. Einem kleinen Kind, das in jeder Hand einen trug, erschienen sie ungeheuer wie die Schuhe eines Giganten, und sie hatten auch etwas Zauberhaftes an sich, denn wenn Andrew sie anlegte, nahm sein Gesicht einen anderen Ausdruck an. Das war seine häusliche Miene – eine verzweifelte körperliche Ermüdung, eine Entspannung des Herzens und ein gewisser Hunger im Blick. Aber vielleicht war es nur die Freude über sein Heim und über die Nähe der Seinen, eine Freude, die er nicht leicht in Worten ausdrücken konnte.

Als die Jahre, die zum Boxeraufstand führten, dahinzogen, war Andrew beim Heimkommen immer verzagter. Stundenlang saß er in seinem Arbeitszimmer und schien nichts zu tun. Wir sahen ihn dort in seinem alten Fauteuil aus imitiertem Leder, den er in einem Shanghaier Trödelladen gekauft hatte. Solange ich mich dieses Möbelstücks entsinnen kann, kamen daraus Teile der Seegrasfüllung hervor, und an einigen Stellen war die Polsterung eingedrückt, dort, wo der Körper des Sitzenden den größten Druck ausübte, besonders an zwei Stellen, wo Andrew beim Gebet die Ellbogen aufstützte.

Es wurde über die Lage auch gesprochen, denn Andrew und Carie verbargen die Dinge des Lebens nie vor ihren Kindern. Andrew sagte plötzlich bei Tisch: »Ich habe in diesem Monat weitere drei Kapellen schließen müssen. Die Grundbesitzer wollten sie mir nicht mehr vermieten. Ich kann keinen anderen Platz finden – niemand überläßt mir jetzt einen Raum zum Predigen. Irgend etwas stimmt da nicht.«

Oder er sagte: »Wir kommen in den Häusern verschiedener Kirchenmitglieder zusammen. Wir müssen das tun wie die alten Christen – um Mitternacht, insgeheim, so gut es eben geht.«

An vielen, vielen Abenden erwachten die Kinder, wenn sie das Tor gehen hörten, und sie sahen Andrews große alte Petroleumlampe, die er nachts trug und persönlich makellos sauberhielt. Es war eine seiner kleinen Eigenheiten – eine saubere Laterne oder in der Wohnung eine saubere und geputzte Lampe. Denn in diesen Zeiten verwendeten wir Lampen mit amerikanischem

Petroleum. Wenn wir das Licht über die getünchten Mauern huschen sahen wußten wir, daß Andrew von einer geheimen Christenversammlung heimkam. Das ganze Haus füllte sich allmählich, nicht gerade mit Angst, sondern mit einer Art feierlicher Erwartung. Einer nach dem anderen verließen uns die Diener unter diesem oder jenem Vorwand, bis nur noch die Amme und ihr Sohn geblieben waren. Und Andrew war immer öfter im Hause, und sein Gesicht wurde täglich düsterer. Mehrere Male besuchte er den amerikanischen Konsul, und wenn er zurückkam, sagte er: »Er kann nichts machen. Alle warten ab.«

Und einmal kam er nachts überhaupt nicht nach Hause! Als wir ihn wiedersahen, war es beinahe schon Mittag des nächsten Tages, und seine Handgelenke bluteten, dort, wo er gefesselt worden war.

Auf Caries entsetzte Angstrufe sagte er trocken: »Freue dich, daß ich noch lebe. Ich war bei Lin Meng und reichte seiner alten Mutter das Abendmahl, als Soldaten eindrangen. Sie schleppten Lin fort und folterten ihn zu Tode. Aber er blieb treu. Sie griffen auch seinen zehnjährigen Sohn, doch den ließen sie heute frei, und er kam zurück und erzählte es mir und löste meine Fesseln. Man ließ mich gebunden zurück, und die Frau starb vor meinen Augen, während ich an einen Pfosten gefesselt dort stand.« Sein Gesicht zuckte, und er setzte sich stöhnend nieder. Dann sah er uns alle sonderbar an; seine eisfarbenen Augen leuchteten, sein Gesicht war feierlich und triumphierend. »Lin Meng steht jetzt vor dem Angesicht unseres Herrn, ein Blutzeuge, mitten unter der glorreichen Heerschar!«

Er stand rasch auf und ging in sein Arbeitszimmer, um eine Weile allein zu sein.

Ähnlich war es überall. Denn bald kamen Gerüchte über Ermordungen. In einer Stadt der Provinz Shantung war die kleine Missionarsgemeinde mitsamt den Kindern niedergemacht worden. Verschiedene Male wurden uns

Missionare, die wir nie vorher gesehen hatten, heimlich von chinesischen Freunden gebracht, zerlumpt, ausgehungert und krank, und Carie betreute sie und schickte sie nach Shanghai weiter, wo sie in Sicherheit waren. Manchmal hatten sie acht- oder zehnjährige Kinder bei sich, nur selten, nie aber kleinere Kinder oder Säuglinge. Die waren an Dysenterie gestorben oder an Fieber oder an Strapazen, die allzu furchtbar sind, als daß man sie schildern könnte. Caries Kinder hörten solche Erzählungen nie, aber sie sahen Carie schluchzend sich hin und her werfen in Pein und Angst für die Ihren. So stiegen die Sturmwolken immer höher bis zu dem Tag, an dem an einer bestimmten, schon lange vorher abgemachten Stelle die amerikanische Flagge gehißt wurde und man uns die Weisung gab, sogleich fortzuziehen; da nahm Carie die Kinder und floh. Aber Andrew blieb allein zurück.

Es ist unmöglich, genau zu wissen, was Andrew dachte, als er dort blieb, als einziger Weißer jener ganzen Gegend. Niemals, weder damals noch später, verließ er den Posten in Augenblicken der Gefahr. Ruhig kehrte er in sein Haus zurück. Unterwegs spuckte man ihn gar oft an, und Flüche wurden ihm nachgeschrien. Aber Flüche waren nichts Seltenes, und er schenkte ihnen keine Beachtung. Er trat in das leere Haus, badete, kleidete sich um und setzte sich zum Abendessen. Ein junger Bursche, der Sohn unserer getreuen Amme, war zu seiner Bedienung zurückgeblieben.

Die Geschichte des Boxeraufstandes ist schon oft erzählt worden, und es hat keinen Sinn, sie noch einmal zu erzählen. Dieser Aufstand bleibt, gleich der Geschichte der Schwarzen Höhle von Kalkutta, ein Schandfleck der Weltgeschichte. Wenn die Zahl der wirklich Getöteten auch nur gering war, nach dem heutigen Maßstab des durch Unglücksfälle und Kriege herbeigeführten Todes en gros, war es die Art des Todes, war es der Tod unschuldiger kleiner Kinder und Säuglinge, der das Herz erschauern macht und einen selbst dann zur Verdammung bewegt, wenn der Verstand urteilen und prüfen kann. Der Verstand kann das Recht der Chinesen anerkennen, Fremde auf eigenem Grund und Boden nicht zu dulden, kann den Widerstand gegen die Herrschsucht von Männern der Art Andrews anerkennen trotz deren Rechtlichkeit, trotz deren ehrbarer Absicht und gutem Willen. Der Verstand sagt, daß Völker das Recht haben, fremde Unterdrückung abzulehnen. Aber das Herz erschauert. Denn die damals als Blutzeugen starben, waren die Guten und die Unschuldigen und deshalb nicht weniger gut und unschuldig, weil sie blind waren. Denn die Herrlichkeit Gottes hatte sie verblendet. Sie waren trunken vor Gottesliebe, so daß sie nichts anderes sahen als Seine Herrlichkeit, und nur das eine für notwendig erachteten, ein jeder müsse werden wie sie. Und so verließen sie alles andere und zogen dahin wie Blinde, vertrauensvoll, unfähig, eine Gefahr zu sehen, und wenn sie sie sahen, glaubten sie nicht daran.

Die beiden lassen sich nicht vereinbaren, der Verstand und das Herz. Der Verstand mag tausende Male mit gutem Grund sagen: »Die Fremden hatten kein Recht, dort zu sein. Sie empfingen, was sie selbst heraufbeschworen hatten.« Aber das Herz antwortet: »Sie waren unschuldig, denn sie glaubten, ihr Tun diene Gott.«

Und so gibt es keine Antwort, und ein gerechtes Urteil ist unmöglich. Ganz gewiß gehörte Andrew zu den Verblendeten. Es war seine Stärke, daß er so innig an das glaubte, was seine Seele sagte, so innig, daß die Augen seines Körpers sich von der Geburt bis zum Tode niemals öffneten. Er selbst wäre sehr erstaunt gewesen, hätte ihm jemand gesagt, die Chinesen seien im Recht, wenn sie gegen die Anwesenheit fremder Missionare in ihrem Land aufträten. Ihm galt das so viel, als bestritten sie die Wirklichkeit des wahrhaften Gottes, seines Gottes. Kein Mensch war im Recht gegen Gott. Trotzig harrte er in dem klobigen Missionsgebäude aus, er allein mit dem chinesischen Jungen, einen ganzen heißen, hellen Sommer lang. Der Junge, der sich abends in den Straßen umhertrieb, wußte jeden Tag von neuen Metzeleien an Weißen in anderen Orten zu berichten. Andrew war der einzige weiße Mann in der Gegend. Er kam und ging gelassen und predigte öffentlich auf der Straße, bis die Wut der Vorübergehenden und ihre Schreie allzu bedrohlich wurden. Dann verteilte er mit seiner erhabenen Verstocktheit seine Traktate, sah zu, wie man sie zu Boden warf und zerriß, und ging von dannen, um es in einer anderen Straße zu versuchen. Seine Ruhe, die ungewohnte Würde seiner hochgewachsenen Gestalt, seine völlige Furchtlosigkeit dürften ihn gerettet haben. Ich weiß das von Ma, dem Christen, der noch immer an seiner Seite weilte. Einst sagte mir Ma: »Oft dachte ich, man werde ihn töten. Viele Male stand ich dabei und glaubte, ich würde sogleich der Zeuge eines Märtyrertodes werden. Steine wurden ihm nachgeworfen, einmal riß ihm ein Stein die Wange auf, aber er hob nicht einmal die Hand empor, um das Blut wegzuwischen. Er schien die Wunde nicht zu fühlen.«

»Hast du Angst gehabt?« fragten wir Andrew nach Jahren, als er schon ein alter Mann war.

Er dachte nach. »Es gab Zeiten in meinem Leben, da ich Angst hatte. Doch das immer nur kleiner Dinge wegen.« Er meinte damit Diebe, Geräusche bei Nacht, jenes Sichregen im Dunkel, das irgendeine unkenntlich tief in ihm verborgene Furcht der Kindheit erweckte. »Doch ich hatte nie Angst, wenn ich im Dienste Gottes stand.«

»Aber einige wurden getötet«, murmelten wir.

»Es ist nicht der Tod, wovor man Angst hat«, sagte er. Das war einer seiner schlichten Aussprüche, auf die es keine Antwort gab.

Doch etwas hielt ihn aufrecht in allen diesen Tagen, so daß er sich späterhin ganz deutlich nicht der Gefahren oder der Furcht, nicht der Seuchen und des Todes entsann, sondern einer Art von Verzückung. Er lebte, so schien es, in einem Zustand der Entrücktheit.

»Es war mir«, so schrieb er, »als hätte ich keinen Körper. Denn ich war mir der Nähe Gottes bewußt, und sie glich einem hellen Licht, das Tag und Nacht leuchtete. Alle menschlichen Wesen waren weit von mir entfernt. Ich hatte fast keinen Umgang, außer mit Ma, der einst Mohammedaner gewesen, jetzt aber Christ war. Er blieb getreu. Und jeden Tag unterwies ich ihn in der Bibelexegese, und gemeinsam entwarfen wir Pläne, wie wir die Heilsbotschaft wirksamer verbreiten könnten, sobald der Sturm sich gelegt hätte.«

Denn Andrew zweifelte keinen Augenblick daran, daß der Sturm sich legen werde, daß das Böse zusammenbrechen und das Gute triumphieren müsse. Laut betete er in jedem seiner Gebete: »Erhalte uns getreu bis zu dem Tag, der gewiß kommt, bis zu dem Tag, da das Böse aus der Welt verschwunden ist und Gott gesiegt hat!« Der Tag, der gewiß kommt! Auf diese Gewißheit baute er sein Leben auf, und da er weder Zweifel noch Wankelmut kannte, lebte er in jeder Lage glücklich. Was braucht man denn mehr als Gewißheit über die Wünsche des eigenen Herzens?

Monate verstrichen. Der Sommer ging zu Ende, und der Aufstand ging zu Ende, wie alle Welt weiß, niedergeworfen durch eine Strafexpedition der Mächte, denen die niedergemetzelten Missionare angehört hatten. Die fremden Truppen marschierten in Peking ein, die Kaiserinwitwe floh mit ihrem Hofstaat; Entschuldigungen, Entschädigungen, neue Konzessionen folgten einander in der gewohnten Ordnung. Aber das Volk blieb verdrossen. Es beharrte bedrohlich bei seiner Weigerung, von einem fremden Gott etwas zu hören. Andrew wurde ungeduldig. Die kalte Jahreszeit kam heran, die Zeit, da er über Land hätte reisen sollen, um auf sonnigen Marktplätzen zu predigen, in Dörfern haltzumachen, zu den Bauern zu sprechen, die sich auf den Dreschtennen versammelten. Aber sie wollten ihn nicht hören. Sie bedrohten ihn, sie hetzten ihre wilden Hunde auf ihn, sie vermieteten ihm kein Zimmer, verweigerten ihm sogar einen Ort, wo er stehend hätte predigen können. Zwei Kapellen wurden in Brand gesteckt.

»Gott hat noch nicht die Zeit gehabt, sein Werk zu tun«, schrieb Andrew an Carie.

Da erinnerte er sich, daß er schon seit neun Jahren seine Heimat nicht gesehen hatte und daß ihm ein Urlaub gebührte. Auch Carie, die in einer engen Mietwohnung in Shanghai lebte, freute sich über eine Veränderung. Nun, so wollte er Gott noch ein wenig mehr Zeit lassen. Ein Jahr Urlaub, nach dem er zurückkommen konnte, um mit dem Christen Ma den Feldzug von neuem zu beginnen. Er versperrte das ausgedehnte Missionshaus und fuhr nach Shanghai. Seine Kinder hatten ihn beinahe vergessen, obwohl sie jede Nacht gebetet hatten: »Lieber Gott, bitte, beschütze unseren Vater vor den Boxern.«

Er erschien ihnen noch größer als sonst, noch magerer, und seine Augen waren dunkelblau in dem Rotbraun seines sonnverbrannten Gesichts. Und er begegnete den Kindern scheu und wußte nicht, wie er mit ihnen sprechen sollte.

VIII

Über diese zweite Rückkehr Andrews nach Amerika kann ich mit einiger Sicherheit schreiben, denn da erinnere ich mich seiner schon. Gewiß kann ich noch keine folgerichtige Erzählung geben, denn soweit reicht mein Gedächtnis nicht zurück. Ich sehe ihn nicht Tag für Tag vor mir so wie Carie. Die Tage kamen und gingen, und er drang in sie ein, unregelmäßig und ungestüm. Er muß wohl bei seinem Kommen immer eine Art Unruhe geschaffen haben, denn diese Eindrücke sind in mir viel lebhafter als irgend etwas anderes, obwohl mir damals viel mehr widerfuhr als je vorher – eigentlich ganz Amerika. Ich erinnere mich zum Beispiel meiner ersten Begegnung mit Cornelius, dem Lieblingsbruder Caries, der mein ganzes Leben lang für mich gleich nach dem lieben Gott kam. Er trat aus dem großen weißen Haus, in dem ich nach Caries Bericht geboren worden war, und sein weißes Haar schimmerte in der Sonne. Er schien mir der älteste Mann der Welt zu sein, und so glaubte ich, es sei Hermanus, und rief: »Großvater!« Aber Cornelius lachte, und hinter ihm sah ich einen noch älteren Mann, eine Gestalt mit silbrigem schimmernden Haar, und das war Hermanus. Doch trotz all diesen erregenden Dingen, trotz den Vettern, mit denen ich spielen konnte, trotz dem Obstgarten, von dem ich zwar gehört, den ich aber nie gesehen hatte, trotz Kühen und Pferden, trotz Wiesen, die nicht von Mauern umschlossen waren, fühlte ich mich doch, ach! so seltsam und verlassen im Anfang, da keine Mauer Haus und Garten beschirmte, und als ich mich davon überzeugen ließ, daß keine Räuber uns überfallen würden, daß auch niemand kommen werde, um unsere Habe zu stehlen, war mir so herrlich und frei zumute!

Dennoch taucht unter allen diesen Erinnerungen auf eigene und überraschende Art Andrews Gestalt auf. Wir verbrachten den ganzen Sommer in Caries Heim, und ich lebte in einer dauernden glückseligen Verzückung, Tag für Tag. Andrew war auf Besuch bei seinen Brüdern und Schwestern – Carie hatte es wohl für zu mühsam gehalten, mit zwei kleinen, von einer chinesischen Amme aufgezogenen Kindern diesen Besuch mitzumachen. Und er predigte in verschiedenen Kirchen, wenn man ihn dazu aufforderte. Ich erinnere mich, wie ängstlich ich war, als man ihn einlud, in Caries Heimatort zu predigen, denn ich fürchtete, er werde nicht imstande sein, englisch zu predigen, und wie erstaunt war ich, als er nicht nur predigte, sondern sogar sehr lange predigte. Er hatte wohl mehr als genug zu sagen. In dieser Kirche wirkte Andrews Bruder David als Priester, David, der Andrew so sehr glich, daß es mich ganz verwirrte. Doch war er ruhiger als Andrew, blasser und freundlicher. Er war ein blasser, silberhaariger alter Herr, und sogar seine Haut war blaß wie Silber, so daß er gespenstisch aussah. Ja, auch das Blau seiner Augen wurde allmählich von einem silbrigen Schleier verhüllt.

Andrew verblüffte die Familie, weil er am Sonnabend vor seiner Predigt so spät ankam. Ich war ganz unglücklich und fühlte mich irgendwie dafür verantwortlich. Hermanus hielt die ganze Zeit Ausschau und knurrte über diese Verzögerung, und Carie entschuldigte sich unablässig, und da Andrew mein Vater war, dachte ich, ich müßte irgend etwas unternehmen. Es war ein heißer Augusttag, und den größten Teil des Nachmittags saß ich auf dem Zaun unter dem gewaltigen alten Ahorn und beobachtete die staubige Straße. Beim Abendessen blickten die Tanten und Onkel strenge Carie an. »Verspätet er sich immer?« fragten sie.

»Nein – nein, gewiß nicht«, erwiderte sie eilig. »Ich kann mir nicht erklären, was ihn so aufhält. Er hat mir geschrieben, er werde heute über den Droop Mountain von Lewisburg herreiten.«

»Er wird ganz erschöpft sein, wenn er kommt«, sagte Hermanus düster und fügte hinzu: »Er ist kein so guter Prediger, daß er ermüdet aufstehen und uns Ehre machen kann.«

Carie antwortete ihm nicht, doch sah ich ein Funkeln in ihrem Blick. Sogleich fühlte ich einen sonderbaren Schmerz – es war so merkwürdig, daß sie, meine Mutter, hier gescholten wurde wie ein kleines Mädel, und ich wollte sie in Schutz nehmen.

Da trat plötzlich Andrew ein, die Reisetasche in der Hand, mit sehr staubigen Schuhen.

»Nun, mein Herr!« rief Hermanus.

»Mein Pferd begann nach kaum zwei Meilen zu lahmen«, sagte Andrew. »Und so ging ich zu Fuß.«

Alle rissen die Augen auf.

»Zu Fuß!« rief Cornelius. »Über den Droop Mountain – und mit einem Koffer!«

»Ich hatte keine andere Möglichkeit herzukommen«, sagte Andrew. »Jetzt will ich mich nur waschen.« Er verschwand, und ich kann mich heute noch des Lärmens und Staunens erinnern. Er war fünfzehn Meilen gegangen, über einen hohen Berg, den Koffer in der Hand.

Plötzlich war ich sehr stolz auf ihn und piepste: »Und er hat immer Bücher im Koffer!«

Aber Hermanus sagte zornig: »Er wird morgen zu gar nichts taugen.« Und als jetzt Andrew wiederkam, sehr sauber gewaschen und fleckenlos, rief Hermanus meiner Tante Dorothy zu: »Bring warmes Essen! Der Mann ist ja ausgehungert!« Und dann saß er da, während Andrew aß, und knurrte von Zeit zu Zeit.

Ob Andrew etwas taugte, dessen entsinne ich mich nicht, denn am nächsten Morgen verkündete ich plötzlich meinen Entschluß, konfirmiert zu werden. Der Gedanke war mir noch nicht gekommen, erst als ich meine Lieblingskusine, die ein wenig älter war als ich, vor dem Frühstück ein neues weißes Kleid probieren sah. »Heute werde ich in die Kirche aufgenommen«, sagte sie selbstgefällig, während sie sich vor dem Spiegel immer wieder umdrehte. Ich starrte sie an und dachte nach. Auch ich hatte ein neues weißes Kleid, das auf eine noch nicht gekommene Gelegenheit wartete. Eigentlich hatte es Carie und mir schon Kummer bereitet, daß sich bis jetzt noch keine so feierliche Gelegenheit geboten hatte. Die neue Idee gefiel mir. Ich eilte zu Carie.

»Auch ich möchte in die Gemeinde aufgenommen werden!«

Sie saß in ihrem Zimmer und flocht sich die Massen ihres hellkastanienbraunen Haars. Sie drehte den Zopf in der Hand, sah mich durch den Spiegel an und machte ein sehr feierliches Gesicht.

»Du kannst nicht so einfach in die Gemeinde aufgenommen werden«, rief sie entrüstet. »Das ist ein sehr wichtiger Schritt – du mußt ihn reiflich erwägen.«

»Das habe ich getan«, sagte ich rasch. »Ich habe viele Male darüber nachgedacht!«

»Warum sprichst du dann erst heute davon?« sagte Carie verschmitzt.

Ich zupfte an meinem Rock. »Ich hatte immer Angst, es allein zu tun«, sagte ich. »Aber heute könnte ich mit Hilda gehen.«

Nachdenklich sah Carie mich an. »Ich weiß nicht recht«, erklärte sie schließlich. »Du wirst deinen Vater fragen müssen.«

In diesem Augenblick trat Andrew ein, und seine Augen waren nach dem Morgengebet ruhig.

»Dieses Kind möchte in die Kirche aufgenommen werden!« rief Carie.

Ich fühlte seinen Blick mit größerem Interesse denn je vorher auf mir ruhen. Eigentlich konnte ich mich überhaupt nicht entsinnen, daß er mir den Blick voll zugewandt hätte, es sei denn, ich hatte etwas verbrochen. In solchen Fällen aber war sein Blick durchdringend und entsetzlich gewesen. Jetzt war er anders. Eine lebhafte Anteilnahme zeigte sich darin – sein Ausdruck war fast gütig, wenn auch nicht ganz.

»Wie kommst du auf den Gedanken, daß du dich zu Christus bekennen willst?« fragte er ernst.

Ich zupfte an meinen Rockfalten, und ich sagte nichts, denn ich wußte nicht, was ich sagen sollte. Beide musterten mich. Ich konnte fühlen, wie verschieden ihre Blicke waren. Carie sah mich schelmisch und ein wenig skeptisch an. Noch eine ganz kurze Zeit, und sie wäre nahe daran gewesen, das Ganze zu verbieten. Aber Andrews Blick war immer weicher, immer umfassender, immer entzückter.

»Liebst du unsern Herrn Jesus Christus?« fragte er.

Plötzlich waren wir nicht mehr Vater und Tochter. Er

war der Priester, der eine Seele erforschte. Sogar ich bekam Angst und hielt inne, um einen Augenblick nachzudenken. Liebte ich Jesus denn nicht? Ich hatte mich nie mit dieser Frage beschäftigt, denn es war mir als selbstverständlich erschienen. Hatte ich nicht gehört, daß Jesus zu den Kindern gütig gewesen?

»Jawohl, mein Herr«, stammelte ich.

Feierlich wandte er sich an Carie. »Wir haben nicht das Recht, das Bekenntnis einer Seele zu hindern«, sagte er.

»Aber das Kind ist doch noch zu jung, um zu wissen, was es tut!« rief Carie.

Ich wollte sie nicht ansehen, denn ich kannte die durchdringende Kraft ihrer dunklen, forschenden Augen. Außerdem liebte ich den Herrn Jesus Christus doch wirklich.

»Ihrer ist das Himmelreich«, sagte Andrew schlicht.

Damit war es erledigt. Wortlos, aber mit noch immer skeptischem Blick holte Carie das weiße Kleid, und ich legte es an, und sie knüpfte die Schleife und setzte mir den großen Strohhut zurecht, und so gingen wir zur Kirche. Die Familie hatte von dem Ereignis erfahren, und meine Kusine und ich schritten Seite an Seite dahin, hinter Hermanus, und wir hatten ein sehr sonderbares Gefühl.

»Du wirst auf Fragen antworten müssen«, flüsterte Hilda.

»Das macht mir nichts«, flüsterte ich zurück. Hatte man mir nicht den Kinderkatechismus und den großen Katechismus und Hunderte von Psalmen und Kirchenliedern beigebracht? Allerdings hatte ich mich mindestens eine Million Male launenhaft bei Carie beschwert: »Ich verstehe nicht, was mir diese Katechismen und Verse nützen sollen!« Worauf sie unabänderlich erwiderte: »Es kommt die Zeit, da du dich darüber freuen wirst.« Vielleicht, so dachte ich, war das die Zeit – obwohl ich früher diesen Worten Caries nie geglaubt hatte.

Darum erschien mir Andrews Predigt so lang. Ich hörte nicht zu, denn ich hörte seine Predigten nie an, weil ich ja wußte, daß ich ihn zu Hause immer hören konnte, wann ich wollte. Doch da ich ein scheues Kind war, wünschte ich allmählich, ich hätte nicht gesagt, daß ich konfirmiert werden wolle. Nun war es aber schon unvermeidlich, denn Onkel David wußte bereits davon, und es wäre nicht angegangen, vor der gesamten Familie zurückzutreten, und so pochte mir das Herz in der Kehle gleich einer nicht geölten, knarrenden Maschine. Einzig und allein der Gedanke an mein Kleid hielt mich aufrecht. Es war viel hübscher als das Hildas, und jeder mußte es sehen.

Des Übrigen erinnere ich mich nur sehr ungenau. Vor dem Segen erhob sich Onkel David und kündigte die Aufnahme zweier neuer Gemeindemitglieder an und forderte alle, die es wünschten, auf, nach dem Segen hierzubleiben. Alle blieben. Carie nahm mir den Hut vom Kopf, und so schritt ich mit Hilda den Mittelgang hinan, einen, wie mir damals schien, endlosen Weg, obwohl mir Hilda später sagte, ich sei so schnell gegangen, daß sie fast hätte laufen müssen. Ich weiß, daß ich die auf meinem Rücken hin und her tanzenden Locken spürte. Jetzt verstrich ein kurzer Augenblick völligen Schweigens, und dann schauten Onkel Davids silbrigblaue Augen in die meinen, und er stellte mir ein paar Fragen, die ich mit leiser Stimme beantwortete. »Ja«, und dann wieder: »Ja. Ich glaube.« Dann reichte er mir einen mit Spitzen bedeckten alten Silberteller, auf dem Stücke weißen Brotes lagen, und ich nahm eines. Dann reichte er mir einen Kelch mit Wein und forderte mich auf, zu trinken. Ich aß und trank. Aber das Brot war trocken und ohne Geschmack in meinem Mund, und der Wein brannte mir auf der Zunge und war mir unangenehm. Und außerdem mußte ich gleich nach der Heimkehr das weiße Kleid ablegen. Und als das Ganze vorüber war, erwies es sich als ziemliche Enttäuschung.

Andrew konnte, wie es schien, nicht einmal in Amerika völlig in Frieden leben, obwohl es dort keine Missionare und wahrscheinlich keine Heiden gab. Meine nächste Erinnerung an ihn führt mich in ein altes Mietshaus in einer kleinen Collegestadt in Virginia, wohin wir gezogen waren, um in der Nähe meines Bruders Edwin zu sein, der die Universität besuchte. Andrew dachte gar nicht daran, sich niederzulassen. Er meinte, da Amerika voll Geld sei, täte er gut daran, sich soviel er nur konnte, zu beschaffen, um sein Werk fortzusetzen. Darum gab er seine Familie gewissermaßen in Verwahrung oder versuchte dies. Aber mit diesem Hause ging nicht alles glatt. Es gehörte einer stattlichen alten Dame aus Virginia, die in einem gewaltigen säulengeschmückten Gebäude auf dem Hügel wohnte, und zwar regelmäßig zur Kirche ging, wo sie an den Heidenmissions-Sonntagen zwei Kupferstücke auf den Teller warf, aber doch allen Missionaren, wenn es sich um persönliche Beziehungen handelte, tief mißtraute. Ob sie unangenehme Erfahrungen mit ihnen gemacht hatte, weiß ich nicht. Aber Andrew duldete von niemandem Anmaßung, denn die besaß er selbst zur Genüge, und am allerwenigsten duldete er sie von Frauen, die nach seiner Ansicht demütig und nachgiebig sein mußten. Hier stieß also Fels gegen Fels, und so kam es zu manchen Schmähungen beiderseits.

Ein Kind konnte natürlich nicht ganz verstehen, was hier vorging. Eins jedoch war klar. Andrew wollte nicht soviel Monatsmiete zahlen, wie sie wünschte, und als sie fragte, welche Gewähr sie denn für das Eingehen der Jahresmiete hätte, erwiderte er mit seinem wütend-ruhigen Blick: »Dieselbe Gewähr, Gnädige, die auch ich habe – daß der Herr für die Seinen sorgt!« Offenbar befriedigte sie das trotz ihrer christlichen Gesinnung nicht ganz, denn Andrew hielt an diesem Abend mitten im Essen, und es gab Kartoffelsuppe, die er sehr liebte, inne, um – wie Carie zu sagen pflegte – »aus heiterem Himmel« zu bemerken: »Dieses Weib ist eine Teufelin, meiner Treu!«

»Warum denn, Andrew?« rief Carie.

Wir alle warteten auf das Weitere, aber Andrew hatte sich gemächlich wieder der Suppe zugewandt und sagte nichts mehr. Doch als ich Mrs. Estie in ihrem von einem kohlschwarzen Kutscher gelenkten, von zwei grauen Pferden gezogenen Wagen langsam die von Bäumen beschattete Straße hinabfahren sah, betrachtete ich sie genau. Eine Teufelin! Sie saß sehr stolz und aufrecht da, ihr weißes Haar flatterte, das schöne, alte Profil war anmaßend und hochfahrend. Einst war sie eine berühmte Schönheit gewesen, und das sah man heute noch. Aber das ist eine Krankheit, die sich seltsam auswirkt. Sie wirkt bis zum Brechreiz auf alle Personen der Umgebung, bleibt aber kräftig und unheilbar bei der davon befallenen Frau.

Während dieses sonderbaren Jahres in Amerika kommt Andrew nur noch einmal in meiner Erinnerung vor. Er war fast die ganze Zeit abwesend, um Geld zu sammeln, doch einmal war er daheim, und wir gingen alle, einen Familienbesuch zu machen. Ich erinnere mich, daß ich als erste angezogen wurde und ein neues Kleid aus blaugetupftem Musselin trug. Der Rock wurde von einem blauen Seidenträger gehalten, die Ärmel waren gebauscht und kurz, und den Halsausschnitt umgaben Spitzen. Meine langen Locken waren um Caries Zeigefinger frisch gewickelt worden, und eine blaue Schleife saß mir auf dem Kopf, während ich den großen Hut in der Hand schwenkte. So herausgeputzt und höchst zufrieden mit mir, stand ich auf den zur Straße hinabführenden Stufen und wartete, makellos sauber. Da blieben zwei kleine Jungen stehen und gafften mich an. Ich tat so, als bemerkte ich sie nicht, obwohl ich sie natürlich sehr gut bemerkte. Eigentlich hatte ich ein Erlebnis aus jüngster Zeit mit einem verabscheuungswürdigen Knaben noch nicht ganz vergessen, einem Mitschüler, der mich trotz meinen wütenden und lauten Beteuerungen des Hasses zum Gegenstand seiner Anbetung erwählt hatte.

Diese beiden unbekannten kleinen Knaben, die mich anstarrten, waren mir daher eine Art Balsam, obwohl ich sie nicht zu bemerken schien. Endlich stieß einer einen Seufzer aus und sagte zu dem andern: »Ist sie nicht hübsch?«

Doch ehe der andere antworten konnte, hörte ich Andrew in der Vorhalle.

»Ah bah!« rief er. Er war gerade rechtzeitig gekommen, die Bemerkung des kleinen Jungen zu hören.

»Geh deine Mutter holen!« befahl er mir. Und als ich mich widerstrebend umwandte, denn es wäre mir nicht eingefallen, ihm ungehorsam zu sein, sah ich beide Jungen die Straße hinaufeilen, verfolgt von seinem blauen, bösen Blick.

»Hm!« hörte ich ihn laut hinter ihnen her murmeln. Und dort stand er mit einem Ausdruck des Abscheus im Gesicht, als witterte er schon von weitem die Sünde.

Wenn ich mein Gedächtnis durchforsche, ist es mir, als wären wir plötzlich wieder in das große Missionshaus zurückgekehrt. Nach dem ereignisreichen Jahr in Amerika war es hier sehr still, sehr einsam. Für uns, die Kinder in Andrews Haus, gab es keine weißen Kinder als Spielgefährten, und die Tage waren lang, und wir mußten sie irgendwie ausfüllen.

Andrew allerdings war wenig zu sehen. Denn jetzt begann die erfolgreichste Zeit seiner Missionslaufbahn. Er war mit dem größten Teil des Geldes, das er gewünscht hatte, angekommen und fand ein sonderbar friedfertiges, ein fast unheimlich friedfertiges China vor. Während des Jahres der Abwesenheit hatte sich mancherlei ereignet. Er begegnete jetzt nicht mehr feindseligem Betragen, sondern statt dessen einer Maske der Höflichkeit und des Entgegenkommens. Wo immer er wollte, konnte er Räume mieten für Bethäuser und Schulen, und die

Menschen drängten sich hinein. Freilich schienen das Leute einer anderen Klasse zu sein. Leute, die Schwierigkeiten zu regeln hatten, Leute mit Prozessen, Beschwerden, Wünschen. Andrew sah sich plötzlich, gleich allen weißen Männern jener Zeit, im Besitz einer Macht, von der er nichts gewußt hatte.

Die Erklärung lag natürlich in der summarischen Bestrafung durch die Weißen nach dem Boxeraufstand. Über das ganze chinesische Reich hatte sich die Kunde verbreitet, mit Windeseile von Mund zu Mund, rascher als heute ein Telegramm. Die Weißen, die bei ihrer Wiedervergeltung solche Kraft und Geschwindigkeit gezeigt hatten, wurden allmählich gefürchtet, gehaßt, beneidet, bewundert und ausgenutzt. Jeder weiße Mann war ein kleiner König.

Andrew sah darin den Triumph Gottes. Weiterhin zog er mit großen Schritten durch den Teil Chinas, den er als sein geistliches Reich betrachtete. Mit Ma, dem Christen, als Helfer und Ratgeber, der ihn, wo es nur anging, vor Fehlgriffen schützte, eröffnete er Kirche nach Kirche, schulte er Prediger, die imstande waren, nicht nur für ihre Gemeinde, sondern auch für ein gewisses Gebiet ihrer Gegend die Verantwortung zu übernehmen, und neben jeder Kirche wurde eine Schule eingerichtet. Es gab eine Zeit, da Andrew mehr als zweihundert Kirchen und Schulen in seinem Sprengel hatte. Zweimal im Jahr hielt er eine allgemeine Versammlung seiner Mitarbeiter ab, und das war schon ein Anblick, wenn man die Menge sah, die sich hier eingefunden hatte, um Weisungen und Unterweisung zu empfangen. Denn Andrew hörte nie auf, die zu lehren und fortzubilden, die er erwählt hatte, andere zu lehren. Und Ma, der Christ, stand immer an seiner Seite, und dann und wann flüsterte er ihm etwas zu, und Andrew richtete sich sogleich danach.

Es war etwas sonderbar Imperialistisches an dem Ganzen, und deshalb nicht weniger, weil es ein Reich des Geistes war, obwohl Andrew bis ins innerste Wesen sich frei fühlte von Schuld und an derartige Dinge gar nicht dachte. Aber manche Christen hatten solche Gedanken, und ihr Reich war nicht ganz das Reich Gottes. Es gab hier Leute, die den mächtigen Namen des weißen Mannes und seiner Religion für ihre eigenen Zwecke nutzten. Denn zu jener Zeit genügte es, daß einer sich vor dem Mandarin brüstete: »Ich gehöre der Kirche des weißen Mannes an und stehe unter seinem Schutz.« Worauf die Behörde sogleich schwieg und ihm, ob sein Anliegen nun berechtigt war oder nicht, alles gewährte.

Aber Andrew hielt derartige Dinge nicht für möglich und glaubte nicht daran, obwohl man es ihm erzählte. Andrews Kinder erinnern sich, wenn sie zurückschauen, daß Carie ihm oft derartiges erzählte und ihn oft warnte. Sie stand dem Leben der einfachen Leute näher, als es ihm möglich war. Die Frauen hatten keine Angst vor ihr und klatschten und erzählten allerlei, und sie hörte, daß der Prediger Li für jede Aufnahme in die Kirche drei Silberdollar einstrich, und daß die Zulassung ganz gewiß gewährt wurde, wenn man ihm fünf Dollar gab, doch wenn man den Versuch machte, mit dem bloßen Glaubensbekenntnis in die Gemeinde aufgenommen zu werden, ging dies nicht. Oder sie hörte, daß T'ing, der Ältere, insgeheim drei Konkubinen hatte, und daß der Prediger Rao Opium rauchte. Sie erzählte Andrew alles wieder, aber er wollte ihr nicht glauben. Es war eine sonderbare Seite seines Wesens, daß er imstande war, an das, was er nicht glauben wollte, nicht zu glauben.

»Wenn du nur versuchen wolltest, dich selbst zu überzeugen, Andrew«, rief Carie. »Laß dich doch nicht hintergehen!«

Aber Andrew antwortete nur: »Es ist das Werk des Herrn, und die Verantwortung für diese Seelen ist sein – nicht mein. Ich säe nur die gute Saat – er wird die Spreu vom Weizen sondern.«

Und so störte es ihn gar nicht, wenn irgendein krasser Fall von Heuchelei aufkam.

»Auch Christus hatte seinen Judas«, sagte er ohne jede Erregung.

Nicht Carie allein stritt mit Andrew über diesen Punkt. Die anderen Missionare griffen ihn immer wieder an, und manche versuchten, seine ganze Arbeit in Mißkredit zu bringen, denn sie waren der Ansicht, es sei besser, nur zwei Konvertiten zu haben, aber ehrliche, als Hunderte wie Andrew. Aber Andrew lachte sie in seiner wortkargen, trockenen Art nur aus. Er hatte ein sonderbares Lachen, das eigentlich nur ein Runzeln seines ledrigen Gesichtes war, ein plötzliches Aufleuchten in den Augen, das deren Ausdruck gar nicht sanfter machte, und dann ließ er ein einzelnes »Ha!« hören. Und mit sonst ungewohnter Schlauheit sagte er: »Polson und sein kostbares Konvertitenpaar! Höchstwahrscheinlich ist der eine davon ein Heuchler, und das ist fünfzig Prozent seiner Anhängerschaft! Ich halte es schon für sicherer, fünfhundert Anhänger zu haben.«

Die Missionare versuchten allerlei Dinge, um Andrew zu ändern, aber er ließ sich dadurch so wenig stören wie Gulliver durch die Fesseln der Liliputaner. Ungestört ging er seines Weges, sie aber schäumten und schalten, und in Andrews Kindern wurde schon früh das Gefühl geweckt, daß die Hände von ihresgleichen sich immer gegen die Eltern und daher auch gegen sie selbst erhöben. Später, als sie erwachsen waren, überraschte sie die Entdeckung, daß eben diese Leute auf ihre Art ganz gut waren, schlichte, ehrenhafte Leute, die genau wie Andrew versuchten, ihre Pflicht zu tun. Aber zwischen ihnen und Gott waren die Beamten und die Regeln der Missionen, während Andrew sich nur an Gott hielt.

Vielleicht ist es angebracht, hier Andrews Standpunkt in dem Kampf um das Neue Testament zu schildern, diesem größten Kampf und dieser größten Leistung seines Lebens. Schon früh in seiner Laufbahn erkannte Andrew, daß die chinesische Übersetzung der Bibel kläglich war. Es gab darin allerlei Absurditäten, denn die Übersetzer hatten nach seiner Meinung die mundartlichen Redewendungen des Chinesischen nicht gut genug gekannt. Elias' Wagen wurde zum Beispiel mit ›Feuerwagen‹ übersetzt, einem Wort, das später für Eisenbahnzug verwendet wurde, so daß diese Stelle die ahnungslosen Heiden zu dem Glauben verleitete, Elias sei mit der Bahn in den Himmel gefahren, eine Vorstellung, aus der sich mancherlei geographische Verwirrung ergab. Andrew beschloß daher, sobald er nur Zeit hätte, unmittelbar aus dem Hebräischen und Griechischen eine neue Übersetzung anzufertigen. Ungefähr zu dieser Zeit hatten sich auch schon die Missionare davon überzeugt, daß eine neue Übersetzung not tat, und sie betrauten ein Komitee damit. Da wenigstens Andrews gelehrte Kenntnisse in Spachen anerkannt und geschätzt wurden, forderte man ihn zum Beitritt in dieses Komitee auf.

Der Plan war einfach. Das Neue Testament sollte den ersten Teil der Übersetzung bilden, und seine Abschnitte wurden zu gleichen Teilen unter den Komiteemitgliedern aufgeteilt. Ein jeder sollte den ihm zugewiesenen Teil daheim ausarbeiten mit Hilfe eines anerkannten chinesischen Gelehrten, und im Sommer wollte man an einem bestimmten Ort zusammenkommen, damit man gegenseitig die Arbeiten vergleiche, kritisiere und miteinander abstimme.

Für Andrew war das eine hochheilige Arbeit. Mit Hilfe Mas saß er nachts über dem ihm zugewiesenen Teil einen ganzen Winter und einen Frühling lang. Anfang Juli zog er mit Ma nach Norden an den vereinbarten Treffpunkt. Seine Abreise erfolgte mit einer gewissen Feierlichkeit. Carie hatte sich große Mühe genommen, seine Kleider in Ordnung zu bringen, und hatte ihn mit viel Reden und einigen Schmeichelworten dahingebracht, daß er sich einen neuen weißen Anzug kaufte. Ihr Heiliger sollte nicht minder stattlich aussehen als irgendein anderer.

Er blieb eine Zeitlang fort. Wir sahen dem langen, heißen Sommer mit einem gewissen Gefühl der Freiheit entgegen. Wenn Andrew fort war, senkte sich Ruhe über das Haus wie Kühle an einem heißen Tag. Wir alle hatten eine Beschäftigung, der wir gerne nachgingen. Carie unterwies mich in diesem Sommer im Singen, und da sie einen gewissen Betrag aus dem Haushaltsgeld erspart hatte, kaufte sie in Shanghai vier neue Bücher, die wir einander vorlesen wollten – darunter auch Romane. Dann beabsichtigten wir, neue Vorhänge fürs Wohnzimmer anzufertigen. Ferner gedachte Carie, den Schirmbaum im Garten fällen zu lassen. Die Bäume waren ständig ein Gegenstand des Streites zwischen Andrew und Carie. Carie liebte den Sonnenschein, aber in der feuchten Hitze des Yangtsetales wuchsen die Bäume gewaltig in die Höhe, die schossen empor wie Unkraut und beschatteten das Haus, so daß über Nacht auf Schuhen und Kleidern und Strohmatten Schimmel wuchs. Aber Andrew wollte nie zulassen, daß ein Baum gefällt werde. Besonders um den Schirmbaum hatte es manchen Zank gegeben. Er wollte von seiner Entfernung nichts hören, obwohl die gewaltig großen fächerförmigen Blätter über eine ganze Ecke der Vorhalle hingen und die Schlangen im Garten sich gerne um die feuchten Zweige ringelten. Carie verabscheute den Baum, und ihre allzu lebhafte Phantasie verlieh ihm einen unglücklichen Einfluß. Schon vor Monaten hatte sie zu uns gesagt: »In dem Augenblick, da Andrew aus dem Haus ist, werde ich den Baum fällen lassen. Andrew macht soviel Aufhebens davon, aber ich bin überzeugt, daß er es gar nicht bemerken wird.«

Und Andrew war kaum durchs Tor geschritten, als sie auch schon den Gärtner mit dem Beil zu dem Baum schickte. Triumphierend stand sie dabei und sah zu. Der Baum fiel ächzend, und sogleich drang ein großer Sonnenstrahl in den Schatten der Vorhalle.

»So!« sagte Carie. »Jetzt kann ich endlich atmen.«

Es war gut, daß sie nicht gezögert hatte, denn in kurzer Zeit war Andrew wieder da. Er hatte uns nichts berichtet, denn seine Briefe waren immer nur sehr allgemein gehalten. »Die Fliegen in Tschefu sind furchtbar«, hatte er geschrieben. »Sie sind eine reine ägyptische Plage, und die Moskitos sind noch schlimmer.« Dann kamen ein paar Beschwerden über seine Mitarbeiter. »Barton ist träge. Er beginnt erst um acht Uhr morgens mit der Arbeit. Das sind seine englischen Gewohnheiten: Morgentee und ein allzu üppiges Frühstück.« Später aber waren ernstere Klagen über den englischen Missionar gekommen, und Andrew schrieb in jedem Brief: »Barton will alles nach seinem Kopf haben.« Carie las das, lachte und sagte: »Einen zweiten dieser Art gibt es dort wohl nicht, wie?« Sie schrieb ihm, riet ihm zur Geduld und Duldsamkeit, wies auf die Wahrscheinlichkeit hin, daß acht Personen eher recht hätten als eine einzelne, und daß es daher angebracht sei, die Mehrheit entscheiden zu lassen. Doch was bedeutete die Mehrheit einem Manne wie Andrew, der so sehr daran gewöhnt war, als Minderheit einer Mehrheit gegenüberzustehen? »Barton ist unerträglich«, schrieb er.

»Ich fürchte, Andrew wird nicht mitmachen«, sagte Carie bedauernd.

Am nächsten Tag erschien er, gefolgt von dem schweigenden Mr. Ma. Andrew trug seinen neuen weißen Anzug, den er früher zu tragen immer vergessen, doch dessen er sich entsonnen hatte, als ihm einfiel, er werde wieder mit Carie zusammenkommen. Er sah strahlend und triumphierend aus und schien sich über die Heimkehr sehr zu freuen. Er war während des ganzen Abends ungewohnt gesprächig, obwohl wir nicht klar erkennen konnten, warum es all diese Schwierigkeiten gegeben hatte, es sei denn, daß Andrew keine der Übersetzungen mit Ausnahme seiner eigenen völlig gebilligt hatte. Gerechterweise muß gesagt werden, daß fast alle Komiteemitglieder dieselbe Einstellung hatten. Aber Barton war am schlimmsten gewesen.

»Der Kerl ist ja nicht einmal gebildet«, sagte Andrew,

während er mit Hochgenuß sein Abendessen verzehrte. »Mit sechzehn hat er die Schule verlassen und trat in London in einen Tuchladen als Lehrling ein. – Er versteht ja kein Wort Hebräisch oder Griechisch.«

»Vielleicht versteht er Chinesisch«, sagte Carie. Sie neigte immer ein wenig dazu, andere Leute gegen Andrew in Schutz zu nehmen.

»Ach bah!« rief Andrew. »Ich habe kein Vertrauen zu ihm.«

»Was willst du jetzt also tun?« fragten wir ihn.

»Die Übersetzung selber machen!« erklärte er.

»Damit du sie bestimmt für richtig hältst?« fragte Carie lachend.

Aber Andrew blickte sie überrascht und ernst an.

»Gewiß.«

Mit dem Schirmbaum hatte Carie aber recht gehabt. Andrew bemerkte nichts, wenngleich er zwei Jahre später, als Carie in einer verdrießlichen Laune ihm davon erzählte, sofort behauptete, es habe ihm die ganze Zeit etwas gefehlt, und er sei sich nicht klar gewesen, was. Und das behauptete er so fest, daß wir erst, als er das Zimmer verlassen hatte, zu lachen wagten.

Auf diese Art begann also die Arbeit, die für Andrews Kinder im Lauf der Jahre die Gestalt einer riesenhaften unerbittlichen Gewalt annahm, die ihr Spielzeug verschluckte, ihre wenigen Freuden, die Erfüllung ihrer kleinen Wünsche, und nur sehr wenig übrigließ. Doch das hat mit dieser Erzählung nichts zu tun. Denn Andrew bedeutete dieses Unternehmen Aufregung, schöpferische Tätigkeit, Erfüllung. Und er hatte, was er bisher nicht erkannt, das Bedürfnis, schöpferisch tätig zu sein. Mehr und mehr legte er die Arbeit der Überwachung von Kirchen und Schulen in die Hände des Christen Ma, und mehr und mehr vertiefte er sich in griechische Stämme, in paulinische Theologie, in chinesische Redewendungen. Er zog sich noch weiter von der Welt zurück und verbrachte Tag und Nacht in seinem uns anderen verschlossenen Arbeitszimmer. Wir konnten die seltsame Musik des Griechischen hören, wenn er den Text laut las, und die singenden Tonfälle des Chinesischen. Langsam, sehr langsam wuchs der Haufen von Blättern in griechischer Sprache mit großgeschriebenen chinesischen Schriftzeichen zwischen den Zeilen auf dem Tisch unter dem Briefbeschwerer an, einem Buddha, den einer der Konvertiten einst angebetet und nach dem Übertritt Andrew geschenkt hatte, und der jetzt wie zum Hohn dastand und die Heiligen Schriften der Christen zusammenhielt.

Die Mitmissionare widersetzten sich lebhaft dieser Zeitvergeudung. Niemand, so erklärten sie, habe ihm die Erlaubnis gegeben, auf eigene Faust das Neue Testament zu übersetzen.

»Niemand außer Gott!« sagte Andrew, und er sah hoch und kalt drein wie ein Alpengipfel.

Alle diese Kämpfe und Kriege zwischen Andrew und den anderen Missionaren fanden nicht Tag für Tag statt, sondern zumeist bei einer jährlichen Versammlung, die die ›Missionsversammlung‹ hieß und bei der alle Missionare und ihre Gattinnen zusammenkamen, um Meldungen zu erstatten, über die Richtlinien zu debattieren und Vorschriften und Weisungen auszuarbeiten. Natürlich hatten die Frauen nach außen hin nichts dabei zu sagen. Die Mission der Kirche, in der Andrew aufgewachsen war und für die er jetzt arbeitete, bestand aus einer Gruppe von Amerikanern aus den Südstaaten, und diese Leute stellten eine höchst sonderbare und interessante Mischung der verschiedensten Eigenschaften dar.

Bis zum heutigen Tag bewahren sie sich eine unwahrscheinliche Engstirnigkeit, und ihr Urteil über Menschen, die an anderes glauben, ist unvorstellbar grausam – solche Personen existieren einfach nicht für sie, eine Freundschaft mit ihnen ist nicht möglich, eine Bekanntschaft unerwünscht. Doch innerhalb der eigenen Gruppe sind sie recht freundlich und gütig und helfen einander immer wieder in Fällen von Krankheit und Not. Die Religion hat ihnen so wie gar vielen anderen die Herzen verhärtet und es ihnen unmöglich gemacht, anders zu sehen und das Leben anders zu betrachten als durch die dunkle Brille des eigenen Glaubens.

Eine der komischeren Seiten ihrer religiösen Anschauungen war die Starrsinnigkeit, mit der sie die Verachtung des Heiligen Paulus für die Frauen übernahmen. In dieser kleinen Schar von Missionaren ereignete es sich nie, daß in einer Versammlung eine Frau in Gegenwart von Männern die Stimme erhoben hätte, sei es nun, um zu beten oder um etwas zu sagen. In den Versammlungen knieten die Frauen in wortlosem Gehorsam vor den Männern, die vor Gott knieten und einzig und allein berechtigt waren, zu Ihm zu sprechen. Und Andrew war einer dieser Männer. Einmal betete bei einer Gebetsversammlung eine Engländerin, die einem anderen Bekenntnis angehörte, in aller Unschuld mit lauter Stimme, als das Zeichen zum Gebet gegeben wurde. Da erhoben sich drei von den fünf anwesenden Männern und stelzten hinaus. Ich hielt scharf Ausschau, wie sich Andrew wohl in einem solchen Falle betragen mochte. Er rutschte ein wenig nervös auf den Knien, doch Carie kniete neben ihm und blickte ihn mit weitgeöffneten Augen unverwandt an, als wollte sie ihm sagen: rühre dich, wenn du es wagst. Andrew mied Caries Blick, doch verließ er den Raum nicht, aber er tat etwas, was ihn noch niemand tun gesehen hatte, seine Augen waren weit offen, und er starrte durchs Fenster. Von seinem Standpunkt wurde hier überhaupt nicht gebetet.

Die jährliche Missionsversammlung wirkte daher so belustigend wie ein Zirkus. Denn die Frauen jener frühen Missionare waren keine schwachen Charaktere. Sie waren ebenso wie ihre Männer Pioniere, und wenn sie in der Öffentlichkeit nicht sprechen durften, hielten sie sich dafür durch ausgiebiges privates Sprechen schadlos.

Zum Beispiel Mrs. Houston aus Georgia. Jedermann kannte ihre Geschichte. Als Mr. Houston, der sie auf der Reise nach China heiraten sollte, sich der Stadt näherte, in der sie lebte, wurde er unruhig, je näher der Zug dem Ziele kam, und so fuhr er ohne Aufenthalt weiter an die Küste und bestieg das Schiff, ohne sich überhaupt der Hochzeit wegen aufzuhalten, obwohl die Braut schon für die Zeremonie gekleidet war und alle Hochzeitsgäste bereits in der Kirche warteten. Doch Jenny Houston ließ sich dadurch keineswegs entmutigen. Sie packte ihren Hochzeitsstaat ein, fuhr dem Bräutigam nach Shanghai nach, heiratete ihn und wurde ihm eine starke, tüchtige, herrschsüchtige Gattin, die ihm, allerdings zu seinem Besten, mit ihrer südlich weichen, nasalen Stimme ihre Befehle gab.

Und dann Sallie Gant, die sich viel besser aufs Predigen verstand als der sanfte kleine Lem Gant, ihr Eheherr. Sallie bekannte sich laut als gehorsame Anhängerin der paulinischen Lehre und beugte den hübschen Blondkopf unter dieses Joch. Und doch brauchte man diese beiden nur beisammen zu sehen, um zu wissen, daß Sallie ihren Gatten, die sanfte Seele, um den Finger wickeln konnte und davon grausamen Gebrauch machte.

Denn die religiöse Unterdrückung der Frauen hatte natürlich das unvermeidliche Ergebnis, daß sich in ihnen ein unbezwingbarer Drang zur Unabhängigkeit und zur Selbstbehauptung entwickelte, eine Frucht ihres angeborenen und unbewußten Gefühls für Gerechtigkeit und Billigkeit. So ergeht es allen Unterdrückten. Wären die Männer klug, sie gäben den Frauen volle Freiheit, und jede Auflehnung würde sich in Sanftmut und Unsicherheit wandeln.

Doch in diesen unterdrückten, kräftigen, lebensvollen Missionarsfrauen rollte das Blut gar stürmisch. Schon ihre Gesichter waren in Linien entschlossenen Grimmes gemeißelt, ungestüm, oft nicht ganz ohne Humor. Viel Rührendes war an ihnen, besonders bei den noch nicht alten Frauen, die sich noch immer nach ein wenig Freude sehnten, sich für ein neues Kleid interessierten oder dafür, was ›man in der Heimat trug‹. Hätte man zwischen den Männern und den Frauen zu wählen gehabt, die Frauen hätten mit dem Ausdruck kraftvoller Geduld in ihren Augen und mit dem Trotz, der um ihre Lippen lag, den Preis davongetragen. Und bei der Missionsversammlung, in der zwar nur die Männer aufstehen und vor den Anwesenden sprechen durften, saß doch neben jedem Mann sein Weib und hielt sich bereit, ihn am Rockschoß zu packen. Wie oft sah ich, daß ein Mann aufsprang, mit zuckendem angegrauten Bart, mit funkelndem Auge, und schon öffnete er den Mund, um zu sprechen, doch ganz unvermittelt setzte er sich wieder hin, einem kräftigen Ruck an den Rockschößen gehorchend! Dann gab es immer ein lebhaftes Geflüster zwischen Mann und Frau. Manchmal war er ebenso eigenwillig wie sie ind wollte überhaupt nichts sagen, wenn er nicht sagen durfte, was er wollte. Doch noch öfter kam es vor, daß er sich nach wenigen Augenblicken wieder erhob, und das Feuer in seinem Auge war erloschen, und er räusperte sich und begann seine Rede, und seine Stimme klang sanft wie ein Lüftchen im Sommer. Sie strickten alle, diese Frauen, während die Gatten ihre Berichte erstatteten, Vorschriften für die Kirche erließen und Gebete sprachen. Wieviel versagte Wünsche, wieviel trotziger Wille, wieviel Pläne gingen in dieser Handarbeit auf! Ohne ein solches Ventil wären die Armen wahrscheinlich geplatzt!

Aber es gab darunter auch einige Frauen, die nicht verheiratet waren und keine Männer hatten, die für sie sprechen konnten. Sie leisteten volle Arbeit in der Mission, und dann schrieben sie alljährlich Berichte über ihre Tätigkeit und ersuchten irgendeinen der Männer, an ihrer Stelle die Berichte zu verlesen, und so saßen sie schweigend dabei, während die Männer darüber berieten, wieviel Geld sie zu erhalten und was sie damit zu beginnen hätten. So zum Beispiel die kleine Dr. Greene, die ein großes Krankenhaus für Frauen und Kinder leitete und außerdem eine Schule für Pflegerinnen eingerichtet hatte, eine der außerordentlichsten Frauen, die je gelebt haben. Florence Nightingales Leben war eine zahme Geschichte, verglichen mit dem täglichen und stündlichen Ringen der Dr. Greene in jener fernen Stadt des inneren Chinas. Sie wurde sehr geliebt, und die Kranken kamen von fern und nahe, denn sie vertrauten ihr. Dennoch mußte sie jedes Jahr den Bericht über ihre tausend Fälle, über ihre unglaublichen, furchtbaren Operationen, über die gewaltige Zahl der von ihr vor dem Tode Erretteten einem Manne übergeben, der ihn den Männern vorlas; die beschlossen dann, was sie tun durfte und was nicht. Freilich saß sie friedlich dort, lächelnd und ohne Strickarbeit, und ruhte sich endlich aus, und wenn man über sie Beschluß gefaßt hatte, ging sie wieder zurück und tat, was sie wollte. Meine deutlichste Erinnerung an sie ist diese: als Kind war ich einst im Hof ihres Krankenhauses, da wurde ein Mädchen eingeliefert, eine arme Sklavin, die sich mit Opium vergiftet hatte. Dr. Greene hörte von dem Fall und eilte sogleich in den Hof, doch war es zu spät – das arme Geschöpf starb in diesem Augenblick.

Ich hatte trotz meinem zarten Alter schon viele Tote gesehen – das aber war das erstemal, daß ich sah, wie eine Seele den Leib verließ. Und das Mädchen war so hübsch, so hübsch! Ich konnte nicht anders, ich mußte weinen, und ich bat die Ärztin: »Sie kommt doch nicht in die Hölle, nicht wahr? Gott schickt sie doch nicht in die Hölle, nicht wahr?«

Dr. Greenes sanftes Gesicht bewegte sich ein wenig, und sie seufzte: »Ich weiß nicht, mein Kind – ich weiß nicht. Man darf darüber nicht nachdenken.« Und sie strich über die welkende, erkaltende Hand des Mädchens.

Es war natürlich ein ketzerischer Gedanke. Etwas derartiges durfte man vor den heiligen Männern nicht sagen. So etwas nicht wissen! Das nicht zu wissen, war Sünde!

Und doch konnten diese ungestümen, verbohrten christlichen Heiligen, von ihrer Erbsünde erfüllt, wie es ein Mensch nur sein kann, aber ohne eine Spur der maßvollen Anmut der hochzivilisierten Heiden, die sie zu bekehren strebten, zur bestimmten Stunde ihre Meinungsverschiedenheiten und ihren Groll zur Seite legen und gemeinsam das Brot des Abendmahls essen und den Wein der Kommunion trinken, und dann erfüllte tiefer Friede das Haus, in dem sie saßen. Es war der Friede inbrünstigen Glaubens an das Ziel ihres Lebens, die absolute Gewißheit ihrer Gemüter, die volle Unterwerfung ihrer Seelen unter die übernommene Pflicht. Es spielt gar keine Rolle, ob sie, objektiv gesprochen, recht oder unrecht hatten. Sie kamen hierher in der Überzeugung, daß sie jedem, der ihren Glauben annahm, das Heil und das Glück brachten. Und in gewissem Sinne hatten sie recht. Ein jeder, der so glauben konnte wie sie, wurde erlöst von dem Zweifel, von Mißtrauen und Unglück, den Früchten eines seiner selbst nicht sicheren Gemütes. Aber keiner war so glücklich wie diese, denn keiner war in seiner Sicherheit so blind. Ihre Herzen waren leergefegt, das Licht ihrer Seelen erloschen. Keine Frage durfte sie behelligen. Als einmal einer von ihnen Darwins ›Ursprung der Arten‹ in meinen zitternden Händen entdeckte, schrie er mich an: »Ehe ich ein Buch läse, das gegen meinen Glauben gerichtet ist, oder ehe ich mit einem Ungläubigen spräche, es sei denn, um ihm zu predigen, würde ich mich vergiften.« Ja, diese Leute bauten sich ihre eigene Burg mit himmelhohen Mauern, und ins Innere führte nur eine schmale Pforte. Doch wenn es innerhalb der Festung Kampf gab, gab es doch manchmal auch Frieden.

Andrew verließ die Missionsversammlungen immer sehr angeregt und gestärkt durch die Debatten und durch das Abendmahl. In dieser Gruppe von ungefähr vierzig Personen war er einer von den höchstens dreien, die sich nicht am Rockschoß zupfen ließen. Manchmal flüsterte ihm Carie, von ungestümer Mißbilligung getrieben, etwas ins Ohr, aber ich habe nie erlebt, daß dies Eindruck auf ihn gemacht hätte – zumindest nicht so, wie sie es wünschte. »Ah bah!« sagte er dann laut. Und er erhob sich in seiner scheinbar sanften Art und sagte genau das, was er hatte sagen wollen. Dieses Bewußtsein der Ohnmacht war bitter für Carie. »Euer Vater ist störrisch wie ein Maultier«, sagte sie einmal leidenschaftlich und fügte dann wütend hinzu: »Und meistens hat er recht, was die Sache noch schlimmer macht!« Doch so sehr Carie sich auch privat über Andrew beklagen mochte, vor der Öffentlichkeit hielt sie immer zu ihm.

Einst, in einem romantischen Augenblick meiner Jugend, als ich gerade über Tennysons ›Prinzessin‹ träumte, blickte ich auf und fragte Carie: »Mutter, habt ihr beide einander je geliebt?«

Sie nähte an irgendeinem Kleidungsstück, und einen Augenblick lang konnte ich aus ihrem Ausdruck nicht klug werden, als sie plötzlich zu mir hinsah. Dieser Ausdruck war – war er Schmerz? War er Schreck? Was war er? Doch für Schmerz oder Schreck zeigte er zu wenig Überraschung. Es war, als hätte ich unbewußt ein Geheimnis entschleiert. Dann verschwand er.

»Dein Vater und ich hatten beide sehr viel zu tun«, sagte sie trocken und ein wenig schroff. »Wir dachten eher an unsere Pflicht als an unsere Gefühle.« Sie tat hastig ein paar Stiche und setzte die Arbeit fort.

Aber Andrew ließ sich weder durch den Rat seiner Gattin noch durch Liebe bestimmen. Ungefähr zu dieser Zeit begann er einen neuen Krieg. Der Krieg um das Neue Testament ging natürlich immer weiter. Jedes Jahr berichtete er in der Missionsversammlung, wie viele Kapitel fertiggestellt seien, und hörte freundlich zu, wenn die anderen beschlossen, er dürfe die Arbeit nicht fortsetzen und werde kein Geld dafür erhalten. Der andere Krieg aber hatte die Errichtung einer Anstalt zur Heranziehung eines chinesischen Klerus zum Ziel, kurz gesagt, eines theologischen Seminars.

Dieses Unterfangen war für eine vereinzelte Gruppe bei weitem zu groß, aber verschiedene Glaubensbekenntnisse hatten sich entschlossen, dazu beizutragen, und Andrews Sekte beriet eben darüber. Von Anfang an war Andrew Feuer und Flamme dafür. Einen festen Sitz zur Schulung der chinesischen Geistlichkeit – das war eine Freude, und er konnte Pläne schmieden. Sogleich hatte er sich erhoben, um dafür einzutreten.

So begann jener lange Krieg, der Jahr für Jahr weiterdauerte. Denn Andrew und einige andere hatten durch das Feuer ihrer Rede die konservativere Mehrheit umgestimmt. Bald jedoch zeigte sich, daß eine solche Union nicht Bestand haben konnte. Vor allem waren hier die Methodisten mit ihren Bischöfen, von denen Andrew trocken bemerkte: »Sie sind gerne bereit, mit jedermann eine Union einzugehen, vorausgesetzt, daß jedermann der Methodistenkirche beitritt.« Und die Baptisten, die darauf bestanden, daß der heranwachsende chinesische Klerus in der wesentlichen Doktrin des Untertauchens unterwiesen werde, und die Episkopalisten – aber von denen erwartete ohnedies niemand, daß sie sich irgendwo anschlössen. Und am furchtbarsten waren die vom Modernismus angekränkelten Sekten. Bald erwies sich die Union mit anderen Glaubensbekenntnissen als unmöglich, und der Krieg begann. Doch Jahr um Jahr kämpfte Andrew bei der Missionsversammlung den Kampf für die Union, Andrew, der Nachkomme von Generationen grimmiger presbyterianischer Väter, Andrew, der Kalvinist, Andrew, der an die Vorausbestimmung und an die Wiederkehr Christi glaubte.

»Nicht für den Modernismus kämpfe ich«, erklärte er, wenn man ihm Vorwürfe machte. »Niemals! Aber die einzige Art, etwas zu ändern, ist, einzudringen und den

Wandel von innen zu bewirken. Dadurch, daß man sich abtrennt und für sich allein bleibt, kann man nichts erreichen!«

Es war ein langer aussichtsloser Krieg, der über zwanzig Jahre dauerte. Es war ein verlorener Krieg, weil Andrews Religionsgemeinde sich endlich von der Union zurückzog – stammten sie doch, jeder einzelne oder jede einzelne, aus dem sezessionslustigen südlichen Blut. Aber Andrew gab sich nie geschlagen. Er bot ihnen allen Trotz, indem er die letzten Jahre seines Lebens der Union weihte, von der sich zurückzuziehen die Mehrheit schon längst beschlossen hatte. Doch wie gesagt, ein Mehrheitsbeschluß bedeutete nichts für Andrew. Sein ganzes Leben verbrachte er als eine ausschlaggebende, aus einer Person bestehende Minderheit.

In diesen acht triumphierenden Jahren nach dem Boxeraufstand sah Andrew sein Werk auf einem gewaltigen Gebiet erblühen. Seine Konvertitenliste ging alljährlich in viele Hunderte. Die Übersetzung des Neuen Testaments veröffentlichte er Buch für Buch, sogleich nach der Fertigstellung, und die vier Evangelien vereinigte er schon früh in einem Bande. Wieder regnete es Kritiken – man warf dem Buche vor, sein Stil sei zu ›gewöhnlich.‹

Denn wieder war Andrew seiner Zeit voraus. Er hatte bereits erkannt, daß die eine wichtige Ursache der Unwissenheit und des Analphabetentums in China in dem gewaltigen Unterschiede zwischen der Buchsprache und der gesprochenen Volkssprache bestand. Eine Parallele hierfür gab es im alten England, wo fast die ganze Literatur in lateinischer Sprache verfaßt war, von der der gewöhnliche Mann nichts wußte. Daher war Andrew, als er sich entschloß, einen einfachen Umgangston in seiner Übersetzung des griechischen Neuen Testamentes anzuwenden, überaus revolutionär und griff um beinahe zwanzig Jahre jenen chinesischen Revolutionären voraus, die nach dem von Andrew so deutlich erkannten Prinzip die sogenannte chinesische Renaissance schufen.

Aber sie waren zu patriotisch, als daß sie einen weißen Mann und Christen je als Vorläufer anerkannt hätten.

Andrew hatte sich also entschlossen, nicht das von den alten Gelehrten so sehr geliebte klassische Chinesisch zu verwenden, sondern die kräftige Umgangssprache des Volkes. Er durfte sie natürlich nicht allzu vulgär gebrauchen, schon seiner eigenen puristischen Instinkte wegen, doch wählte er einen deutlichen, ein wenig gedrängten einfachen Stil, ohne Anspielungen oder Umschreibungen, einen Stil, der etwa dem der Volksausgabe der englischen Bibel entsprach. Die wenigen gelehrten alten Chinesen, die zum Christentum übergetreten waren, beklagten sich, daß diese Umgangssprache keinen literarischen Wert besitze und daß Andrew ein ausschließlich für das gewöhnliche Volk geeignetes Buch verfaßt habe. Andrew, selbst ein Gelehrter, lächelte sein karges, trotziges Lächeln.

»Gewiß!« sagte er. »Wenn jetzt ein gewöhnlicher Mann ein wenig lesen gelernt hat, findet er sich schon irgendwie mit den Lehren Christi zurecht.«

Und so fuhr er in der Arbeit fort und übersetzte und feilte jedes Buch – eine Arbeit, für die er durch unbeschreibliches Knickern und Knausern, ja sogar Betteln zahlen mußte. Sein Stolz verwehrte ihm ganz und gar nicht, Geld zu erbetteln, wenn es die Arbeit fortzusetzen galt. Überall, wohin er kam, verteilte er seine kleinen Bücher. Aber er verschenkte sie nicht mehr, da er beobachtet hatte, daß jedes erreichbare Stück wertlosen Papiers von den unermüdlichen chinesischen Gattinnen sogleich zu Schuhsohlen verarbeitet wurde. So ließ er sich von jedem ein oder zwei Kupferstücke für das Heil bezahlen. Doch er selbst zahlte mehr als irgendein anderer.

Während all dieser Jahre wuchsen Andrews Kinder in seinem Hause auf. Als er in späteren Jahren hochbetagt gestorben war, blickten sie einander an und versuchten, sich seiner zu erinnern, doch sie vermochten es nicht. Sie erinnerten sich seiner in gewissen Augenblicken lebhafter Tätigkeit, aber diese Erinnerungen waren immer wieder unterbrochen. In dem friedfertig geschäftigen Treiben jenes Hauses verstrichen die Tage ohne ihn. Er kam zu gewissen Zeiten heim, und alles schien anders und fremd zu sein, bis er wieder fort war. Die Kinder schlichen auf Fußspitzen, weil er müde war, sie holten ihm Pantoffel und Bücher, sie überließen ihm Carie und schlichen ein wenig verzagt umher, wenn er ziemlich stürmisch über das ›Werk‹ oder über den neuangekommenen jüngsten Missionar sprach. »Ein wackerer Mann, aber nicht allzu klug.« Mit diesen Worten tat ihn Andrew beim Mittagstisch ab.

Die Besuche Andrews zu Hause waren vielleicht eine Art Unrecht gegen ihn, denn Carie war zu weichherzig, um eins ihrer Kinder zu schlagen, und doch war sie in der Überzeugung erzogen worden, daß die Rute sparen das Kind verderben heißt. Daher wurden größere Strafen für die Zeit aufgespart, da Andrew zu Hause war. Er verschwendete dabei nicht viel Zeit auf Fragen. Schließlich gab es doch nur zwei oder drei Missetaten, die ein Kind begehen konnte und die nach Caries Ansicht Schläge verdienten, und die schlimmste dieser Missetaten war lügen. Andrew verließ sich dabei immer auf Caries Aussage.

Und so blickte Andrew in seinem Arbeitszimmer vom Buche auf und musterte den kleinen Lügner, der zitternd vor ihm stand. »Geh hinaus und schneide mir eine Gerte«, sagte er mit unheilverkündender Milde. Wenn ihm das Werkzeug gebracht war, prüfte er dessen Größe und Eignung. Es brauchte nicht groß, durfte aber nicht allzu klein sein.

»Herunter mit den Kleidern!« sagte er, wenn das Ergebnis der Prüfung ihn befriedigte. Dann wandte er sich mit seinem Drehstuhl um. »Steh still!« befahl er.

Es fiel uns nie ein, ihm den Gehorsam zu versagen, ja

nicht einmal, allzu ungebührlich zu plärren, obwohl wir bei Carie und ihren zaghaften Züchtigungen schamlos brüllten, weil wir genau wußten, wie weich ihr Herz war. Doch einmal verbog das unartigste der Kinder Andrews die Gerte insgeheim an einem Dutzend Stellen und reichte sie ihm so, scheinbar ganz, aber eigentlich wirkungslos. Andrew schlug damit zu, doch war der Streich harmlos. Sofort sah er, daß man ihn getäuscht hatte. »Ach bah!« rief er. Ein Schimmer kalten Humors funkelte in seinem Auge auf, doch er erhob sich, ging hinaus, schnitt eine prächtige Gerte von einem Weidenzweig, brach die Zweiglein ab und glättete sie zu höchster Wirksamkeit.

Doch halt! Es gab einige Zeiten – war es vielleicht der Heilige Abend, oder war es ein Geburtstag? –, da Andrew Tischcrockett spielte. Wir erinnern uns keiner anderen Spiele mit ihm. Carie spielte Dame und lehrte uns das Schachspiel, das sie liebte. Doch einmal enthielten die jährlichen Kisten von Montgomery Ward ein Tischcrockettbrett, und es kam vor, daß Andrew spielte. Es machte ihm ungeheuere Freude, und er vermochte alles andere für den Augenblick zu vergessen. Er hatte einen außerordentlich langen, kräftigen Zeigefinger und konnte sehr genau zielen, und so stieß er die kleinen runden Holzstücke mit furchtbarer Gewalt in die Netzsäcke, in die sie kommen sollten. Wir alle duckten uns ein wenig und hielten den Atem an, denn wenn die Bälle eine kleine Erhebung in der Mitte des Brettes trafen, sprangen sie hoch und konnten auf einen fliegen wie ein Geschoß. Eine seiner kleinen Töchter hatte tagelang eine schmerzende Stelle auf der Brust.

Und noch einmal halt! Es gab gewisse andere Abende, da er uns nach den Gebeten mit der Dienerschaft vorlas, während Carie nähte. Er las uns immer aus dem ›Century Magazine‹ vor, das er durch viele Jahre abonniert hatte und jedes Jahr zum Einbinden nach Shanghai schickte. Jahrgänge dieser Zeitschrift standen in einer

Reihe auf dem untersten Regalfach in seinem Arbeitszimmer, und eins nach dem andern stahlen sich die Kinder ins Zimmer, nahmen heimlich einen Band heraus und verteilten die übrigen ein wenig besser, um die Lükke zu verbergen. Denn sie wollten diese Bücher der darin enthaltenen Geschichten wegen lesen, und Andrew mißbilligte ›Geschichtenbücher‹. Nur einmal las er einen Roman vor, wozu er dadurch verleitet wurde, daß er unversehens die ersten paar Seiten ansah. Er hatte das Buch zur Hand genommen, um es zu verbieten, dann sah er es an und brach in sein kurzes Lachen aus über einen Satz, den er zufällig sah. Das Buch war ›Die Geschichte der Mrs. Lecks und der Mrs. Aleshine‹. Er blätterte weiter, und scheu hielten wir den Atem an. Er legte das Buch nieder und sagte nichts. Doch nach dem Essen nahm er es wieder zur Hand.

»Das wird euch wohl gefallen«, sagte er zu Carie und begann, es vorzulesen. Wir alle saßen und hörten zu und lachten, und keiner von uns lachte so herzlich wie Andrew. Seine Blicke eilten den Worten voran und begannen schon zu leuchten, und seine Stimme drohte zu versagen, und sein Gesicht wurde rot. Er versuchte, weiterzulesen, aber es war zu spaßig. So legte er das Buch nieder, um lachen zu können, und immer wieder stammelte er: »Ach bah! Ach bah!«

Es war ein trauriger Tag, da das Buch zu Ende ging. Wir hatten noch nie vorher eine so fröhliche Zeit verbracht. Ich habe das Buch nicht mehr wiedergesehen, doch wird es für mich immer das komischste Buch auf Erden bleiben. Nicht einmal Mark Twain war so komisch. Carie fand, Mark Twain sei ein wenig zu derb, und Andrew erklärte, sein Humor sei durch gewisse irreligiöse Tendenzen beeinträchtigt. Aber Mrs. Lecks und Mrs. Aleshine! Das waren zwei absurde, köstliche alte Frauen, und Andrew konnte über sie lachen, ohne sich für sündhaft zu halten. Als wir uns eines Tages dessen entsannen, fragten wir uns, was aus Andrew mit seinem starken trockenen Humor hätte werden können – welch ein Mann er hätte sein können, wenn Gott nicht seine Seele erfaßt und Kalvin sein Herz nicht festgehalten hätte!

IX

Daß diese erfolgreichen Jahre auch glückliche Jahre waren, weiß ich aus Andrews eigenem Bericht. »Es schien mir, als wären, ehe ich es noch wußte, acht Jahre verstrichen, und von neuem war es Zeit für einen Urlaub.« Früher hatte man Urlaub erst nach zehn Jahren bekommen, doch jetzt war die Frist auf acht Jahre herabgesetzt worden, nach Andrews Ansicht eine ungerechtfertigt kurze Zeit. Denn wozu brauchte jemand Erholung von einer Arbeit, an der seine Seele Freude fand? Er hätte gewiß keinen Urlaub genommen, wenn nicht seine Tochter das College in der Heimat hätte besuchen sollen, und Carie wollte sie begleiten. Amerika war jetzt fremd und anders geworden, und das Kind war nur an die ruhigen chinesischen Dörfer und Hügel gewöhnt. Außerdem durfte man die Verwandten nicht vergessen. So opferte Andrew murrend dieses Jahr und tröstete sich dabei mit der Hoffnung, Geld für sein Werk sammeln und an seiner Übersetzung arbeiten zu können.

Für jene seiner Kinder, die ihn auf dieser Fahrt begleiteten, war es eine denkwürdige Reise. Denn Carie erklärte plötzlich, sie sei nicht imstande, wieder den Stillen Ozean zu überqueren, auf dem sie immer verzweifelt seekrank wurde; außerdem sollten die Kinder Europa kennenlernen, sie selbst wolle Rußland sehen, und darum sollten sie alle den Yangtse aufwärts nach Hankau fahren, dort den Zug nach dem Norden besteigen und durch Sibirien und Rußland nach Deutschland reisen. Es war ein gewaltiger Plan, denn wir wußten genau, daß Andrew keineswegs tüchtig war, wenn es sich um die

Beschaffung von Fahrkarten handelte. Er konnte die Tätigkeit von hundert Kirchen und Schulen lenken, konnte über Tausende von Seelen gebieten, aber die Schwierigkeiten eines Ankaufs von Eisenbahnfahrkarten überwältigten ihn. Die ganze Reise wurde zu einer Reihe mehr oder minder großer Katastrophen. Seine Kinder erinnern sich weniger an Rußland als an Andrew, der in einem kleinen Eisenbahnabteil zusammengekauert saß und den ganzen Tag nicht wußte, wohin er die langen Beine geben sollte. Er, der Raum und Alleinsein brauchte, hatte jetzt weder eines noch das andere.

Es gab nicht einmal einen Waschraum, und wir mußten uns der Reihe nach in einem kleinen emaillierten Becken waschen, das wir mitgenommen hatten, und das Wasser war sehr knapp und nur in den Stationen erhältlich, und auch dann mußte man mit einer Kanne hinauslaufen und es kaufen. An einem furchtbaren Morgen hatte das kleinste Kind vergessen, das Waschbecken nach dem Gebrauch auszuleeren, und Andrew, der immer zerstreut war und jetzt überaus mürrisch über seine Lage nachdachte, setzte sich hinein und verdarb sich sein einziges Paar Hosen. Er hatte sich davon noch nicht erholt, als er einen Becher halbvoll mit Wasser sah, und da er den Becher brauchte, wollte er den Inhalt aus dem Fenster schütten. Er war zu kurzsichtig, um zu bemerken, daß die Scheibe nicht herabgelassen war, und so spritzte das Wasser auf ihn zurück und durchnäßte ihn gründlich. Carie lachte. Das war ihm zuviel. Er setzte sich. »Hier gibt es nichts zu lachen«, sagte er streng, starrte den ganzen übrigen Tag düster auf die flache russische Landschaft und murmelte immer wieder: »Ich kann hierzulande nichts Besonderes sehen – ich weiß nicht, warum man soviel davon spricht!« Der herzlich russische Brauch des Küssens entsetzte ihn. Er sah zu, wie die bärtigen, schmutzigen Bauern einander mit schallenden Küssen begrüßten, und erschauerte. Das sei ja schlimmer als ein heidnisches Land, erklärte er.

Später fand er noch mehr Grund zum Entsetzen. Wenn wir an verschiedenen Orten für ein paar Tage haltmachten, wanderte er immer wieder zu den Kirchen und stand stundenlang dort, um die Scharen von Menschen zu beobachten, die herankamen, zumeist arm und zerfetzt und bejammernswert, doch darunter auch einige Reiche, und arm und reich neigten sich tief, um die Reliquien zu küssen, Stoffüberreste oder Knochen oder ein Stück Haut eines toten Heiligen. Sonderbarerweise fühlte Andrew mit diesen Seelen kein Mitleid und auch keine Verantwortung für sie. »Sie haben die Bibel«, erklärte er. »Sie könnten zur Wahrheit gelangen, wenn sie nur wollten. Aber es ist ein leichtes Leben – in der Sünde verharren und zum Priester eilen und ein Stück Knochen küssen und das dann das Heil nennen!«

So freuten wir uns alle, als wir Andrew nach Deutschland gebracht hatten, und doch hatten wir schon am ersten Tag in Berlin einen Anblick, der uns völlig fremd war – Andrew in solcher Erregung, daß er einen Raufhandel mit einem Droschkenkutscher beginnen wollte. Der Mann war hochgewachsen, stämmig, schwer und schüttelte in Gegenwart ungezählter Menschen auf dem Bahnhof seine Faust vor Andrews Gesicht, weil er sein Trinkgeld für zu gering erachtet hatte, worauf Andrew, der ohnedies der Ansicht war, daß Trinkgelder des Teufels seien, die Fäuste ballte und damit den Gesellen bedrohte. Wir waren so entsetzt, daß wir ihn gar nicht für unseren Andrew halten konnten. Carie kreischte und hielt seinen Arm fest und suchte in ihrer Handtasche nach ein paar Münzen zur Beschwichtigung des Kutschers, und endlich zog er fluchend von dannen, während wir Andrew hastig in ein Hotel führten, wobei wir sorgsam darauf achteten, den sanftmütigst aussehenden Träger für unsere Koffer zu nehmen. Andrew ging mit uns in so wenig frommer Stimmung, wie wir es nicht für möglich gehalten hätten, und gab dabei seiner Meinung über die weiße Rasse Ausdruck, einer Meinung, die jetzt noch geringer war als sonst.

Wie Andrew in Amerika aussah, dessen wird sich eine

seiner Töchter ihr Leben lang erinnern. Sie saß, ein schüchterner Neuling unter anderen Neulingen, in der Kapelle des Colleges und wartete nicht ohne Angst. Denn Andrew war aufgefordert worden, den Gottesdienst abzuhalten, und wegen der paar Freundinnen, an die sie sich eifrig angeschlossen hatte, der ersten Freundinnen ihrer eigenen Rasse, legte sie ängstlichen Wert darauf, daß Andrew einen guten Eindruck machte. So sah sie ihn mit einigem Unbehagen ruhig wie immer hinter dem Präsidenten eintreten. Niemand konnte sich vor einem Gottesdienst mit größerer Würde bewegen als er. Jedermann sah ihn an, und seine Tochter sah ihn mit neuen Augen, diese sehr hochgewachsene, ein wenig vorgeneigte Gestalt, die den edlen Kopf mit natürlichem Stolze trug und deren großes Profil unverwandt vor sich hinsah. Doch dann hatte sie nur noch dafür Augen, daß sein Rock der alte Rock war, verfärbt und ein wenig abgestoßen und von veraltetem Schnitt, und sie erinnerte sich sehr genau des Auftrittes, den es beim Anziehen zu Hause gegeben hatte.

Carie hatte gesagt: »Andrew, in diesem alten grauen Anzug wirst du im College nicht predigen!«

»Alt? Er ist nicht alt – es ist ein guter Anzug, gut genug für einen Prediger!«

»Andrew!« Caries dunkle Augen flehten, unverwandt auf ihn gerichtet. Verbissen sah er zur Seite.

»Ein Prediger darf nicht herausgeputzt sein«, knurrte er.

Ihre Blicke durchbohrten ihn und flehten noch immer.

Unruhig fuhr er fort: »Ich sage dir, ich hasse den Rock mit den langen Schößen! Und die Ärmel sind zu eng.«

»Seit Jahren will ich, daß du dir einen neuen bestellst«, rief Carie mit gefährlich milder Stimme.

»Wozu?« fragte Andrrw. »Er ist doch vollkommen gut.«

»Warum willst du ihn dann nicht tragen?«

»Ach bah!« sagte er, und er stand auf.

Seine Tochter hörte neben sich in der Kapelle ein Flüstern. Eine Mädchenstimme sagte mit sanftem, unschuldigem südländischem Näseln: »Er schaut aus, als ob er recht weitschweifig sprechen wollte.«

Das war ein bitterer Augenblick, und Andrews Tochter sagte mit trockenen Lippen: »Er ist mein Vater!«

Entsetztes Schweigen. »Oh, verzeih«, rief die hübsche Stimme.

»Es tut nichts«, erklärte Andrews Tochter ernst. »Er ist weitschweifig!« Und leidvoll saß sie da, während Andrew endlos weiterpredigte.

Denn sie wußte nicht, wohin sie ihn einreihen sollte. Als Vater ließ sich nichts mit ihm beginnen. Ein großer Missionar war er, eine unerschrockene Seele, aber Väterlichkeit war ihm fremd. Man mußte ihn nicht als Vater, sondern als Mann sehen und betrachten. Seine Kinder waren bloß Zwischenfälle, die ihm zugestoßen waren. Wie sollte man sonst den erstaunlichen Vorfall erklären, daß er, nachdem er zu seinem Entsetzen gehört hatte, was die Mindestkosten einer Erziehung im College betrügen, sich entschloß, das Neue Testament nicht zu berauben, sondern lieber an einen reichen Mann seiner Bekanntschaft schrieb und ihn fragte, ob er nicht den Wunsch hege, eine angehende Missionarin erziehen zu lassen. Carie, die in seiner Abwesenheit das erstaunte und höfliche Ablehnungsschreiben öffnete, war ganz außer sich vor verletztem Stolz und konnte die Sache nicht für sich behalten. Als jene Tochter Caries es hörte, war sie ins innerste Herz getroffen. Sie kam sich vor, als hätte man sie in die Sklaverei verkauft. Der häßliche Warteraum im College, in dem sie mit Carie saß, hat sich für immer ihrem Gedächtnis eingeprägt. Von außen drangen Mädchenstimmen herein, die Stimmen amerikanischer Mädchen, die nie die Fesseln kennengelernt hatten, die Andrew, ohne es zu ahnen, seit je seinen Kindern auferlegte. Keines dieser Kinder wußte, was es bedeutet, immer ein Nichts zu sein neben einer Idee, einem Werk, einem Glauben.

»Er soll sich nicht um mich kümmern«, sagte sie, halb erstickt vor Stolz und Kränkung. »Ich kann mich schon selber durchbringen. Ich werde heute noch das College verlassen und mir eine Stellung in einem Zehncentladen suchen. Ich kann mich erhalten. Er braucht mir nicht einmal das Essen zu zahlen.«

»Nimm's nicht so schwer – nimm's nicht so schwer!« bat Carie. Tränen standen in ihren Augen. »Ach, hätte ich dir's nicht erzählt! Er hat es ja nicht böse gemeint. Du mußt doch verstehen, daß er nicht so ist wie andere Männer. Er – er gleicht einem Träumenden!«

Ja, so war es. Andrew war ein Träumender, eine besessene Seele, für die das Leben und das Menschenherz keine Wichtigkeit hatten. Er lebte nicht auf Erden. Sie wußte, was Carie meinte. Sie machte Andrew keinen Vorwurf, wenigstens nicht ernstlich – aber sie fühlte sich vaterlos. In späteren Jahren schloß sie sich ihm näher an, so nahe, wie dies überhaupt menschenmöglich war, und begann, ihn zu verstehen und zu schätzen, zu wissen, warum er so war, wie er war, zugleich groß und klein. Doch alles spätere Wissen kann den Verlust jener Stunde nicht wettmachen. Denn Andrews Kinder hatten verloren, was sie nie besessen, was er ihnen nie geben konnte, weil er alles, was in ihm war, Gott gegeben hatte.

Als Andrew wiederkehrte, fand er ein neues China vor. Während der Jahre des allzu großen Friedens, des allzu leichten Sieges des göttlichen Willens war einiges vorgefallen. Es war eine unterirdische Umwälzung, ein Aufruhr, der sich vom Süden her seinen Weg bahnte und jenen leichtesten Weg aller Revolutionen ging, den der Feindschaft gegen die Fremden. Andrew und Carie und ihr jüngstes Kind waren kaum wieder in dem rechteckigen Missionsbungalow, als dieser trügerische Friede der letzten elf Jahre zusammenbrach und Sun Yat-sen mit seinen Anhängern das alte Kaiserreich stürzte.

Das ist eine andere Geschichte, die schon oft erzählt

wurde und jetzt der Historie angehört, obwohl ihr andere Ereignisse viel von ihrer Bedeutung geraubt haben. Aber Andrew begrüßte sie damals mit Begeisterung. Er war der Korruption der chinesischen Beamten, mit denen er oft zu tun hatte, so müde, daß er jede Gewalt, und sei es ein Erdbeben, begrüßt hätte, wenn sie jene Gesellen nur hinwegfegte. Und als nun die alten, dem Opium verfallenen Vizekönige und Mandarine und Statthalter zu fliehen und sich zu verbergen begannen, ergriff er offen Partei für die Revolutionäre. Besonders glücklich war er über das Ende der Kaiserinwitwe. An dieser erhabenen alten Gestalt konnte er nichts Tragisches und nichts Schönes sehen. Für ihn war sie das schrecklichste und naturwidrigste aller Geschöpfe – ein Weib als Herrscher! Er hielt nicht einmal Königin Elisabeth in Ehren. Eigentlich mißachtete er jede Nation, die sich bereit erklärte, eine Frau als Herrscherin anzuerkennen. »Jezebel« nannte er die Kaiserinwitwe und erzählte immer mit Behagen das Ende dieser biblischen Königin, die von einem hohen Turm herabgeworfen und von den Hunden gefressen wurde. Andrews Wesen hatte einen Zug, der es ihm möglich gemacht hätte, ruhig dabeizustehen und einer so gerechten Vergeltung zuzuschauen. Wäre er eine Generation früher geboren worden, hätte er noch Hexen verbrannt. In ihm lebte unbewußt, aber tief verankert, die Feindschaft der Geschlechter, in irgendeinem Kindheitserlebnis verwurzelt und, so traurig das ist, genährt durch die Anwesenheit Caries, deren lebhaften, schnellen Geist er nie recht erfassen konnte, so sehr er sich auch bemühte, dagegen aufzukommen. Denn er konnte eine Frau, die klüger war als er, ebensowenig ertragen wie die meisten Männer. Außerdem rechtfertigte der heilige Paulus seine Anschauung.

Darum verband er sich mit der Revolution der jungen Männer. Denn es war eine Revolution junger Männer, und Andrew mochte junge Männer immer gern leiden. Er verherrlichte jede Maßnahme, die sie trafen – sogar die erbarmungslosen neuen Gesetze, die das gewaltsame Abschneiden des Zopfes anordneten. Andrew liebte Erbarmungslosigkeit. Eine Sache war entweder richtig oder unrichtig, und wenn sie richtig war, war es auch richtig, sie mit Gewalt durchzusetzen.

Es verwirrte ihn einigermaßen, daß trotz dem Umstand, daß Sun Yat-sen ein Christ war, diese Revolution sich als sehr christentumfeindlich erwies. Aber Andrew vertraute aus ganzer Seele auf den Triumph Gottes. »Spreu im Weizen!« sagte er. »Gott wird das Unkraut ausjäten und ins Feuer werfen!«

So begann er wieder seine langen Reisen zu Pferde und mit dem Schiffe. Ma, der Christ, hatte die Kirchen wunderbar zusammengehalten und war mit jener düster brennenden Inbrunst am Werke gewesen, die so zwingend war, daß sie den Leuten ein unbehagliches Gefühl einflößte, weil sie nicht wußten, ob das etwas Gutes oder etwas Böses war. Er war solange in Andrews Nähe gewesen und liebte ihn so sehr, daß er unbewußt viele Gebärden, viele Redensarten und viele Ausdrücke beim Predigen von ihm angenommen hatte. Wenn man die Augen schloß und nur zuhörte, hätte man schwer sagen können, welcher von den beiden hier predigte oder sprach.

Aber Ma war kein Revolutionär. Er wußte nichts von Andrews Optimismus und von seinem arglosen Vertrauen zu den Menschen, die behaupteten, von gutem Willen beseelt zu sein. Nach außen wahrte er Schweigen, aber auf mancherlei Art hielt er Andrew im Zaum.

»Warten wir einmal zwanzig Jahre ab«, sagte er immer wieder. »Zwanzig Jahre zur Erprobung.« Als die Jahre verstrichen und die meisten der selbstlosen, feurigen Revolutionäre schon längst an der Macht saßen und wieder in die alte korrupte Wirtschaft verfallen waren, zu der sich noch einige Finessen des Westens gesellten, war er recht zufrieden. »Keine Regierung ist gut«, sagte er.

»Von einem guten Herrscher hat man noch nicht gehört, weder in vergangenen Zeiten noch jetzt.«

Aber Andrew konnte von jungen Männern nichts Übles glauben. Und er begrüßte jede Veränderung – eigentlich liebte er wie ein Kind das Neue, denn er glaubte immer, es müsse viel besser sein als das, was alt war. Erst als er in einer gewissen Stadt von jungen Revolutionären überfallen und mit Steinen beworfen und fortgejagt wurde, weil er eine fremde Religion predigte und der Bürger einer fremden imperialistischen Macht war, ließ er sich wenigstens dazu herbei, die Möglichkeit des Vorhandenseins von Spreu zuzugeben. Imperialismus! Das war das erstemal, daß er dieses Wort hörte, doch in den nächsten Jahren sollte er es noch oft hören. Er konnte sich nie recht vorstellen, was es bedeutete. »Es ist eines von jenen Worten, die die Leute immer im Munde führen«, sagte er in seiner herrischen Art, und damit war der Fall erledigt.

Aber sein Werk begegnete immer größeren Schwierigkeiten. Er hatte schon seit langem sein Gebiet so vergrößert, daß das weiße Pferd, das an Stelle des Maultiers getreten war und jetzt schon alt wurde, nicht mehr genügte. Der seit einiger Zeit in Betrieb gesetzte Zug nach Shanghai führte in einen Teil seines Gebietes, doch gab es noch immer ein großes Areal, das nur mit dem Schiff erreicht werden konnte. Jahrelang hatte Andrew mit den Dschunkenführern gekämpft, wenn er die kleinen Schiffe mietete, die ihn durch die inneren Kanäle des Landes führen sollten.

Die Schiffer sind ohne Zweifel allenthalben in China Abkömmlinge von Piraten. Kein einziger, der nicht von Geburt das Herz eines Seeräubers hätte. Immer wieder wurde Andrews Abreise verzögert, weil ein Schiffer mehr Geld verlangte, als ursprünglich abgemacht war. So kam Andrew auf den Gedanken, ein eigenes Boot zu kaufen, und zufällig verfügte er über die nötige Summe. Ein Mann in Amerika hatte ihm Geld gegeben, damit er zum Andenken an seine tote Gattin eine Kapelle errichte, aber Andrew fand, es werde Gott mehr nützen, wenn man für das Geld ein Boot kaufte. Er dachte gar nicht daran, daß ein Boot als Andenken an die verstorbene Gattin dem Stifter wahrscheinlich nicht recht wäre. Und Andrew schritt sogleich, wie er es immer tat, wenn ihm ein guter Einfall gekommen war, an die Ausführung. Erst als das Boot gebaut war, schrieb er dem Mann und berichtete ihm, daß jetzt ein Boot da sei statt einer Kapelle.

Andrew hatte die Folgen nicht erwartet. Der Mann war wütend. Es zeigte sich, daß seine Frau immer seekrank gewesen war und Schiffe ganz besonders gehaßt hatte. Er weigerte sich, den Kauf des Bootes anzuerkennen, und forderte die unverzügliche Rückgabe des Geldes.

Andrew war entsetzt über diese Unvernunft. Er faltete den Brief zusammen und bemerkte im Tone völliger und gelassener Gerechtigkeit: »Wie kann er denn das Geld zurückverlangen, wenn er weiß, daß es ausgegeben wurde? Außerdem habe ich ihm sehr deutlich erklärt, daß mir ein Boot jetzt von größerem Nutzen sein wird als eine Kapelle.« Mit unendlicher Würde fügte er hinzu: »Ich werde mich um ihn nicht kümmern.« Das war wohl seine beliebteste Redewendung, wenn er mit jemandem eine Meinungsverschiedenheit hatte.

Doch dieser Mann war ein reicher Mann und gewohnt, daß man ihm den Willen tat, und er betrachtete Andrew kaum als etwas Besseres denn als einen Diener. Ein Missionar! Was war denn das? Ein Diener der Kirche, und praktisch gesprochen gehörte die Kirche ihm, weil er sie mit soviel Geld unterstützte. Er beschwerte sich, tobend vor Wut, bei Andrews Missionsverwaltung, die ein strenges Schreiben an Andrew richtete. Diese Körperschaft war zufällig die einzige Organisation, auf die Andrew irgendwie Rücksicht nahm, denn sie hatte die Möglichkeit, ihm alle Bezüge, sowohl das Salär wie die Arbeitsfonds, zu sperren, und er hatte zwischen diesen beiden nie genau unterscheiden können. Er verbrauchte das Geld, solange es da war, hauptsächlich für das Werk. Nicht einmal Carie durfte es anrühren. Er hielt nichts davon, wenn Frauen ein Scheckbuch hatten, und der Gedanke eines gemeinsamen Bankkontos erfüllte ihn mit Entsetzen.

»Aber da könntest du doch Geld beheben, und ich wüßte gar nicht, wie ich stehe!« rief er einmal verblüfft, als Carie ihm erklärte, sie hätte gerne ein eigenes Scheckbuch.

»Ich weiß nie, wie ich stehe«, erwiderte Carie. »Ich habe dich und die Kinder zu nähren und zu bekleiden, und ich weiß nie, mit wieviel ich rechnen kann.«

Das war ein Wendepunkt in einem langen Kampf zwischen den beiden, einem Kampf, der ihr ganzes Leben lang dauerte. Andrew war der Ansicht, daß Nahrung und Kleidung nichts kosten dürften. Denn immerhin kam das Werk zuerst. Carie verrichtete wahre Wunderdinge mit Groschen, aber er wußte es nicht. Einmal sagte sie mit einem Augenzwinkern und einem Seufzer: »Andrew hätte die biblische Witwe heiraten sollen, die ein unerschöpfliches Ölkrüglein und ein Mehlfaß hatte, das nie leer wurde. Seit er von der gehört hat, kann ich ihn durch nichts zufriedenstellen!«

Aber er war härter gegen sich als gegen andere, und keiner aß frugaler oder kleidete sich armseliger, als er es im Dienste Gottes tat. Dennoch gab es Kampf zwischen den beiden, und dieser Kampf dauerte vierzig Jahre, als sich Andrew plötzlich ohne einen ersichtlichen Grund eines Tages geschlagen gab und ihr ein Scheckbuch überreichte. Zu dieser Zeit brauchte Carie es nicht mehr. Die Kinder waren erwachsen, und sie selbst hatte keine großen Wünsche. Dennoch nahm sie es um des Sieges willen, stellte einen oder zwei Schecks aus und legte das Buch dann zur Seite. Aber es war ihr ein Trost. Endlich konnte sie einen Scheck ausstellen, wenn sie wollte.

Daß nun die Missionsverwaltung ihm das Ansinnen stellte, er solle über tausend Dollar Rechenschaft ablegen, die für eine Kapelle gestiftet umd für ein Boot ausgegeben worden waren, erschreckte selbst Andrew ein wenig und war eine Katastrophe für Carie. Sie machte ihm Vorwürfe, denn sie sah ihre Kinder dem Nichts gegenüber, noch dazu in einem fremden Land, dessen Bevölkerung immer unfreundlicher wurde.

»Wenn du nur nicht so eigensinnig wärest«, sagte sie kummervoll und ganz ohne Hoffnung. Ein nicht eigensinniger Andrew wäre nicht Andrew gewesen.

Aber jeder derartige Vorwurf verlieh ihm neue Sicherheit. »Ich weiß, was ich tue«, sagte er ernst.

Zum Unglück für seine eigene Autorität war das Verwaltungsmitglied, das den Brief geschrieben hatte, dumm genug gewesen, Andrew einen Hieb zu versetzen und seinen Ausführungen hinzuzufügen: »Mr. Shipley ist einer unserer reichsten Spender, und es ist höchst unklug, ihn durch irgend etwas zu beleidigen.«

Ein eiskaltes Funkeln leuchtete in Andrews Augen auf, als er diese Worte las. Also sollte er einem Mann gehorchen, bloß weil der reich war? Ein reicher Mann konnte nur sehr schwer ins Himmelreich eingehen, und doch sollte Andrew eher ihm gehorchen als Gott! Sogleich setzte er sich hin, solange seine Verachtung und sein Groll noch frisch waren, und schrieb einen jener Briefe, den seine Kinder Donnerbriefe nannten, einen Brief, in dem er mit schlichten, kurzen Worten die Verwaltung fragte, was ihr denn eigentlich einfalle, wenn ihre Mitglieder das Haupt vor Mammon neigten, und wie sie sich ihrer Stellung als Leiter des Gotteswerkes für würdig halten konnten? Was ihn betreffe, werde er weder einem reichen Mann noch ihnen Gehör schenken, sondern nur dem Herrn. Das Boot sei schon gebaut, und er wolle es in Verwendung nehmen.

Er hörte nie wieder von dieser Sache, weder von seiten des reichen Mannes noch von der Verwaltung, und zufrieden und triumphierend verwendete er das Boot durch viele Jahre, bis er zu alt wurde, Reisen zu unternehmen.

Nach dem ersten Erfolg der Revolution zeigte es sich allmählich, daß die von ihr eingeführten Veränderungen nicht durchgreifend waren. Sun Yat-sen, der so viele Jahre im Ausland gelebt hatte, daß er im eigenen Land ein Fremder geworden war, beging einen schweren Irrtum, was die Ziele seiner Umwälzung betraf. Beim Studium westlicher Länder war er zu dem Schluß gelangt, daß eine tüchtige zentrale Regierung alle von ihm in China gewünschten Veränderungen werde durchführen können und daß es daher der erste und der wichtigste Schritt sei, die Form der Regierung zu ändern. Dies tat er auch, und das blieb die hauptsächlichste Neuerung, die er einführte. Denn er erkannte nicht, daß eine Zentralregierung in China nicht so wichtig ist wie in vielen anderen Ländern und nie so wichtig war. Das Leben des Volkes, seine Bräuche und Lebensregeln kamen nicht von einer Zentralregierung her, sondern stammten aus dem Volke selbst, aus dessen Familien- und Sippenwesen. Der Sturz einer Zentralregierung und die Veränderung der Regierungsform war für das Volk von keiner großen Bedeutung. Das chinesische Volk hat nicht, wie etwa England oder die Vereinigten Staaten oder Frankreich, in einer langen Entwicklung durch Jahrhunderte, bald durch die eine Maßnahme, bald durch die andere, sich selbst eine Form der Zentralregierung geschaffen. Eine solche Regierung wurde in China hauptsächlich durch Eroberer eingeführt, entweder durch einheimische oder durch fremde Kriegsherren, die eine Art Vasallenstaat gründeten. Das Volk wurde von ihnen nicht beherrscht, so wie andere Regierungen durch Gewalt oder durch Gesetze herrschen und Gehorsam finden.

Das Leben des Volkes ging daher im großen und ganzen so wie früher vor sich, weil die wirkliche, lokale Regierung sich nicht geändert hatte.

Und die fremden Mächte beeilten sich, Forderungen zu stellen, auf ihren Verträgen zu bestehen und das Leben ihrer Staatsbürger zu schützen. Die schwache, neue revolutionäre Regierung, die unerfahren war und sich leicht einschüchtern ließ, wagte nicht, sich so rasch Feinde zu machen. Schon nach wenigen Jahren konnte Andrew wieder so kühn und so sicher vorgehen wie nur je, konnte predigen, wo er wollte, und durfte nach seinem Belieben handeln, nur weil er Ausländer war. Wieder blühte sein Werk.

Keiner von uns hätte je gedacht, daß Andrew alt werden könnte. Sein Körper war immer der gleiche gewesen, schlank wie eine Tanne. Seine Haut war sonnverbrannt und glich dunkler Bronze. Nie nahm er auch nur ein Pfund zu, und seine Hüften blieben schlank wie in der Jugend. Es hat wohl noch nie einen heiligen Mann gegeben, der seinen Leib so in der Gewalt gehabt hätte wie er. Wo immer er war, in welchen Umständen und in welcher Lage immer, verhielt er sich doch auf dieselbe Art – ein kaltes Bad beim Aufstehen, und er stand immer um halb sechs Uhr auf; von sechs bis sieben Gebete und Meditation, um sieben Uhr Frühstück, immer dasselbe, und darunter immer ein Teller Porridge aus Weizen, der gewaschen, an der Sonne getrocknet und in einer kleinen steinernen Handmühle gemahlen worden war. Unmittelbar nach dem Frühstück begann die Arbeit und dauerte bis zum Mittagessen, worauf er wieder bis fünf Uhr arbeitete, dann ging er vor der Abendmahlzeit noch eine Stunde spazieren. Am Abend predigte er in irgendeiner Kapelle oder las, wenn er nichts zu tun hatte, und um zehn Uhr lag er im Bett. Es war eine höchst einfache Tageseinteilung. Auch seine Mahlzeiten waren der Menge nach völlig regelmäßig. Manchmal erlaubte er sich, mit

Vergnügen zu essen. Er war so streng gegen sich, als wäre er sein eigener Arzt gewesen. Keiner von uns erinnert sich irgendeines Nachgebens oder eines Übermaßes. Und sein prächtiger Körper blieb ein Wunder an Kraft, mit den hellen lebhaften Augen und mit dieser Haut, die dort, wo sie nicht von der Sonne verbrannt war, glatt und weiß schimmerte wie die eines kleinen Kindes. Auch war sein Gesicht von keinen Furchen zerrissen. Nie wurde es runzelig, auch nicht im Alter. Seine hohe, glatte Stirn blieb immer gelassen, seine Wangen glatt. Das war die Folge eines ungestörten Gemütes und der Selbstsicherheit. Er war eine völlig glückliche Seele in einem kräftigen, beherrschten Körper.

So schritt er unberührt durch Krankheit und Seuchen dahin und blieb unversehrt und heil. Wenn er einen kleinen Malariaanfall hatte, kurierte ihn eine geringe Dosis Chinin, so rasch erholte sich sein gesunder Körper. Und im Lauf der Zeit schien er immer immuner zu werden und bekam schließlich überhaupt keine Malaria mehr. Von Zeit zu Zeit zog er in Hungergebiete, um dort Hilfe zu leisten, und andere wurden von Typhus befallen, er jedoch blieb gesund. Den Blattern entging er, obwohl das sogar ihn in Erstaunen setzte, denn durch Jahre war es ihm nicht eingefallen, sich impfen zu lassen. »Es ist mir entfallen«, sagte er ruhig. Nur ein einziges Mal in all den Jahren seiner Jugend und seines reifen Alters war er schwer krank, und das war infolge eines Sonnenstiches, den er an einem heißen Julitag in Shanghai erlitt. Sechs Wochen lag er bewußtlos, kämpfte in seinen Fieberträumen die alten Kämpfe, haderte mit seinen Feinden, den Missionaren und Mandarinen, und entwarf Pläne für neue Tätigkeit. Sein Arbeitsfeld auszudehnen, zu vergrößern, mehr Seelen zu erfassen – das war seine ewige Leidenschaft, sowohl im Delirium wie auch im wachen Leben.

Doch unbewußt fühlte er das Kürzerwerden seiner Jahre, denn in dem Jahrzehnt nach seinem fünfzigsten

Jahr arbeitete er wie noch nie vorher. Sein Neues Testament war vollendet, und er revidierte eine Ausgabe nach der anderen. Er war Mitglied zahlloser Komitees, denn allenthalben zollte man seiner Energie und seinem aufrechten Wesen Bewunderung, und alle vertrauten ihm, selbst die, die ihn haßten. Nicht viele gab es, denen es in dieser Hinsicht ähnlich erging.

Missionar sein ist ein Beweis der Ehrenhaftigkeit. Denn für einen Missionar gibt es keine Kontrolle. Er lebt mit einigen wenigen seinesgleichen, den anderen Missionaren, und einer großen Zahl von Menschen, die er für geringer erachtet, den Eingeborenen. Seine Missionsverwaltung ist Tausende Meilen entfernt – niemanden gibt es, der kontrolliert, wieviel Stunden er arbeitet, ob er träge und nachlässig ist. Und das Klima, die absolute Sicherheit des freilich geringfügigen Gehaltes, die große Zahl wohlfeil besoldeter Dienerschaft – all das fördert die Trägheit, und die Mitarbeiter geben einen nicht gerne an, selbst wenn sie solche Fehler sehen, und die chinesischen Konvertiten sind hilflos, denn sie wissen nicht, wo sie sich beschweren sollen. Für sie steht niemand höher als der Missionar. Dieser kommt gleich nach Gott und ist die oberste Autorität, denn er hat das Recht, Beträge, die den Lebensunterhalt bedeuten, zu geben oder zurückzuhalten.

Die Ehrenhaftigkeit eines Missionars muß daher größer sein als die irgendeines anderen weißen Mannes und ist es auch manchmal, ist es vielleicht oft. Denn die Standard Oil oder die Britisch-amerikanische Tabakgesellschaft kann die Verkaufslisten kontrollieren und die Geldeingänge überprüfen, aber selbst eine Liste von Kirchenmitgliedern bedeutet nichts – wenigstens nicht in China, wo die Redegabe allgemein ist und ein jeder schauspielerische Fähigkeiten hat. Der jüngste Bekehrte kann nach ganz geringfügigen Proben vor der Gemeinde aufstehen und ein so schönes und schwungvolles, an geistlichem Erleben so reiches Gebet sprechen, daß es einem jeden amerikanischen Bischof Neid einflößen würde. Die Missionare sind, weiß Gott, recht menschlich, und das wissen auch die Chinesen. Ohne Zweifel kämpfen sie gegen die Trägheit gleich uns allen, und wenn sich auch manche ihr ergeben, führen doch die meisten den Kampf fort. Andrew aber war eine Flamme der Lauterkeit. Ihn konnte man sich in diesem Kampfe nicht vorstellen. Er hatte sich immer völlig in der Gewalt. Er erfüllte seine Pflicht bis ins letzte. Nicht einmal seine Feinde stellten diese flammende Lauterkeit jemals in Abrede. Die Chinesen aber, die vertrauten ihm wie Kinder. Wenn er etwas sagte, wußten sie, daß es so sein werde. »Er sagte es«, das galt überall. Sonderbarerweise – oder war es nicht sonderbar? – vermehrte die Tatsache, daß die Chinesen ihn liebten und ihm immer größeres Vertrauen schenkten, seine Beliebtheit bei den Missionaren nicht. Allerdings muß gesagt werden, daß er immer die Partei der Chinesen ergriff. Er glaubte zum Beispiel zu einer Zeit, die für eine solche Überzeugung noch nicht reif war, daß die chinesischen und die amerikanischen Mitarbeiter das gleiche Stimmrecht bei der Entscheidung über die einzuschlagende Taktik haben sollten. Er hielt nichts von dem Gedanken, daß die Weißen zusammenstehen und vor den Chinesen eine Fiktion des Rechtes und der Autorität wahren müßten. Seine Anschauungen erschienen damals als ketzerisch.

Und so war ihm der Gedanke ans Altern eine Absurdität. Es ist schwer, sich zu erinnern, wann er zu altern begann. Er unternahm seine langen Reisen, wie er es immer getan hatte, prüfte Leute, die in die Kirche aufgenommen werden wollten, sah die Berichte der Schulen durch, hielt Beratungen ab mit Predigern und Lehrern, legte unglaubliche Entfernungen zu Fuß oder zu Pferde, mit der Eisenbahn oder auf dem Schiff zurück. In den späteren Jahren hatte er nur noch wenige äußere Abenteuer zu bestehen, weil man ihn so gut kannte und so sehr liebte.

Einmal wurde er im Bergland von Kiangsu von Banditen festgenommen, und sie fragten ihn, wer er sei. Als er es ihnen sagte, ließen sie ihn ziehen und gaben ihm die Börse zurück, die sie ihm genommen hatten.

»Wir haben an vielen Orten von dir gehört«, sagten sie schlicht. »Du tust gute Werke.«

Andrew, der sie in solcher Stimmung sah, blieb eine Weile bei ihnen, um ihnen zu predigen und ihnen die Geschichte des Räubers zu erzählen, der neben Christus am Kreuze hing und seiner Reue wegen in den Himmel aufgenommen wurde. Er predigte wohl ziemlich lange, denn einige seiner jüngeren Zuhörer wurden unruhig, doch der alte Räuberhauptmann schrie sie an – und Andrew selbst mußte lachen, wenn er das erzählte: »Seid still! Seht ihr denn nicht, daß dieser Mann des Himmels teilhaft werden will, indem er es sich zur Aufgabe setzt, unsere Seelen zu retten? Wir müssen ihm helfen und warten, bis er fertig ist.«

So verwies er seine Anhänger zur Ruhe, und Andrew gab einem jeden der Räuber ein Exemplar der Traktate, die er geschrieben hatte, und er kam voll Triumph heim. Fürderhin glaubte er fest daran, daß er dereinst einigen dieser Banditen im Himmel begegnen werde, denn, so meinte er, er sei entsendet worden, ihnen das Heil zu bringen.

»Hattest du denn keine Angst?« fragten wir ihn.

Er gab zu, daß es einen unangenehmen Augenblick gegeben hatte, als ihm einer der jüngeren Banditen ein Messer an den Magen setzte und höchst unbehagliche Bewegungen damit machte. »Aber nachher war es wirklich recht nett«, sagte er. »Sie saßen so artig da und hörten zu – es waren sehr nette Leute, trotz ihrem unglückseligen Beruf.«

Andrew hatte etwas Verwirrendes. Seine Naivität wirkte manchmal fast albern. Man konnte nie genau wissen, ob er die Lage, in der er sich gerade befand, auch richtig begriff. Doch war er ein Narr Gottes.

Wann entdeckten wir zuerst, daß sogar sein prächtiger, kräftiger Körper einst zusammenbrechen mußte? Ich glaube, das war damals, als die Chinesen uns zu sagen begannen, er dürfe nicht so früh aufstehen, nicht so weit reisen und nicht so schwer arbeiten. »Überredet ihn doch, zu rasten und ein wenig mehr zu essen. Er ist nicht mehr jung.«

Nicht jung! Wir sahen Andrew an. Er schien uns der gleiche. Jeden Vorschlag einer Änderung tat er mit einer Handbewegung ab. Nein, er wolle sich nicht größere Ruhe gönnen. Warum sollte er in die kühlen Berge ziehen und rasten, wenn seine chinesischen Kollegen das nicht durften?

Nach einem langen und ungewöhnlich heißen Sommer, den er allein verbracht hatte, bemerkten wir eine gewisse Müdigkeit an ihm, die er früher nicht gezeigt hatte, ein Erschlaffen, das nicht näher beschrieben werden kann, denn er arbeitete ebenso schwer wie immer. Aber er arbeitete nicht mehr so eifrig wie früher und war manchmal selbst zum Essen zu müde. So kam er zum Beispiel eines Tages sehr spät heim, da er mit einem viel späteren Zug anlangte. Er gab uns jedoch keine Erklärung. Er ging vielmehr in sein Zimmer hinauf, badete und rasierte sich, kam dann zum Abendessen, ungewöhnlich gut aussehend, in einem weißen Anzug aus chinesischem Leinen.

Doch irgend etwas verwirrte ihn – wir alle konnten das bemerken, und als wir in ihn drangen, sagte er beschämt und mit einem Schatten von Verwirrung, der ein wenig rührend war: »Ich weiß nicht, wie mir das widerfahren konnte, aber ich schlief im Zug ein und verschlief mein Ziel. Als ich erwachte, stand der Zug in der Endstation, und ich hatte den Gottesdienst versäumt, so blieb mir nichts anderes übrig als umzukehren und heimzufahren.«

Es war so gar nicht seine Art, zu verschlafen, daß wir wissen wollten, ob ihm irgend etwas fehle. Aber er schien ganz wohlauf zu sein. Dann kam er, eine Woche später, mit einer leichten Gesichtslähmung heim – sein linkes Augenlid war erschlafft, der linke Mundwinkel gesenkt. Dies schien ernst zu sein. Er konnte nicht mehr so deutlich wie früher sprechen, aber wir erfuhren, daß er die ganze Nacht in der Kuliklasse gesessen hatte, um Geld zu sparen.

Carie war zornig vor Sorge. »Um Geld zu sparen!« rief sie. »Und was ist mit dir? Was nützt uns ein Dollar, wenn du tot bist?«

Er sah sie wortlos an, beschämt seines Zustandes wegen. Der Arzt wurde gerufen und erklärte sofortige Ruhe für nötig. Andrews Urlaub war schon seit Jahren fällig. Eigentlich hatte er den Urlaub ganz vergessen, und Carie war entschlossen, nie wieder das Meer zu überqueren. Doch das jüngste Kind sollte ins College gebracht werden, und so machte Carie ihrem Manne klar, daß jemand die Tochter nach Amerika bringen müsse, denn sie wußte, daß man ihn nur dann zur Reise bewegen konnte, wenn man ihm diese Reise als Pflicht darstellte, zumal da nach ein paar Tagen im Bett das Gesicht wieder wie früher geworden war und er den Gedanken an ein Ausruhen mit einem Lächeln abtat. Aber sie setzte ihren Willen durch, und genau vierzig Jahre nachdem er die Heimat verlassen hatte, fuhr Andrew zu seinem letzten Besuch in die Heimat. Denn er hatte sich entschlossen, das letzte Mal zu fahren, weil er Angst hatte, er könnte ferne von China sterben. Seine Krankheit war zwar leicht, hatte ihn aber daran erinnert, daß er sterblich war. Er wollte nur für ein paar Monate nach Amerika fahren – es widerstrebte ihm, von China ferne zu weilen, wo er sein Leben verbracht hatte, wo seine Freunde waren und sein Liebstes, sein Werk. So zog er von dannen, sehr entschlossen, und stand ruhig an der Reling des Schiffes, von wo er die Umrisse des ›Bunds‹ von Shanghai verblassen sah.

»In genau vier Monaten bin ich wieder da«, sagte er. Er hatte die Rückfahrkarte schon gekauft und mit einer Sicherheitsnadel an die Innenseite seines ›Choleragürtels‹ geheftet, eines Flanellstreifens, den er Tag und Nacht um den Bauch gebunden trug.

Wir konnten seinen Briefen nicht recht entnehmen, welchen Eindruck Amerika auf ihn machte. Es gab darin Andeutungen, daß das Land völlig verändert sei und ganz und gar nicht mehr so, wie er und Carie es gekannt hatten, nicht mehr das Land, das sie nahezu ein halbes Jahrhundert ›Heimat‹ nannten. Wenn Carie uns seine kargen, kurzen Sätze vorlas, blickte sie auf und sagte: »Andrew kann sich weniger mitteilen als irgendein anderer Mensch, aber ich habe noch nie erlebt, daß er von irgendeiner Sache weniger gesprochen hätte als jetzt über die Heimat. Es scheint sich überhaupt nicht gelohnt zu haben, daß er hingefahren ist.«

Als wir nach genau vier Monaten Andrew in Shanghai abholten, sah er prächtig aus. Gleichzeitig riefen wir alle: »Wie sieht es in Amerika jetzt aus? Du hast uns ja nichts geschrieben!«

»Ich wollte gar nicht davon anfangen«, antwortete er ein wenig verdrossen. Dann fügte er hinzu: »Es gab Dinge, die ich gar nicht zu Papier bringen wollte.«

»Was für Dinge?« fragte Carie sogleich.

»Allerlei Dinge«, antwortete er.

Stück für Stück entlockten wir ihm die auffälligsten Einzelheiten eines verblüffenden Nachkriegsamerikas. Jedermann sei betrunken, sagte er immer wieder – nun, beinahe jedermann. Andrew war kein Abstinent, hatte denn nicht der heilige Paulus dem Timotheus geraten, für seinen Magen ein wenig Wein zu trinken? Und er sagte oft nachdenklich, es müsse schon eine tiefere Bedeutung haben, daß jede Rasse der Menschheit irgendeine Art geistigen Getränkes kenne. Carie war zornig, wenn er so sprach – sie hatte gute Gründe, geistige Getränke zu hassen. Außerdem konnte nichts sie mehr aufbringen als ein Zitat aus dem heiligen Paulus. Wir lauschten feierlich, während Andrew uns davon erzählte, wie in Amerika jedermann trank und rauchte – sogar die Frauen.

»Die Frauen sind die schlimmsten«, sagte er zurückhaltend und fügte nach einer Pause scheu hinzu: »Ich weiß gar nicht, wie ich euch von den Frauen in Amerika erzählen soll.«

»Was willst du damit sagen?« fragte Carie streng.

Er zögerte, denn er war immer unendlich scheu, wenn es sich um Frauen handelte.

»Es ist die heutige Kleidung«, fuhr er fort. Wir warteten gespannt. »Sie tragen kaum noch Röcke«, sagte er rasch.

»Aber Andrew!« rief Carie.

»Das ist wahr«, sagte er. »Wohin ich auch kam, trugen die Frauen Röcke bis zum Knie. Es war furchtbar.«

»Du willst doch nicht sagen, daß auch meine Schwestern so gingen!« rief Carie.

»Nun ja, deren Röcke waren ein wenig besser«, gab er zu. Und dann wiederholte er mit einer gewissen düsteren Erinnerungsfreude: »Ja, wohin ich auch kam, hatten sie alle die Röcke nur bis zum Knie.«

Wir gafften ihn an und schwiegen vor Entsetzen.

»Ihre Beine waren fürchterlich. Groß und dick oder lang und dünn –«

Carie hielt es nicht länger aus. »Ich glaube, du hättest sie nicht anzusehen brauchen«, sagte sie streng.

»Wie konnte ich denn anders?« erwiderte er schlicht. »Überall hatte man sie vor Augen.«

Schweigend saßen wir da, überwältigt von dem Gedanken an ein verderbtes Amerika. Carie brachte uns wieder in die Wirklichkeit zurück. Sie erhob sich lebhaft.

»Nun, jedenfalls bist du wohlbehalten wieder da«, sagte sie, aber das klang so, als wäre Andrew nur mit knapper Not einer Gefahr entronnen.

Später hörten wir von verschiedenen Verwandten allerlei Einzelheiten über Andrews Aufenthalt in Amerika. Er hatte sich, wie es schien, über das dortige Leben kein Blatt vor den Mund genommen. »Andrew betrug sich, als hätte er keine Ahnung davon, daß er nicht in einem heidnischen Land war«, schrieb Christopher, der Methodist.

»Und ich war es auch nicht«, sagte Andrew grimmig, als er den Brief las. Er blicke auf. »Chris predigt nicht ernst genug«, fuhr er fort. »Ich habe ihn gehört – man kann keine Seelen retten, wenn man so lange und so sanft schwätzt.«

»Andrew sah sehr gut aus«, schrieb seine Schwester Rebecca. »Er ist so eigensinnig wie immer.«

»Was hast du denn bei Becky getan?« fragte Carie.

»Es war der heißeste Tag des Sommers, und sie wollte, daß ich bei der Predigt meinen langen Rock trage«, antwortete Andrew vorsichtig.

Carie sah ihn sprachlos an. Vor der Abreise nach Amerika hatte es einen scharfen, kurzen Streit dieses Rockes wegen gegeben, und sie hatte ihn in die überquellende Reisetasche gepackt. Doch nach der Abreise fand sie den Rock hinter dem Überzieher verborgen im Schrank hängen, als sie die Wintergarderobe fortnahm. Sie war erbittert gewesen, hatte aber nichts machen können.

»Er ist jetzt mitten auf dem Pazifischen Ozean, sonst liefe ich ihm mit dem Rock nach«, erklärte sie mit bösen Augen.

Andrew blickte jetzt zur Seite. »Auch wenn ich ihn mitgehabt hätte, hätte ich ihn nicht getragen«, sagte er. »Ich trug einen weißen Anzug, so wie hier, wenn es heiß ist.«

»Aber in Amerika trägt doch kein Mensch weiße Anzüge«, rief Carie.

»Dann war ich der einzige vernünftige Mensch im Land«, entgegnete er.

Nun, gegen ihn konnten wir nicht aufkommen. Und er

kehrte nach dieser viermonatigen Erholung kräftig und eifrig wie nur je zurück, und Pläne funkelten in seinen Augen und in der Spannkraft seines Wesens. Er war jetzt beinahe siebzig Jahre alt, sah aber aus wie fünfzig. Sein Haar wurde schon grau, doch stand es dicht auf dem Kopf, und der Schnurrbart und die buschigen Augenbrauen waren genau so rot wie früher und seine Augen ebenso eisblau. Er blieb nur einen Tag zu Hause und fuhr sogleich mit Ma, dem Christen, weiter, segelte fröhlich den Großen Kanal hinab, um seinen Acker zu besichtigen und alles zu besprechen, was sich seit seiner Abreise ereignet hatte. Ma, der zwanzig Jahre jünger war, schien älter zu sein als Andrew. Er hatte sich in den letzten Jahren ein schleichendes, chronisches Lungenleiden zugezogen, das ihn knochendünn machte und seine Augen feuriger und tiefer als je, und das schwarze Haar sah tot und trocken aus. Seine Hände waren die Hände eines Toten, so schattenhaft wirkten sie. Andrew behandelte ihn mit Kondensmilch und rohen Eiern und viel Gebeten, und die Krankheit schien wenigstens zum Stillstand zu kommen, obwohl Andrew immer wieder bemerkte: »Ma wird keinen Winter mehr mitmachen.« Dennoch blieb Ma am Leben und überlebte sogar trotz seinem Husten Andrew. Etwas anderes als Speise hielt ihn am Leben.

Wenn man über die Zeitspanne blickt, die Andrew lebte, sieht man, daß diese Reise den Höhepunkt seiner Tage darstellte. Das war die Stunde, da sein ganzes Lebenswerk in voller Frucht vor ihm lag, organisiert, in Tätigkeit, in großem Maßstabe der Selbstverwaltung und der Selbsterhaltung. Entgegen der Politik vieler Missionare hatte er immer die Meinung vertreten, daß die chinesischen Christen die volle Selbstverwaltung erhalten sollten. Sie sollten, so erklärte er, frei von allen Vorschriften und jeder Beherrschung durch die Missionare sein. Er ging in seiner Ketzerei sogar so weit, daß er erklärte, wenn die Formen der Kirchenverwaltung und der Glaubensbekenntnisse der westlichen Sekten den Chinesen nicht zusagten, sollten diese sich eigene schaffen, nur müßten sie immer die Heilige Dreieinigkeit im Auge behalten.

Solche Ideen schufen ihm Liebe bei den Chinesen und Haß bei vielen Missionaren, die von autokratischer Gesinnung waren, und die meisten Missionare sind Autokraten. Andrew war es ja selber auch, denn er wußte, daß er immer recht hatte.

Dieser Herbst war also der Höhepunkt seines Lebens. Das Werk war während seiner Abwesenheit gut vonstatten gegangen, und er wandte die langen, hellen Herbsttage vom Morgen bis zum Einbruch der Dunkelheit daran, seinen Acker zu besichtigen. Ich weiß, daß die Schönheit der Landschaft ihm mit ungewohnter Deutlichkeit zum Bewußtsein kam, denn öfter als sonst sprach er jetzt von der Herrlichkeit der erntebereiten Reisfelder. Es war ein gutes Jahr, und in diesem Winter konnte es keine Hungersnot geben, und diese Zuversicht allein stärkte schon das Gemüt. Er haßte es, Hungernden zu predigen, denn er fürchtete, sie könnten ihm Gehör schenken, um ein wenig Speise zu erhalten, und nicht des Heiles wegen.

Und es war ein herrliches Land. Der breite goldene Yangtse floß durch dessen Mitte und verzweigte sich zu Hunderten von Kanälen und Wasserläufen, die die fruchtbarsten Täler Chinas bewässerten. Hinter den Tälern erhoben sich bambusbedeckte Hügel, auf denen seit Jahrhunderten alte Tempel standen, deren verschlafene Priester freundlich lächelten, wenn Andrew ihnen erklärte, daß ihre Götter falsch seien. Er hatte immer das Gefühl, daß er es ihnen nicht schroff, sondern mit ein wenig Humor erklären müsse.

So zeigte er mit einem Stock auf eine Eßschale, die vor einen Gott hingestellt war, und bemerkte freundlich: »Das ißt er wohl, wenn niemand zusieht?« Und dann grinste der Priester und nickte, oder er sagte behaglich: »Er sieht die Speise und nimmt den Duft auf und hat nichts dagegen, wenn wir armen Priester die wertlose Materie verzehren, die zurückbleibt.«

Dann sprach Andrew weiter und erzählte einiges über den wahren Gott, und der Priester hörte zu und murmelte: »Jeder hat seinen eigenen Gott, und für jeden ist es der wahre, und es sind genug da für uns alle.«

Doch eine solche Duldsamkeit paßte nicht zu Andrew. Er zitierte gern ein chinesisches Sprichwort, das behauptet, daß sich um die Mündung der Hölle die Priester in dichten Scharen drängen.

Durch die Täler und über die Hügel liefen die alten geschotterten Straßen, von quiekenden Karren ausgefahren – es bedeutet Unglück, wenn ein Karren nicht quiekt, so daß jeder Besitzer eines solchen Fuhrwerks sich darüber freut –, glatt getreten durch die in kurzen Schritten trabenden Füße der Maultierkarawanen. Andrew hatte immer viel übrig für die kleinen grauen Maultiere Chinas – er liebte überhaupt alle Tiere, besonders aber Pferde und Maultiere und im Hause Katzen. Eine Katze am Herd war etwas, das er liebte. Als er alt war, saß er stundenlang da, die Katze auf den Knien, und er streichelte sie zart. Und in seinen jüngeren Jahren hielt er oft auf seinen Reisen inne, um einen Maultiertreiber zu beschimpfen, weil der Rücken des Tiers von allzu schwerer Last wund war. Er wisse, so sagte er, daß Gottes Plan für die Tiere keinen Platz im Himmel vorgesehen hatte, darum müsse der Mensch besondere Sorge tragen, daß sie wenigstens auf Erden ein behagliches Leben hätten, denn ein anderes gebe es nicht für sie.

Wohin er auch kam, wurde er willkommen geheißen und mit Liebe umgeben. Es war geradezu ein Erlebnis, mit ihm zu reisen und zu sehen, wie er Hunderte Meilen weit bekannt und beliebt war. »Der alte Lehrer ist zurückgekommen!« riefen die Leute einander von Schwelle zu Schwelle zu. »Alter Lehrer, Alter Lehrer!« begrüßten ihn die Leute, und kleine Straßenkinder trotteten ihm zu seiner großen Freude nach und folgten ihm in die Kapellen und drängten sich auf den vorderen Bänken, wo sie seine langen Predigten mit musterhafter Geduld über sich ergehen ließen, bis er zu Ende gesprochen hatte und sie ein Kirchenlied brüllen konnten, was sie leidenschaftlich gern taten, worauf sie stürmisch ein Bibelbildchen verlangten. Das Bild Christi musterten sie immer mit besonderer Genauigkeit. Einmal unterbrach ein kleiner, schmutziger Junge, der ein Bild ansah, Andrew mitten in der Predigt. »Aber dieser Jesus sieht ja aus wie ein Chinese, nur ist seine Nase zu groß. Seine Nase ist wie deine Nase, aber seine Haut ist wie meine!«

Und Andrew, der ein derartiges Betragen bei keinem einzigen seiner eigenen Kinder geduldet hätte, lächelte und erklärte, daß Jesus Christus tatsächlich kein Weißer gewesen sei, und dann setzte er seine Predigt fort. Er hatte unendliche Geduld mit dem Volke, denn er fühlte, daß er zu diesem entsendet worden sei.

Überall, wohin er in diesem Herbst kam, schienen die Kirchen besonders gut zu gedeihen. Die Gläubigen gehörten nicht mehr nur der ärmsten Klasse an. Es gab darunter reiche Seiden, und Teehändler, Besitzer von Gaststätten und Kaufläden, und sie spendeten bereitwillig Geld für die Erhaltung der Kirche. Soweit das Auge blikken konnte, war alles bei ihnen in Ordnung. Die Gottesdienste wurden regelmäßig abgehalten, und die Bethäuser waren überfüllt. Auch die Schulen gediehen. Die alten Zeiten, da die Missionare die Leute hatten bestechen müssen und ihnen alles gaben, sogar Kost und Kleidung, damit man die Kinder in christliche Schulen sende, waren vorbei. Jetzt konnte man sogar Schulgeld einheben, da die europäische Erziehung in Mode kam, und selbst die Regierungsschulen wurden neu organisiert, und die alten Klassiker mußten der Naturwissenschaft und der Mathematik und besonders dem Englischen weichen. Jedermann wollte Englisch lernen. Wenn ein Junge Englisch kannte, erhielt er vielleicht einen Posten in der Standard Oil oder in der Tabakgesellschaft oder konnte vielleicht sogar aus der Schadenersatzsumme für den Boxeraufstand ein Stipendium erhalten und in Amerika studieren. Kleine Dorfjungen mit einer Neigung für das Studium träumten jetzt von Amerika, so wie ihre Väter von den alten kaiserlichen Prüfungen und von der Mandarinswürde geträumt hatten.

Doch Andrew ermutigte keinen Knaben, nach Amerika zu gehen. Das könne nur Verderben bringen, erklärte er immer. Amerika sei nicht mehr, was es gewesen, denn dort gebe es nur Automobile, und niemand gehe zur Kirche. Irgendwo hatte er die statistischen Daten über die jährlichen Autounfälle mit tödlichem Ausgang in den Vereinigten Staaten gelesen und konnte sie nicht vergessen. Er pflegte sie feierlich anzuführen, wenn Leute vom Fortschritt und vom Automobil sprachen. »Dreißigtausend Menschen im Jahr, und die meisten davon in der Hölle! Das ist ja natürlich bei Leuten, die toll fahren.«

Einmal bemerkte ein vorlautes Kind: »Desto weniger Seelen, die man retten muß.« Worauf er streng erwiderte: »Ich möchte nicht einmal einen Baptisten durch einen Automobilunfall zur Hölle fahren sehen!« Dabei hatte er gewiß den einäugigen Missionar im Sinn.

Doch China war die Heimat seines Herzens. Er dachte nicht mehr an andere Länder, denn er wußte, daß er hier sein Leben beschließen und hier sterben werde. In diesem Herbst zog er über die Straßen und machte halt in Städten und Marktflecken; die Willkommensgrüße des Volkes erwärmten ihm das Herz. Aus Freude über seine glückliche Rückkehr machte man seine Rundreise zu einer besonders feierlichen Sache. Er erreichte seinen neunundsechzigsten Geburtstag, was nach der chinesischen Rechnung, nach der ein Kind bei der Geburt schon ein Jahr alt ist, ein Alter von siebzig Jahren bedeutet, und man veranstaltete Festmähler für ihn, beschenkte ihn mit vergoldeten Schriftrollen, auf denen Worte des Lobes standen, und mit breiten Bannern aus rotem, mit schwarzen Samtlettern besticktem Atlas und endlich den Insignien eines geehrten hohen Beamten, einem gewaltigen roten Atlasbaldachin, der an einer hohen Stange getragen wurde. Das bereitete ihm große Verlegenheit, aber auch Freude, und triumphierend kehrte er mit allen seinen Geschenken heim. Carie wußte nicht recht, was sie mit solcher Pracht und mit all dem scharlachroten Atlas in dem schlichten kleinen Missionshaus beginnen sollte, und endlich verpackte sie alles in dem kleinen rundrückigen Koffer auf dem Dachboden. In diesem selbstlosen Haus war kein Platz für Ehrung und Ruhm. Später fiel der Koffer revolutionären Soldaten in die Hände, und sie teilten sich in die glänzenden Stoffe, die sie mit schmutzigen Klauen an sich rissen, wobei sie kreischend miteinander zankten. Andrew war erleichtert, daß er die Sachen los war, und Carie lag damals schon im Grab und war die einzige von uns allen, die sich in Sicherheit befand.

Andrew kam nach seiner dreimonatigen Reise sehr glücklich zurück. Er war immer glücklich und voll Eifer gewesen. Seine seltenen Anfälle von Schwermut wurden stets durch Arbeit geheilt, und seine Arbeit hatte nie ein Ende. In all den Jahren war seine Seele durch den Antrieb seiner immer größer werdenden Pläne emporgehoben worden, und immer wieder erfrischte seinen Geist das entzückte Wissen, daß eine andere Seele diese Quelle des Lebens, die er in Gott gefunden, entdeckt hatte.

Es gibt keine Möglichkeit, dieses Entzücken Andrews zu erklären. Das einzige, was ich damit vergleichen kann, ist das Entzücken eines Vaters, der zum erstenmal sein Kind erblickt. Eine jede Seele, die von ihm die Taufe begehrte, erweckte in Andrew väterliche Zärtlichkeit. Da hatte sein Gesicht einen Ausdruck tiefer Freude, wenn er die Hand hob, um die neugeborene Seele zu segnen, einen Ausdruck, den die Kinder seines Leibes nie an ihm sahen, denn Andrews Familie war nicht die des Blutes, sondern die des Geistes, und mit jeder Seele, die er dem Heil zugeführt zu haben glaubte, war er auf mystische Art verbunden. Durch solches Entzücken verjüngte er sich immer von neuem. Aber nicht einmal wir haben ihn je so hingerissen gesehen wie in jenem Herbst. Er hatte nicht daran gedacht, daß er alt wurde oder je altern könnte. Er hatte sich nie im Spiegel gesehen – das hatte Mrs. Pettibrew vor vielen Jahren, als er noch ein Knabe in Westvirginia war, bewirkt. Sein Haar war spät grau geworden und noch immer nicht weiß und sein Gesicht ebenso gerötet und sein Auge ebenso hellblau wie je. Er war fast überschäumend von Jugend, schnarrte seine trockenen Scherze und lachte gerne sein kurzes Lachen, weil er so glücklich war. Er maß das Glück am Erfolg seines Werkes, am Eifer der Seelen, die sich zum Heil drängten – denn aus welchem anderen Grunde sollten sie den Wunsch hegen, Mitglieder der Kirche zu werden? –, und sein Werk wuchs, und es gab Hunderte von Seelen.

»Was denkst du?« fragten wir ihn eines Sonntagmorgens beim Frühstück, als er die Schale niederstellte und mit funkelnden Augen, im ganzen Gesicht strahlend zu lauschen schien.

»Plötzlich kam mir der Gedanke, daß sich jetzt in tausend Häusern Leute, die einst Heiden waren, junge und alte Leute anschicken, *Gott* zu verehren, und in Hunderten von Kirchen und Kapellen werden sie sitzen und lauschen und beten.« Das war der Höhepunkt seines Lebens.

X

Kurze Zeit vorher war in die Station, die Andrew zu seinem Heim gemacht hatte, ein jüngerer Missionar gekommen und bald darauf zwei andere. Denn nach den Jahren, die er allein auf seinem Acker hatte verbringen wollen, war Andrew zu dem Schluß gelangt, daß es gut wäre, einen jungen Mann oder zwei um sich zu haben. Er mochte junge Männer gerne leiden und hatte gegen diese drei immer eine halb spaßhafte, halb väterliche Art, indem er sie nicht sehr ernst nahm und sie manchmal ob ihrer Fehler im Chinesischen hänselte. Zum Beispiel damals, als einer von ihnen, der einen Festtag zur Glorie Gottes verwenden wollte, diesen Tag in seiner Predigt erwähnte. Das war der Geburtstag des Blumengottes, des Hua Shen, wie die Leute den Gott nannten, und der junge Missionar predigte beredt gegen diesen Gott, und er beschwor die Leute, nicht zu ihm zu beten. Doch verwendete er bei den zwei Silben falsche musikalische Töne und verwandelte sie dadurch ganz ahnungslos in zwei andere Silben, die Erdnuß bedeuteten. Die Leute saßen feierlich, aber verblüfft da und verstanden nicht, warum dieser Amerikaner sie so eifrig beschwor, keine Erdnüsse anzubeten, denn die hatten sie doch nie angebetet, und Andrew platzte beinahe vor heimlichem Lachen. Der Spaß war zu gut, um verschwiegen zu werden, und Andrew erzählte ihn vielleicht ein wenig zu oft. Und das war kein Spaß, den ein stolzer junger Missionar gerne gehört hätte. Doch es gab auch andere. Andrew wußte gar viele, und er war ein anerkannter Gelehrter im Chinesischen und hatte den größten Teil seines Lebens in China verbracht. Es ist ein wenig grausam, junge Leute zu verlachen, aber Andrew bedachte das nicht.

Dann mußte man seinen Trotz bedenken. Er war durch so viele Jahre an seine eigene Art gewöhnt gewesen. Als die drei jungen Männer in der feierlichen Stationsversammlung der vier stimmberechtigten Männer und der vier nichtstimmberechtigten Frauen gegen ihn auftraten, war er nur belustigt. Wie – wollten diese jungen Kerle, die den Mund noch feucht hatten von der Milch des Seminars, ihm sagen, was er zu tun hatte? Sie führten die Missionsvorschriften über Mehrheitsbeschlüsse ins Treffen, aber er lachte und tat, was er wollte.

Carie war es, die für ihn kämpfte, ja – Carie mit ihrer französischen Schlauheit, mit der sie bemerkte, daß sogar die Propheten gegeneinander Ränke schmiedeten. Oft sagte sie besorgt: »Sie werden dich eines Tages hinausdrängen, Andrew – paß nur auf!«

»Ach bah, das können sie nicht«, erwiderte er zerstreut, denn er hatte den Sinn bei seinen Plänen. Er wußte gar nicht, wie oft sie ihn in seiner Abwesenheit verteidigte und seine Widersacher allein durch ihre energischen Reden zum Schweigen brachte. Es gibt eben diese Feindschaft zwischen den Jungen und Alten.

Als Andrew in solchem Triumphe heimkehrte, in einer solchen Fülle der Macht und des Erfolges, geschah es eines Tages, daß sie kamen und ihm von der neuen Vorschrift Mitteilung machten, die die Mission während seiner Abwesenheit erlassen hatte.

»Was für eine Vorschrift?« fragte er freundlich. Die Mission erließ immer Vorschriften – man hätte viel zu tun gehabt, hätte man sich auch nur auf dem laufenden erhalten wollen.

»Eine neue Ruhestandsvorschrift ist erlassen worden«, sagte der Älteste der drei. Er war einst ein Handelsangestellter in einem Warenhaus gewesen, und von dort hatte ihn Gott abberufen, auf daß er nach China gehe, um Seelen zu retten, doch seine Hochachtung vor den Vorschriften konnte er nie ganz überwinden. Vorschriften kamen von oben. Feierlich fuhr er fort: »Es ist Vorschrift, daß ein Missionar mit siebzig Jahren in den Ruhestand trete.«

So warteten sie, daß Andrew den Sinn erfasse, diese selbstgerechten jungen Priester im Angesicht eines alten Kämpen, eines Gottesstreiters, der mit den Jahren und der Mühsal der harten Reisen und des Lebens außerhalb der Stadt grau geworden war. Andrew war keine Salongestalt trotz der Würde seines Betragens und trotz seiner Gelehrsamkeit und seiner peinlichen Sauberkeit. Er gab sich nie die Mühe, in Kleinigkeiten auf irgend jemanden Rücksicht zu nehmen. Niemand sah ihn je einer Frau das Taschentuch aufheben oder ihr seinen Sitz anbieten. Und Takt verschmähte er voll Verachtung als Hinterlist und Schwäche. Jetzt starrte er bald den einen, bald den anderen an. Grüne Jungen waren das!

»Bah!« rief er laut. Eben war ihm eingefallen, daß er wirklich schon siebzig Jahre alt war. Jetzt wurde er sehr ruhig – ja sogar freundlich. Was wußten denn diese jungen Leute? Sie waren doch so jung. Es gab ja so viele Dinge, die er selbst erst zu erkennen begann und noch immer nicht zu tun vermochte! China war ein Land, in dem hohes Alter Einfluß und Einkommen vermehrte. Die Leute achteten ihn, weil er alt war und älter als sie.

Doch dieser Kampf wurde von Carie ausgekämpft, von Carie mit ihrer raschen Zunge, ihrem ungestümen Gerechtigkeitsgefühl und ihrem jähen Wesen. Unbemerkt hatte sie im Nebenzimmer gesessen. Die Missionare hatten Angst vor ihr gehabt und Andrew noch in der Tür gebeten, ihn allein sprechen zu können.

»Sobald ich das hörte, hatte ich kein Vertrauen mehr zu ihnen«, rief sie, als sie den Vorfall erzählte. Sie erhob sich, wobei sie in ihrer Hast den gewaltigen Nähkorb umwarf. Noch tagelang fanden wir überall Knöpfe und Zwirnspulen. Sie eilte mit funkelnden Augen ins andere Zimmer. Und sogar ihr Haar schien elektrisch zu sein. Wir kannten diese Anzeichen – hatten wir doch Carie oft genug in kämpferischer Laune gesehen.

»Was sagt ihr da?« rief sie. In solchen Stimmungen dachte sie nicht daran, leise zu sprechen. »Ihr werdet mein Haus verlassen! Keiner von euch ist würdig – seine alten Schuhe zu tragen! Ihr dem Wohlleben Ergebenen, ihr Bequemen – er arbeitet schwerer als irgendeiner von euch! Siebzig ist er? Hinaus!« Und sie gingen.

Diese Worte berichtete sie uns, doch sie sagte noch viel mehr, wie Andrew trocken erklärte. Er würdigte Caries Eintreten nie, schließlich war sie doch eine Frau. – »Ich kann mich schon selber wehren«, sagte er sanft, aber fest.

»Du glaubst das zu können, aber du kannst es nicht«, erwiderte sie. »Sie werden dich unterkriegen.«

»Keine Rede«, antwortete er.

Ihre Gespräche bestanden zumeist aus Widersprechen.

»Natürlich!« sagte sie. Unvermittelt stand er auf und verließ das Zimmer.

»Andrew hat keine Ahnung, wie die Menschen eigentlich sind«, sagte sie, als er die Tür hinter sich geschlossen hatte. »Er ist so hoch über Ränke erhaben, daß er sie in der Welt gar nicht für möglich hält. Und daß die Leute Christen sind, kuriert sie doch nicht.« Carie war immer ein wenig pessimistisch, was die menschliche Natur betraf. Andrew freilich verhielt sich arglos und blind.

Andrew erklärte, er werde sich um die erwähnte Vorschrift nicht kümmern. Niemand könne ihn zum Rücktritt zwingen – solange ihn nicht Gott durch den Tod abberief.

»Sie können dir das Gehalt einstellen und dich aus dem Hause jagen«, sagte Carie.

»Das werden sie nicht tun«, sagte er friedfertig und fügte dann hinzu: »Und täten sie es, es gäbe genug Chinesen, die uns Obdach und Kost gewähren würden.«

Es waren auch die Chinesen, die ihn retteten. Als sie von der neuen Vorschrift hörten, gab es ungeheure Bestürzung unter ihnen. Der Alte Lehrer! Weil er alt war! Aber in China war es Brauch, die Alten zu ehren, ihnen entgegenzukommen und ihnen ihren Willen zu lassen, nicht sie des Umstandes wegen, der ihnen Würde und Bedeutung verlieh, zur Seite zu schieben. Und überdies, wer brauchte diese jungen Amerikaner? Man war an den Alten Lehrer gewöhnt, und er verstand einen, und sie wollten niemanden anderen als Vorgesetzten. Abordnungen höflicher, aber entschlossener Chinesen erschienen und überbrachten Denkschriften mit zahlreichen Namen. Am Ende blieb Andrew auf seinem Posten, triumphierender denn je.

Wenn ich zurückblicke, kann ich verstehen, daß diese jungen Priester über ein solches Getue um einen alten Mann, dessen Arbeitsmethoden nicht die ihren waren, sich nicht sehr entzückt zeigten. Es kann nicht angenehm für sie gewesen sein, als sie erkennen mußten, daß man sie nicht so liebte wie ihn, sie nicht so herzlich willkommen hieß. Sie erkannten auch nicht, wie vieler Jahre es bedurft hatte, bis er diese Liebe gewinnen konnte – wie viele Verfolgungen er hatte erdulden müssen und mit welcher Ausdauer er die Kranken besucht, bei den Toten geweilt, und wie oft er eine ringende Seele gestärkt hatte. Keiner von uns kennt die Zahl dieser guten Werke, denn er sprach nie davon. Sie gehörten einfach zu seiner Arbeit. Am meisten liebten ihn die Chinesen deswegen, weil die Seele des Menschen für ihn keine Hautfarbe hatte und er oft und oft die Partei der Gelben gegen die Weißen ergriff, die Partei des vereinsamten Konvertiten, die Partei des kläglich besoldeten eingeborenen Predigers gegen den anmaßenden Priester, gegen den überlegenen Missionar.

Aber diese jungen Männer waren völlig aufrichtig. Sie hielten Andrew für einen Hemmschuh ihrer Arbeit, für ein Hindernis der gesunden Entwicklung der Kirche. Er nahm ohne gehörige Vorbereitung und Prüfung Mitglieder in die Gemeinde auf, so sagten sie, wenn sie ihn immer wieder besuchten, um ihm Vorhaltungen zu machen.

»Ich nehme einzig und allein durch die Autorität meines von Gott verliehenen Amtes Seelen auf, die sich reuig zu Jesus Christus als ihrem Heiland bekennen«, sagte er mit hochmütiger Miene.

Das sei nicht genug, erklärten sie. Diese Bekenntnisse würden oft heuchlerisch gegeben. Das bedeute, daß in den Kirchenlisten viele verzeichnet seien, die dort nichts zu suchen hätten. Dies sei ein Beweis für schlechte Organisation.

»Gott wird solche ausscheiden«, antwortete Andrew zuversichtlich.

Das genüge nicht, erklärten sie. Selbst unter den Führern gebe es Heuchler. Nicht einmal die eingeborenen Prediger seien alle verläßlich, vielleicht hätten sich die meisten unter Andrews lockerer Aufsicht eines Vergehens schuldig gemacht. Es gab Anspielungen auf Korruption, auf Bestechlichkeit, auf den Mißbrauch von Kirchenfonds, auf heimliches Konkubinat.

So saßen sie, die drei selbstgerechten jungen Männer, vor Andrew und Carie, und sie erhoben ihre Klagen. Denn Andrew hatte Carie jetzt berufen. Er begann allmählich zu staunen. Die jungen Priester saßen diesem weißhaarigen alten Paar gegenüber – Andrews Haar schien in einer Woche weiß geworden zu sein, und Caries Haar sah schon seit Jahren aus wie ein Haufen federigen Schnees. Die jungen Männer hatten für alles Tatsachen und Zahlen bereit, und Andrew hatte sich Zahlen nie gut merken können. Er wußte ungefähr, wie viele Seelen gerettet worden waren und wie viele Kirchen und Schulen er hatte und auch im allgemeinen, wieviel Geld er verwenden durfte. Aber diese jungen Männer kannten jede Einzelheit. Sie hatten Andrews Gebiet während seines ganzen Aufenthaltes in Amerika bereist, hatten Nachforschungen gepflogen, Fragen gestellt, Notizen gemacht. Durch gedungene Späher hatten sie in jeder Stadt die Feinde der Kirche feststellen und das Privatleben jener Personen durchforschen lassen, denen Andrew Vertrauen schenkte. Als sie auch Ma, seinen nahen

Freund, anklagten, erhob er sich zitternd. »Jetzt weiß ich, daß ihr – daß ihr völlig unrecht habt!« stammelte er. »Ma vertraue ich mehr als euch – ja mehr als mir.«

Sie lächelten. »Vielleicht ist das Ihr größter Irrtum gewesen – Sie scheinen einem jeden vertraut zu haben.«

Der kleine Magere ergriff das Wort. »Man darf den Chinesen nicht vertrauen.«

Andrew erwachte zum Leben und begann zu brüllen. Nur selten verlor er sein freundliches Wesen, und seine Stimme klang jetzt wie eine laute Posaune.

»Wenn ihr das glaubt, warum seid ihr dann gekommen, sie zu erretten?« schrie er. »Wie könnt ihr Seelen retten, wenn ihr sie verachtet? Schmach und Schande über einen Anhänger Jesu Christi, der irgendeinen Menschen, und sei es der größte Sünder, verachtet!« Er stand jetzt auf den Füßen und schrie. Carie saß daneben und schwieg diesmal, denn er bedurfte ihrer nicht. Er setzte sich wieder, ganz plötzlich – solche Ausbrüche dauerten bei ihm nur kurze Zeit, doch waren sie furchtbar. Eine Weile schwieg er, und dann begann er ruhiger: »Man muß an die glauben, zu denen man entsendet worden ist. Man kann eine Seele nur durch Glauben und verständnisvolle Geduld gewinnen. Lieber nehme ich ein paar Seelen auf, die unaufrichtig sind, als daß ich eine wahrhafte zurückwiese. Gott wird unterscheiden. Denn er läßt regnen über Gerechte und Ungerechte.«

Doch dem standen die Tatsachen und die Zahlen entgegen, und es gab Beweise. Die jungen Missionare lieferten einige unumstößliche Beweise.

So ging es tagelang, wochenlang, monatelang – diese ständige Unterwühlung seines Werkes, die Entwertung alles dessen, was er mit solcher Mühe aufgebaut hatte. Hartnäckig weigerte er sich, den Behauptungen Glauben zu schenken, begann aber allmählich, verwirrt zu werden. Er und Carie zankten ohne Ende. Einige der vorgebrachten Behauptungen seien wahr, so sagte sie – besser, die Wahrheit anzuerkennen und alle wirklichen Mißstände zu beseitigen. Doch er wollte nichts zugeben. Ihre Argumente reizten ihn immer zum Widerspruch, und am Widerspruch entzündete sich seine Energie von neuem. Er hielt alles genau so, wie es gewesen war, nahm weiterhin neue Mitglieder auf, weigerte sich, irgend jemanden zu entlassen – nein, weder Lin, den sie des Opiumrauchens beschuldigten, noch Tschang, der angeblich von den Erträgnissen der Kirche ein großes Teehaus mit Singmädchen führte. Ehe Andrew jemanden entließ, brauchte er mehr Beweise. Außerdem stellte Ma alles in Abrede, und ihm hatte Andrew immer geglaubt.

Was geschehen wäre, wäre Carie am Leben geblieben, das weiß ich nicht. Sie war immer an seiner Seite und verteidigte ihn gegen alle Welt und drängte ihn insgeheim zu Entschlüssen, stachelte ihn zur Energie auf, zum Verteidigungskampf, zu neuer Willenskraft, durch ihren rastlosen Geist und dadurch, daß sie gleichzeitig billigte und kritisierte.

Aber Carie starb schon im Herbst. Er wußte, daß sie nicht gesund gewesen war, doch dieser Zustand dauerte nun schon Jahre, und er hatte kaum etwas davon gewußt, denn ihr Wille war so gewaltig und so unbezähmbar und ihr Körper so nebensächlich. Sie nahm nie Rücksicht auf sich und erwartete auch von anderen keine. Er wußte, daß Frauen oft krank waren. Wenigstens schien das hier in diesem China der Fall zu sein. Außerdem wollte ihn Carie, wenn sie krank war, nie in ihrer Nähe dulden. Ihre Krankheit war unbequem, aber er wußte nicht, was er dagegen tun konnte, aber immerhin gab es ja zwei Töchter im Haus. Carie lag viel im Bett, er aber war so in seine Arbeit versponnen und stak so in Sorgen – doch eines Tages sah er, daß sie wirklich sehr krank war.

Sogleich verlor der Kampf mit den jungen Missionaren seine Bedeutung. Carie bat ihn, nicht nachzulassen, doch hielt er es für seine Pflicht, nicht aus dem Hause zu gehen, ehe der Arzt seine Untersuchung durchgeführt hätte. Als ihm der Arzt berichtete, kam ein Fortgehen nicht mehr in Frage. Carie war sterbenskrank.

Als Andrew erfuhr, daß Caries Leben bald zu Ende gehen mußte, wenn Gott nicht ein Wunder tat, galt sein erster Gedanke ihrer Seele. Diesmal betete er um kein Wunder und schien auch keines zu erwarten. Er war ruhelos und um ihr Seelenheil besorgt. Er fühlte, daß er mit ihr sprechen müsse.

»Ich war der Seele deiner Mutter nie sicher«, sagte er eines Morgens zu Caries Tochter.

Caries Tochter erwiderte nicht ohne Schärfe: »Um ihre Seele braucht man sich keine Sorge zu machen!«

Andrew antwortete nicht. Langsam stieg er zu Caries Zimmer empor. Doch als er zu ihr sprechen wollte, verlor sie plötzlich die Geduld und herrschte ihn auf eine Art an, wie sie es schon tagelang nicht hatte tun können.

»Du geh nur und rette deine Heiden«, sagte sie. Und ihre Augen flammten kurz auf. So gab er sich geschlagen, und Carie mußte dem Tod entgegengehen, wie sie war.

Als das Ende nahte, kam die aus Shanghai verschriebene Pflegerin ins Arbeitszimmer gelaufen, wo er mit einer Revision seiner Übersetzung beschäftigt war – infolge eines sonderbaren Zufalls arbeitete er gerade an der Szene der Kreuzigung, und die Feierlichkeit des Todes hatte seine Seele schon erfüllt.

»Es ist eine Veränderung eingetreten«, rief die Pflegerin, und da stand er auf und folgte ihr über die Treppe. Er konnte nicht eilen – er hatte seltsame Angst. Carie starb! Das rückte den Tod in allzu große Nähe. Er hatte an so manchem Sterbelager gestanden, und viele Kinder waren ihm gestorben, doch erst heute schien ihm der Tod nahe zu sein.

So trat er in das Zimmer, das er und Carie viele Jahre geteilt hatten und in dem sie nun allein in dem großen Doppelbett lag.

Sie war bewußtlos. Er freute sich darüber beinahe, denn er hatte nicht gewußt, was er ihr sagen sollte. Es war sonderbar, daß ihm hier keine Worte einfielen. So stellte er sich ernst ans Fußende des Bettes und wartete. Das Zimmer war erfüllt von erschrecklicher Feierlichkeit, während Caries Atem in der Brust steckenzubleiben schien und dann mit einem großen Seufzer verhauchte und verstummte. In dem endlosen Schweigen wandte sich Andrew um und stieg die Treppe hinab, kehrte ins Arbeitszimmer zurück und schloß die Tür.

Er sprach nicht mehr von ihr, und niemand von uns sah ihn weinen. Ob er sich einsam fühlte, wußten wir nicht. Er nahm an den letzten Vorbereitungen keinen Anteil, und als wir ihn zum Begräbnis riefen, kleidete er sich sorgfältig an und ging mit uns. Trockenen Auges stand er neben ihrem Grab, das Gesicht in starrem Ernst, die Augen regungslos. Aber er sagte nichts, und nachdem alles vorüber war, ging er wieder ins Arbeitszimmer und schloß die Tür. Caries Tochter, die er dauerte, ging am Fenster vorbei, um nachzusehen, ob er dort allein trauere. Aber er arbeitete an den Blättern des Neuen Testamentes, den chinesischen Schreibpinsel in der Hand, und malte die Schriftzeichen eins unter das andere. Es war unmöglich, einzutreten, und so stieg sie zum Schlafzimmer hinauf, in dem er jetzt allein schlief, um es für ihn aufzuräumen. Auf dem Bette lag der Gehrock. Er hatte ihn aus dem Schrank genommen und darüber nachgedacht, ob er ihn Carie zu Ehren tragen solle. Doch hatte er ihn trotzdem nicht getragen, und so lag der Rock auf dem Bett, und Caries Tochter nahm ihn und hängte ihn wieder auf.

Nie wieder, so lange er lebte, erwähnte er Caries Namen, wenn wir ihn nicht gerade nach ihr fragten, und niemand konnte sagen, ob er trauerte oder nicht. Und ihr Grab besuchte er kein einziges Mal. Aber etwas war in ihm zerbrochen, eine Kraft, ein Trotz. Jetzt war niemand mehr im Hause, der ihm widersprochen, der ihn gelobt, ihn getadelt und durch Schelten seine Tatkraft aufgestachelt hätte. Das Haus, in dem nur noch eine Tochter lebte, war jetzt sehr still, denn die andere Tochter war verheiratet und stromaufwärts fortgezogen. Andrew hatte immer nach einer festen Zeiteinteilung gelebt und dachte auch jetzt nicht daran, diese Einteilung zu ändern; dennoch hegte er manchmal den Wunsch, sie zu ändern, und vermochte es nicht. Carie hatte immer gegen eine starre Einteilung Einspruch erhoben; sie liebte die Veränderung und Abwechslung in den Tagen. Aus Widerspruchsgeist gegen ihre Beweglichkeit war ihm dieser Alltag wichtig und wertvoll erschienen und als einzige Möglichkeit, ein Ziel zu erreichen – jetzt erschien er ihm weniger wertvoll, denn niemand konnte die starre Einteilung stören.

Mitten in seiner Verwirrung griffen ihn die selbstgerechten jungen Männer wieder an, und Carie konnte nicht aus dem Grabe auferstehen, um für ihn zu kämpfen. In dem schweigenden Hause hörte er ihre Behauptungen an, und zum erstenmal im Leben begann sich ein Zweifel in seine Seele zu stehlen. Vielleicht hatten sie recht – vielleicht war nichts von alldem, was er getan, von Nutzen. Mit seiner alten unsicheren Bewegung legte er die Hand an die Stirn, und Carie war nicht mehr da und konnte nicht mehr rufen: »Keiner von euch ist würdig, seine alten Schuhe anzulegen!« Und jetzt hatten sie schon Beweise für alle Behauptungen – Opiumrechnungen, die mit dem Kirchensiegel versehen waren, unterzeichnete Geständnisse, eidlich bekräftigte Protokolle. Alles geriet ins Schwanken und drohte rings um ihn zusammenzubrechen. Carie war dahingeschieden, und die Tochter ein junges Mädchen und erfüllt von der eigenen Einsamkeit. Niemand war da, der ihn geleitet hätte, indem er ihm sagte, daß er das oder jenes gegen seinen Willen zu tun habe, niemand war da, der ihm den Glauben an sich selbst wieder schenkte. In diesem einen Augenblick unsicheren Mißtrauens legten ihm die jungen Männer etwas zur Unterschrift vor – eine Art Versprechen, ihnen das Feld zu räumen, damit sie um der Ehre der Kirche willen den Acker säubern könnten. Ohne zu wissen, was er tat, unterschrieb er das Papier und gab damit seine Arbeit preis.

Den ganzen Winter verbrachte er in einer Art stumpfen Unglücks im Hause. Er wurde alt – jetzt hatten sie ihm die Augen darüber geöffnet. Er war sehr weiß geworden und womöglich noch schlanker. Jeden Tag arbeitete er eine gewisse Zeit an seiner Übersetzung, und wenn das Wetter schön genug war, ging er in eine an der Straße gelegene Kapelle, um zu predigen. Die Quelle in ihm versiegte allmählich. Selbst wenn einige seiner getreuen Anhänger zu ihm kamen und ihn baten, sie nicht preiszugeben, schüttelte er hilflos den Kopf. »Ich habe irgendein Papier unterzeichnet«, sagte er mit einem schweren Seufzer. Er wußte nie recht genau, was in dem Papier gestanden hatte, doch wußte er genau, daß es ihm jede Macht entzog. Und Ma, der ihm hätte helfen können, lag diesen Winter mit einem neuen Anfall von Tuberkulose danieder.

Dann kam der Frühling. Carie hatte zu ihren Töchtern gesagte: »Gebt auf den Frühling acht. Ungefähr um den ersten April wird Andrew schwer zu behandeln. Und selbst wenn er achtzig Jahre alt ist, wird er noch immer ins Land und über die Berge ziehen wollen, um zu predigen.« Als die Weidenbäume im frühen April in Knospen standen und die Pfirsichbäume blühten und die Bauern auf ihren Äckern beschäftigt waren, hob Andrew eines Tages das Haupt. Er witterte die neue Luft. Plötzlich legte er den Schreibpinsel nieder, stand auf und verließ sein Arbeitszimmer, um seine jüngste Tochter zu suchen, die jetzt die Hausfrau war.

»Mach mir meine Sachen bereit«, befahl er.

»Etwas überkam mich plötzlich«, sagte er, wenn er sich nach Jahren daran erinnerte. »Ich erkannte, daß ich töricht gewesen war.«

Wenige Stunden später war er wieder unterwegs. Er ritt auf seinem alten weißen Roß über die alten vertrauten geschotterten Straßen, über die glatten Pfade ins Bergland. Und mit jeder neuen Meile kehrte ihm neue Kraft zurück. »Staunen erfüllte mich«, schrieb er in jener Lebensgeschichte. »Ich erkannte, daß meine Verzweiflung sündhaft gewesen. Ich stieg vom Pferd, ging ein wenig abseits in das Versteck eines Bambusgehölzes, band das Pferd dort an, kniete nieder und bat Gott um Vergebung für die Sünde der Verzagtheit. Und Gott hörte mich, und ich war befreit, und nie wieder ließ Er zu, daß ich Ihn so verlor.«

Als er seine erste Dorfkirche erreichte, war er schon voll hellen Zornes gegen die drei anmaßenden jungen Männer und fühlte gar keine Müdigkeit mehr.

Doch es war eine traurige Angelegenheit. Als er nun von Ort zu Ort zog, fand er, daß die jungen Männer sehr tätig gewesen waren. Sie hatten alles neu organisiert. Die chinesischen Prediger, die er geschult und denen er sein Vertrauen geschenkt, waren zum größten Teil fort. »Entlassen«, sagte er immer von neuem, »ohne die Spur eines wirklichen Beweises und nur auf Gerüchte hin. Auf Gerüchte! Christus wurde eines Gerüchtes wegen gekreuzigt, und von Leuten, die sich fromm nannten!«

Wütender Haß erfüllte ihn, während er über seinen verwüsteten Acker zog. Manche Kirchen fand er geschlossen und mit versiegelten Türen, und die Schulen waren gesperrt. Nach seiner Heimkehr ging er zu den jungen Männern und forderte eine Erklärung. »Wir fanden solche Korruption vor«, sagten sie, »daß unsere einzige Hoffnung darin bestand, alles zu sperren, die Gemeindemitglieder zu verstreuen, abzuwarten und von neuem zu beginnen.«

Und die Mitglieder waren in der Tat überallhin verstreut. Jetzt predigten unbekannte Stimmen, und ein paar Fremde saßen da und hörten halb hin. Alles war fort – Andrews ganzes Lebenswerk davongefegt.

Aber der Zorn in ihm war Kraft und war Heilung. Er raffte sich zusammen. Er wollte wieder beginnen. Gott schenkte ihm gewiß noch Jahre. Er gedachte seine alten Konvertiten aufzusuchen und sie zu neuen Kirchen zusammenzuschließen – nicht zu presbyterianischen Kirchen, nicht zu Organisationen, die den Glaubensbekenntnissen unterstanden und den Launen der Weißen, nein, zu unabhängigen Eingeborenenkirchen, die vom eigenen Gelde lebten, sich selbst erhalten und sich selbst regieren konnten. Er begann zu planen, und mit dem Planen verschwand die Verzweiflung, und nach einer Weile verschwand auch der Zorn, und er war wieder glücklich.

Und so begann die Suche nach den Seelen, die er gerettet und verloren hatte und jetzt wieder suchte. Er ging durch Städte und Marktflecken und durch das Land, und diese Reise dauerte den ganzen Frühling und Sommer, und in der warmen Jahreszeit fühlte sich Ma wieder besser, und so machten sich die beiden jetzt gemeinsam auf die Suche. Ein paar Seelen waren überhaupt nicht mehr zu finden. Sie waren bei der Säuberung verschwunden. Andere hatten zu den alten Göttern zurückgefunden, und einige erwiesen sich, als man sie fand, als schwankend und unsicher, doch sie freuten sich, zu ihrem alten Lehrer zurückkehren zu können, den wieder zu sehen sie entzückte. Und es gab auch andere, tröstlich und beruhigend viele Leute, die treu geblieben waren und Gott daheim anbeteten, nachdem die Kirchentüren versiegelt worden waren. Das war der Zellkern der neuen Kirche, die Andrew bauen wollte, der Kirche, die unabhängig war von der Dummheit der Sekten und vom Wankelmut der Menschen. Das waren jene, die unmittelbar Gott schauen wollten. Sie kamen an den ärmlichsten Orten zusammen, in der winzigen Wohnstube eines Bauernhauses, in dem Lehmraum einer Landherberge. Aber Andrew entfachte in ihnen das Feuer der Unabhängigkeit. Er war sehr glücklich.

Die drei jungen Männer entdeckten, was er tat. Sie hatten ihre Späher, die ihnen Berichte brachten. Andrew spalte die Kirche, so hieß es. Er schaffe ein Schisma! Eine unabhängige Eingeborenenkirche! Das sei Ketzerei!

Als er heimkam, warteten sie auf ihn in geschlossener Schar und legten ihm das Papier vor, das er unterzeichnet hatte. Aber jetzt war er wieder bei Kräften. Er stieß nur einen kurzen Laut der Verachtung aus und weigerte sich, das Blatt anzusehen.

»Man hat mich gezwungen, es zu unterzeichnen«, erklärte er. »Es ist gar nicht rechtsgültig. Ich kann das vor dem Konsul beschwören, wenn ihr wollt.«

Wieder einmal war er sie los, war er alles los.

Doch war er alt, und sie waren jung, und es gab schon Böses, das sie ihm zufügen konnten, obwohl er in seiner ewig guten Laune ihrer nicht achtete. Gottes Werk war noch zu verrichten. Gott sollte triumphieren – indessen aber trieb er seinen Körper ebenso ungestüm wie in der Jugend zur Arbeit. Jede Ermahnung seiner Tochter tat er ungeduldig ab. Und die jungen Männer wollten ihn unter den Druck der Missionsautorität setzen. Er konnte gänzlich entlassen und nach Amerika zurückgeschickt werden, von wo er gewiß nicht mehr wiederkam, so daß er im Ruhestand sterben mußte. Seine junge Tochter wurde ängstlich.

Kein einziges gab es unter Caries Kindern, dem sie nicht ihr Blut vererbt hätte. Kein einziges kam ihr gleich, aber alle waren sie Kämpfer, und keines fürchtete die Menschen. Und Caries Blut regte sich jetzt in ihnen, um für Andrew zu streiten. Er mußte errettet werden und glücklich bleiben. Er durfte sich nie wieder alt fühlen, nie wieder beiseite geschoben und nutzlos. Immer mußte es Arbeit für ihn geben – irgendeine Arbeit am Werk Gottes, denn eine andere Arbeit hätte er nicht als der Mühe wert erachtet.

Und so suchten sie nach einem Weg der Rettung für Andrew, und zwar einer Rettung von solcher Art, daß er nie entdeckte, wie er gerettet worden war, oder überhaupt erfuhr, daß ihm Rettung nottat, stolzer Gottessohn, der er war. Wo konnte er in der Welt junger Männer seinen Platz finden? Einen solchen schien es nicht zu geben. Er mußte fort von hier, um irgendwo frei zu arbeiten, so wie er es immer getan hatte, denn die Freiheit war die einzige Luft, in der sein Gemüt leben und bestehen konnte.

Es fügte sich, daß ein Teil der Früchte seines Lebenswerkes darin bestand, daß er geholfen hatte, ein theologisches Seminar zu gründen. Diese Leidenschaft für einen gebildeten Klerus hatte bei seinen Lehrkursen für die eigenen Gehilfen begonnen, war dann zum Plan und Aufbau einer Schule geworden, in der junge Männer Unterweisung fanden. Diese Schule hatte vor vielen Jahren einen ziemlich bescheidenen Anfang gehabt, war jedoch durch Stiftungen, Zuwendungen und Legate zu einer Gruppe von Ziegelbauten geworden und bildete unter dem Schutz verschiedener protestantischer Glaubensbekenntnisse eine recht würdige Institution, deren Überlieferung jedoch immer konservativ blieb. Trotzdem war diese Überlieferung für Andrews Sekte nicht engherzig genug, und so hatte er viele Jahre immer wieder für dieses Seminar mit dem Schlagwort kämpfen müssen: »Besser darin bleiben und von innen kämpfen, als hinausziehen und jede Hoffnung auf den Sieg verlieren.« Andrew hatte vor dem Modernismus ebensowenig Angst wie vor dem Teufel, denn der Modernismus war ein guter Gegner, und ein guter Gegner bot ihm immer Anregung.

Zu dieser Institution wandte nun die Tochter Caries nachdenklich den Blick. Das wäre eine gute Arbeitsstätte für Andrews hohes Alter gewesen. Dort konnte er die Dinge tun, die er liebte – junge Männer unterrichten und täglich mit ihnen zusammenkommen, so daß sie aus seiner Erfahrung lernen durften. Dort war er auch der Jurisdiktion der drei Anmaßenden entzogen, und sollten sie sich ihm nähern, konnte sie auf der Hut sein. Am besten war es wohl, wenn er unter ihrem Dache weilte, wo sie ihn betreuen konnte, denn sie wohnte in Nanking, dem Sitz des Seminars. Er war schon sehr mager geworden, seine rötliche Gesichtsfarbe war verschwunden und hatte eine Art durchscheinendes Weiß zurückgelassen, aus dem die Augen allzu blau und unirdisch blickten. Aber zuerst mußte sie eine Stellung für ihn finden.

Diese Aufgabe war ihr höchst unangenehm. Für sich selbst hätte sie nie gebeten – Caries Blut rollte in ihr. Doch für Andrew mußte sie es tun. So ging sie, kühl und sachlich, wie es ihre Art war, zu dem kirchlichen Würdenträger, der damals an der Spitze des Seminars stand, und trug ihm den Fall einfach vor. Als sie fertig war, machte sie keine Umschweife, denn sie hatte vorher alles ausgedacht. »Und so müssen Sie ihm hier irgendeine Arbeit geben, denn hier kann ich ihn betreuen und ihn zufrieden erhalten, und er darf nicht wissen, daß ich zu Ihnen gekommen bin.«

Der Würdenträger kannte Andrew und die hochachtbare Familie und die sieben Söhne. Und seinerzeit hatte er selbst einmal oder zweimal mit Carie Andrews wegen gestritten. Jetzt zögerte er und spielte mit einem Briefbeschwerer auf dem Schreibtisch. Das war, wie sich Caries Tochter erinnert, ein kleiner tönerner Junge auf einem tönernen Büffel. »Wir haben keine freien Stellen«, murmelte er, und dann fügte er ein paar Worte hinzu, man brauche jüngere Männer.

»In China nicht«, sagte Caries Tochter energisch. »Das Alter ist hier kein Hindernis. Zudem gibt es doch gewiß ein Fach, das er mit seiner langjährigen Erfahrung vortragen kann.«

Ein solches Fach schien es nicht zu geben. Caries Tochter ging wieder fort, abgewiesen, aber nicht besiegt. Nicht vergebens war sie in einer Sekte aufgezogen worden, in der den Frauen nach außen hin kein Stimmrecht zukam. Was sie haben wollten, erlangten sie auf andere Art.

Sie kam wieder und immer wieder, bis die Augen des Würdenträgers schon einen Ausdruck des Entsetzens zeigten, und sie gewöhnte sich an, dem meldenden Diener auf dem Fuß zu folgen, ehe die Möglichkeit irgendeiner Ausflucht gegeben war.

Und die uralte weibliche Methode erreichte ihr Ziel. In einem Augenblick höchster Ermüdung sagte er, während er mit dem Tonbüffel spielte: »Freilich haben wir eine Art von brieflichen Kursen geplant –«

Sie ging sogleich darauf ein. »Das ist das Richtige!«

»Man könnte ihm ein paar tüchtige Assistenten geben, die die eigentliche Arbeit tun«, fuhr der Würdenträger fort.

Sie lachte verstohlen. Als ob es möglich gewesen wäre, Andrew von der eigentlichen Arbeit fernzuhalten!

»Es kostet Sie ja nichts – er bekommt doch weiterhin sein Gehalt aus der Heimat«, sagte sie diplomatisch.

»Vielleicht geht es«, erklärte er ohne Begeisterung.

Das war eine Möglichkeit, weiterzubauen, und sie baute. Sie baute von zwei Seiten. Sie erzählte Andrew, man werde ihn ins Seminar berufen, und sie achtete darauf, daß der Brief, mit dem dies geschah, ein wenig wärmer gehalten war, und daß man ihm nicht nur Arbeit, sondern auch Titel und Rang gab. Er sollte der Dekan der Korrespondenzkurse werden – einer Schule, die nicht existierte. »Aber um so spannender wird es sein, sie zu schaffen«, lockte sie Andrew.

»Du kannst alle deine unabhängigen Kirchen genau so leicht von meinem Hause aus führen, und dort wird dich nichts stören, und du kannst gleichzeitig unterrichten und wirst eine Menge Zeit haben, an deinem Neuen Testament zu arbeiten.«

Das war ein verführerisches Gemälde der Freiheit, und er konnte nicht widerstehen. Es sei eine Erweiterung seiner nutzbringenden Tätigkeit, so sagte er, und müsse daher ohne Zweifel Gottes Wille sein.

»Gewiß ist es das«, sagte Caries Tochter dankerfüllt.

So wurde der kleine Haushalt, den Carie in dem Missionsbungalow geführt hatte, aufgelassen. Es gab einen rührenden Verkauf – keiner der Gegenstände war viel Geld wert, und ein paar wertvollere Dinge behielten wir: Caries Schreibtisch, ihr Harmonium, den Schaukelstuhl, in dem sie alle ihre Kinder geschaukelt hatte, Andrews Bücher und seinen Schreibtisch und ein oder zwei Gemälde. Das alles wurde auf eine Dschunke verladen und stromaufwärts geschickt, und das Haus stand nun leer, und der schöne Garten blieb sich selbst überlassen. Ein sonderbares Leben sollte nun seinen Einzug dort halten – das stürmische Leben der neuen losbrechenden Revolution. Als Caries Tochter das Haus das nächstemal sah, und das war das letztemal, daß sie es sehen sollte, war das Haus, das so sehr erfüllt gewesen mit Kindheitserinnerungen an heiße Sommerabende und an Weihnachtstage und an Caries Singen und an Andrews Heimkommen, ein Obdach, gefüllt mit dem Strandgut der Revolution. Zwanzig Flüchtlingsfamilien drängten sich in den Räumen, die Carie so saubergehalten hatte, und der Gipsverputz war abgebröckelt, und auf dem Boden lag zollhoch Unrat, und die verhungernden Leute blickten durch die Fensterhöhlen wie verzweifelte Hunde. Und der Garten, in dem Carie ihre Rosen gezogen und wo die Lilien unter den Bambusstauden geblüht hatten, war durch die unablässig hin- und hertrampelnden Füße kahl getreten worden. Aber Caries Augen waren im Grab geschlossen, und ich freute mich darüber.

Andrew sollte noch zehn Jahre leben. Er begann diesen neuen Abschnitt, indem er in aller Fröhlichkeit sogleich das Zimmer ablehnte, das Caries Tochter ihm im Hause zugewiesen hatte. Sie hatte sich mit diesem Zimmer große Mühe gegeben. Fürs erste hatte sie den größten und besten Raum gewählt, das Zimmer mit der Aussicht auf den Berg und die Pagode, die von fröhlichem Sonnenschein überflutet war. Sie hatte es mit altvertrauten Gegenständen eingerichtet – dem Teppich aus Caries Wohnzimmer, einem Fauteuil, der Uhr, die Andrew durch vierzig Jahre regelmäßig aufgezogen, dem Bücherschrank und den Büchern, und dann fertigte sie Vorhänge für die Fenster an, sehr schlichte weiße Vorhänge, denn sie kannte Andrew. Sie war stolz auf dieses Zimmer. Sie führte ihn hinein.

»Das ganze Haus gehört dir, Vater, aber dies ist ein Zimmer nur für dich.«

Doch bald ward offenbar, daß Andrew sich hier nicht behaglich fühlte. Er trieb sich im Haus umher und besah mehrere Räume.

»Mein Zimmer«, klagte er, »ist zu groß – es ist zuviel darin, es sieht zu üppig aus.«

»Du kannst jedes andere Zimmer haben, das du willst«, sagte sie.

Er wählte ein kleines Zimmer über der Küche, und seine Sachen wurden dort hingeschafft. Wieder hängte Caries Tochter Vorhänge und Bilder auf und breitete den Teppich aus. Andrew war nicht im Hause, als die Übersiedlung stattfand, und er sagte nichts, als er zurückkam. Doch am Abend hörte man, als er zu Bett gegangen war, noch bis spät in die Nacht Geräusche. Caries Tochter ging zur Tür.

»Fehlt dir etwas?« rief sie.

»Nein«, antwortete er gelassen.

Sie drückte die Türklinke nieder, doch war die Tür verschlossen, und so blieb nichts anderes übrig, als wieder fortzugehen.

Als sie am nächsten Morgen das Zimmer betrat, nachdem Andrew zur Arbeit gegangen, wollte sie ihren Augen nicht trauen. Der Boden war kahl und die Vorhänge fort, und es hingen keine Bilder mehr hier – nicht einmal das Porträt Caries, das ihre Tochter an die Wand gehängt hatte. Und das Kissen an der Rücklehne des hölzernen Lehnstuhls war fort und die Matratze, die sie in das Eisenbett gelegt hatte, um die Härte zu mildern, in das Eisenbett, das er unbedingt für sich hatte kaufen wollen. Der Raum war jetzt eine Zelle, und der Sonnenschein drang erbarmungslos ein, um solche Kahlheit und Häßlichkeit deutlich zu zeigen. Aber Andrew hatte es nach seinem Wunsch angeordnet. In späteren Jahren brachte Caries Tochter, die unter einer solchen Häßlichkeit in einem Hause, das sie mit ihren geringen Mitteln schön haben wollte, litt, wieder Vorhänge an den Fenstern an, kleine, unauffällige Vorhänge, oder sie schmuggelte ein Kissen ein, und oft wollte sie das harte Bett heimlich mit einer Decke versehen. Aber Andrew duldete derlei Dinge keinen einzigen Tag. Immer fand sie sie zusammengefaltet unter dem Bett oder im Schrank, und Andrew hatte bis an sein Lebensende die gewünschte mönchische Umgebung.

Er nahm seine neue Arbeit als ziemlich selbstverständlich hin und war restlos glücklich. Niemand legte ihm etwas in den Weg, und er lebte, wie es ihm behagte. Es gab ständige Beratungen mit den Männern, die er als Führer der neuen unabhängigen Bewegung erwählt hatte. Das Leben kostete ihn damals nichts. Er hatte zwei ganz gute Anzüge und wollte jahrelang die Notwendigkeit nicht einsehen, irgend etwas Neues für sich zu kaufen, und so konnte er sein ganzes Gehalt für die Unabhängigkeitsbewegung verwenden. Denn natürlich mußte es jemanden geben, der die Kirche visitierte, die Leute unterrichtete und die Ausdehnungspläne förderte. Ausdehnung! Hier lebte sich die alte Energie Andrews aus.

Ich muß zugeben, daß diese Männer der unabhängigen Kirchen, die Männer, die so regelmäßig kamen, um Andrews Geld in Empfang zu nehmen, nicht sehr beruhigend aussahen. Aber Andrew ertrug keine Kritik an ihnen. Dies hieß an seinem Lebenswerk nörgeln.

»Ah bah! Er kann doch nichts für sein Aussehen«, sagte er, wenn Caries Tochter ihrem Abscheu vor einem solchen Mann Ausdruck gab. »Ich mag hübsche Männer nicht leiden. Er ist eine verläßliche bekehrte Seele, und das ist die Hauptsache.«

Doch die verläßlichen bekehrten Seelen hatten überraschend oft erstaunlich listige Augen, Augen, die dem geraden Blick der Tochter Caries nicht standhalten konnten, und die Hände, die aus den langen Ärmeln hervorsahen, waren abstoßend schmutzig und geldgierig. Es ist sehr wahrscheinlich, daß jene drei jungen Männer wenigstens zum Teil recht hatten, und daß Andrews Weizen gar sehr mit Spreu vermischt war. Er war eine so arg lose und hoffnungsfreudige Seele – doch war er glücklich, und Caries Tochter war zufrieden.

Er war völlig glücklich. Entzückt von dem Tag, kam er abends heim, denn er liebte seine Arbeit im Seminar. Der Anblick der jungen Chinesen, die sich darauf vorbereiteten, hinauszuziehen und das Evangelium zu predigen, war immer wieder Balsam für sein Herz. Die Männer, die ihm zur Arbeit beigegeben waren, gefielen ihm, und leidenschaftlich plante er, Korrespondenzkurse erster Güte zu schaffen. Aus aller Welt ließ er sich Berichte über solche Schulen kommen und übernahm von jeder, was er für das beste hielt. Auch sein Neues Testament bekam eine neue Existenzberechtigung, denn ohne jede Einbildung betrachtete Andrew seine Übersetzung als die beste und einzig wirklich verständliche Übertragung ins Chinesische, und im vollen Bewußtsein seiner Pflicht nahm er sie in die Liste der vorgeschriebenen Texte auf. Als alles bereit war, wurde die neue Schule angekündigt und fand sogleich lebhaften Zuspruch. Im Verlauf der nächsten zehn Jahre sah Andrew die Studentenliste auf Hunderte von Namen anschwellen, und darunter waren Leute aus allen Ländern des Orients und einige von den Südseeinseln und auch einige Chinesen aus den Vereinigten Staaten. Darauf war Andrew besonders stolz. Die ganze Zeit arbeitete er auch für die unabhängigen Kirchen, und zweimal im Jahr heuerte er eine Dschunke – denn sein eigenes Boot hatte er verkauft, um Geld für die neue Bewegung zu erhalten – und zog hinaus, um alle Mitglieder zu besuchen.

So alterte Andrew nicht. Doch konnte man sehen, daß trotz seinem Willen sein Körper immer weniger den Zielen der Seele Genüge tun konnte. Von jeder Reise kehrte er zu Tode erschöpft heim, so blaß und weiß, daß seine Haut durchscheinend war. Jetzt konnte ihn die Sonne nicht mehr braun brennen. Er hatte ein frostiges Weiß angenommen, das ihn unirdischer erscheinen ließ als je zuvor. Caries Tochter bat ihn, wenigstens die langen Reisen zu den Kirchen aufzugeben, doch davon wollte er nichts wissen.

Aber der Tag kam, da er es tun mußte. An einem sonnigen Nachmittag im Oktober kehrte er unvermutet heim, und seine Tochter sah sofort, daß er verzweifelt krank war. Er taumelte über die steinernen Stufen zur Haustür, und das Sonnenlicht schien durch ihn zu leuchten, als wäre er jetzt schon ein Geist.

Er beantwortete keine Frage, und sie fragte ihn nichts, denn sie kannte ihn. Sie brachte ihn zu Bett und ließ den Arzt holen, der bald kam und sagte, es sei ein böser Fall von Dysenterie. Stück für Stück erfuhr sie, während sie die ganze Nacht bei ihm saß, die Geschichte. Er war der Ansicht gewesen, daß er an den Festmählern teilnehmen müsse, die seine alten Getreuen ihm gaben.

»Es sind arme Leute«, stammelte er. »Sie müssen irgend etwas Schlechtes gekocht haben – aber sie meinten es ja gut.«

Er war zu seiner Dschunke zurückgekehrt und hatte dort drei Tage und zwei Nächte schwer krank gelegen.

»Drei Tage!« rief Caries Tochter. »Warum bist du nicht nach Hause gekommen, und warum hast du uns keine Botschaft geschickt?«

Es zeigte sich, daß er das nicht gekonnt hatte. Der Kapitän der Dschunke war ein Schurke, und da er sich diesem Mann auf Gnade und Ungnade ausgeliefert sah, wollte er ohne Geld nicht weiter. Er nahm alles, was Andrew besaß, seine Uhr und seine Füllfeder, und nur auf Andrews Versprechen, daß er nie den Versuch machen werde, ihn irgendwie zur Verantwortung zu ziehen, brachte er ihn, dem Tode nahe, endlich nach Hause.

Doch wir waren froh, daß der Mann ihn nicht ermordet und seinen Leichnam in den Fluß geworfen hatte – froh, daß er ihn nicht ganz hatte sterben lassen.

Ein paar Tage rang er mit dem Tod, und dann kam die lange und schwierige Genesung. Der Doktor hatte erklärt, daß Andrew ins Spital müsse, aber Andrew hatte sich mit seinem scheinbar letzten Atemzuge dagegen gewehrt. Nie sei er noch in einem Spital gewesen, und er habe keinerlei Vertrauen zu Berufskrankenschwestern und zu deren Moral, sagte er. Er war damals zu schwach, als daß man ihn hätte erzürnen dürfen, aber als es ihm ein wenig besserging, bewog ihn der Arzt durch schwere Drohungen, das Spital aufzusuchen. Doch das nützte nichts. Sobald er dort war, bestand er darauf, unablässig seine Fieberkurve zu verfolgen, halb im Delirium, da er hohes Fieber hatte, und alle Augenblicke läutete er, um die Pflegerin daran zu erinnern, daß er ein schwerkranker Mann sei und daß er zu dieser oder jener Stunde seine Arznei nehmen müsse, und dabei hielt er die Uhr in der Hand. Sobald er bei vollem Bewußtsein war, bestand er darauf, wieder nach Hause gebracht zu werden. Damals war es, daß er sagte: »Ich habe eine Tochter, die nichts zu tun hat, als mich zu betreuen.« Und er schlug solchen Lärm, daß man ihn unverzüglich heimschicken mußte, obwohl er noch zu krank war, um sich auch nur aufzusetzen.

So übernahm Caries Tochter die Pflege, und endlich genas er. Doch wurde er nie wieder so gesund wie früher. Die Krankheit hatte ihm Angst gemacht. So saß er in einem Lehnstuhl in einem sonnigen Winkel des Gartens und hatte eine Decke über den Knien, und Caries Tochter kam und brachte ihm eine Schale Kraftbrühe.

Er blickte sie mit erhobenen, feierlichen blauen Augen an und sagte plötzlich: »Ich bin nahezu fünfundsiebzig Jahre alt.«

Sie schaute ihm ins Gesicht und sah in seinen Augen kindliches Entsetzen. Ihr Herz flog ihm entgegen, doch widerstand sie dem Drang, ihn wie ein Kind in die Arme zu nehmen und zu trösten. Eine solche Gefühlsbezeigung hätte ihn kläglich verwirrt. Statt dessen schob sie nur seine Decke zurecht und sagte: »Was bedeuten fünfundsiebzig Jahre? Deine Familie ist in beiden Linien langlebig. Außerdem bist du schon wieder gesund, und es ist ein herrlicher Morgen, und ich glaube, du solltest dein Buch über chinesische Redensarten revidieren. Es ist ja nichts an seiner Stelle da, wenn es vergriffen werden sollte.«

»Da hast du recht!« rief er erfreut. »Auch ich dachte es mir schon.«

Aber er hatte das erstemal Angstgefühle. Nie wieder ging er auf Reisen, und die Bewegung der unabhängigen Kirchen wurde nie weitergeführt. Solang er lebte, kamen und gingen gewisse Leute und erhielten Geld von ihm, aber Caries Tochter stellte keine Fragen. Wenn die unabhängigen Kirchen ihn glücklicher machten, so mochte er sie haben, wenn sie auch nur aus Schurken bestanden.

Die Arbeit im Seminar war jedoch die ideale Arbeit seines hohen Alters. Jeden Morgen stand er zeitig auf, wartete ungeduldig auf sein Frühstück und saß gleich nachher in seiner bequemen privaten Rikscha – diesen Sieg hatte Caries Tochter erfochten –, und um acht Uhr war er schon in seinem Bureau. Er liebte das Leben im Seminar, die Versammlungen, wo er ab und zu predigte, das Kommen und Gehen der jungen Leute, seinen Posteinlauf und die Akten. Er fühlte sich beschäftigt und nützlich. Und junge Männer kamen zu ihm, um ihn um Rat zu fragen und ihn in ihr Vertrauen zu ziehen, und er lauschte ihren Geschichten von ihrer Armut und knauserte sich auf jede mögliche Art noch mehr Geld ab, um ihnen helfen zu können. Caries Tochter mußte ihn scharf im Auge behalten, sonst wäre ihm nichts geblieben. Jede Woche oder jede zweite Woche ging sie zu seinem Schrank und musterte seine kleine Garderobe.

»Wo ist die gestrickte Weste, die du zu Weihnachten bekommen hast?« fragte sie ihn, oder sie sagte: »Ich kann nur zwei Paar Wollsocken finden.«

Sie kannte den schuldbewußten Ausdruck sehr gut, den er dann zeigte. »Einen der jungen Leute schien gestern sehr zu frieren – die Gebäude sind nicht geheizt, und er ist zu arm, sich einen gefütterten Mantel zu kaufen. Außerdem habe ich meinen alten Sweater und brauchte diese Luxusweste nicht.«

»Ich kann doch nur ein einziges Paar Socken tragen«, rief er ungeduldig. »Ich bin ja hoffentlich kein Tausendfüßler!«

Aber sein Rikschakuli trug voll Stolz den Gehrock, der ein solcher Zankapfel zwischen Carie und Andrew gewesen war. Andrew saß jetzt mit besonderer Genugtuung hinter ihm. »Das abscheuliche Ding ist nun endlich jemandem nützlich«, sagte er. »Der Mann hat sehr klugerweise die Rockschöße zusammengenäht – ich weiß nicht, warum ich nicht schon längst auf diesen Gedanken kam.«

Es hatte keinen Sinn, ihm etwas zu schenken. Wir versuchten, seine kärgliche Garderobe zu Weihnachten und an seinen Geburtstagen und bei jeder möglichen Gelegenheit aufzubessern, aber er schenkte alles fort, das er nicht im Augenblick trug, und es war kein Vergnügen, einen neuen Anzug, den man ihm eben erst geschenkt hatte, an der kleinen unscheinbaren Gestalt eines Theologiestudenten schlottern zu sehen. Andrew nahm sein

Christentum aufreizend buchstäblich. Er spendete sogar seine kostbare Wanduhr einer Kapelle, denn er erklärte, er brauche sie nicht, da er doch eine Taschenuhr habe, dennoch behielt er sich das Recht vor, einmal wöchentlich hinzugehen und sie aufzuziehen.

Trotzdem befriedigte ihn die Arbeit im Seminar nicht ganz. Sein Kurs füllte ihn nicht restlos aus, so sagte er, und darum freute er sich geradezu rührend, als man ihm eine oder zwei richtige Klassen zuwies. Kein einziger Student hat je soviel Zeit für die Vorbereitung verwendet wie er. Denn er betrachtete die Schulung von Männern zu Predigern als heilige Arbeit. Das war eine weitere Möglichkeit für ihn, Seelen zu retten. Durch diese jungen Männer fand er den Weg zu vielen anderen Seelen.

Selbst so war er nicht zufrieden, wenn er nicht unmittelbar zu noch nicht erlösten Seelen sprechen konnte. So fuhr er zwei- oder dreimal wöchentlich zum großen Ärger seines Rikschakulis in die bevölkertsten Teile der Stadt, wo er an zwei Stellen kleine Räume eröffnet hatte, die auf die belebte Straße gingen, und dort stand er und predigte den Leuten, und sie traten ein, um sich für eine Weile auf eine freie Bank zu setzen. »Er hat ein heißes Herz für einen so alten Mann«, pflegte sein Rikschaführer zu sagen, während er ihn seufzend schleppte.

XI

Aber er sollte noch immer nicht Frieden für sein Werk finden. Während er sich dem Ende seiner stürmischen Tage näherte, erhob sich ein anderer Sturm aus dem Süden, der Sturm der letzten und größten Revolution Chinas.

Er hatte nicht allzusehr auf die Anzeichen geachtet. Zu seiner Zeit hatte es so viele Kriege und Revolutionen gegeben, und schon lange war er nicht zu bestimmen gewesen, fortzuziehen, weil man von einem drohenden Krieg sprach. Niemand werde ihm Schaden zufügen, so erklärte er immer. Und er blieb, wenn andere flohen; er kam und ging in seinem üblichen Tagewerk, wartete vielleicht an der Seite der Straße den Vorbeimarsch von Truppen ab, machte aber sonst dem ewigen Hin und Her des politischen Lebens in China kein Zugeständnis.

Und der Anblick seiner hohen, weißhaarigen Gestalt, die kam und ging wie immer, spendete dem einfachen Volk Trost und gab allen ein Gefühl der Sicherheit.

»Ist der Alte Lehrer fortgegangen?« fragten sie einander.

»Nein, er ist nicht fort«, war die Antwort, und da beruhigte man sich wieder. »Wenn der Alte Lehrer ginge, würden wir nicht wissen, wo wir uns verbergen sollen«, sagten sie.

Doch er ging nie fort. Und er tat verächtlich den Gedanken ab, daß diese Revolution anders sein könnte, als die früheren. Wenn man vom neuen bolschewikischen Einfluß sprach, wollte er ihm keine Bedeutung beimessen. Auch die Bolschewiken waren schließlich nur Menschen. »Außerdem werden die Chinesen nie mit ihnen sympathisieren«, pflegte er voll Zuversicht zu sagen. Es war eines der Geheimnisse seiner ungeheueren Ruhe, daß er immer fest an die Dinge glaubte, die er selbst behauptete.

Und als daher die neue Revolution vom Süden herankam, sich in Zentralchina festsetzte und sich dann den Yangtse stromabwärts erstreckte, betrachtete sie Andrew ohne Furcht und diesmal sogar mit ein wenig Gleichgültigkeit. Er hatte so viele Revolutionen kommen und gehen sehen, und sie hatten nichts hinterlassen als Trümmer, daß er keinen allzu großen Optimismus hegte. Außerdem wandte sich sein Gemüt immer mehr und mehr von den Angelegenheiten der Menschen dem einzigen großen zentralen Sinn seines Lebens zu, seinem Werke. Er war sich jetzt klar der wenigen Jahre bewußt, die ihm noch blieben, und nichts durfte ihn von seiner Arbeit ablenken. Damals bemerkte er keine Sturmeszeichen. Als sich die Nachricht verbreitete, daß ein katholischer Priester ermordet worden sei, bemerkte er ruhig: »Nun, es war eben ein Katholik, und die Katholiken scheint man nicht leiden zu können.«

Als die ausländischen Konsuln die ersten Warnungen ergehen ließen und darauf drängten, daß Frauen und Kinder und alte Leute nach Shanghai führen, da niemand genau voraussehen konnte, welche Richtung die herannahenden Revolutionsarmeen nehmen würden, kam ihm gar nicht der Gedanke, daß man auch ihn damit meinen könne. Wie? Er sollte mit den Frauen und Kindern davonlaufen?

Doch damals waren die Weißen scharf in zwei Lager getrennt. Manche glaubten, daß die neue Bewegung, die von jungen, westlich geschulten Chinesen geführt und von den Bolschewiken unterstützt wurde, zu nichts Gutem führen konnte. Andere gab es, die daran glaubten, und noch mehr solche, die nicht wußten, was sie denken oder tun sollten. Die Nachricht von der Behandlung, die den Weißen im revolutionären Gebiet zuteil wurde, war erschreckend, aber man konnte keine Bestätigung erlangen, und tolle Gerüchte sind in China am tollsten, dem Land der vielen Zungen und der grenzenlosen Vorurteile zwischen Männern aller Farben.

Caries Tochter ergriff die Partei der Revolutionäre. Sun Yat-sen hatte sie seit ihrer Kindheit bewundert. Carie hatte sie das gelehrt. »Er wird noch etwas werden«, pflegte sie in ihrem Tonfall zuversichtlicher Prophezeiung zu sagen, obwohl er zu ihren Lebzeiten fast immer nur ein Flüchtling gewesen war. Darum hatte Caries Tochter nichts einzuwenden, als Andrew erklärte, er werde nicht fliehen, wenn auch die revolutionären Armeen anmarschierten.

Dann kam jener Vormittag, an dem die Warnung des Konsuls schon sehr eindringlich wurde und fast einem Befehl ähnelte, soweit dies bei dem Vertreter einer demokratischen Nation möglich ist, dem Befehl, daß Frauen und Kinder und die alten Leute fliehen müßten, denn es lägen Berichte über ernste fremdenfeindliche Ausschreitungen seitens der Revolutionäre vor. Diese Armeen waren damals schon sehr nahe. Wenn man scharf lauschte, konnte man fernen Kanonendonner vernehmen. Und an diesem Tage verließ die letzte Gruppe von Weißen, die sich zur Abreise entschlossen hatten, die Stadt. Das war die letzte Gelegenheit, und sie kam nicht wieder, wenn man sie ablehnte. Alle, die blieben, mußten ausharren bis zum Ende, wie immer dieses Ende sein mochte, denn die Schlacht näherte sich der Entscheidung, und die großen Stadttore sollten geschlossen werden, so daß niemand ein- oder ausgehen konnte, ehe man wußte, wer gesiegt hatte.

Caries Tochter erwog reiflich an diesem Tage. Sie glaubte an die Revolutionäre, dennoch mochte es nach der Schlacht zu Tumulten kommen. Sie dachte an ihre kleinen Kinder, an ihre Schwester, die aus einer Stadt im fernen Inneren, das die Revolutionäre schon in der Gewalt hatten, zu ihr geflohen war – und dieses knappe Entrinnen hatte nichts Gutes verheißen. Und dann war noch das Kind ihrer Schwester da. Nun, mit den Kindern konnte man sich noch zurechtfinden, was aber war mit Andrew? Er konnte nicht weit gehen, konnte auch keine Strapazen mehr ertragen. So bat sie ihn, sich in Sicherheit zu bringen.

Doch wenn Andrew zu etwas gezwungen werden sollte, was ihm gegen den Strich ging, pflegte er krank zu werden. Das war keine bewußte Ausflucht, sondern eine wirkliche Störung, hervorgerufen durch den Ärger, daß er seinen Willen nicht hatte. Als Caries Tochter die Treppe hinaufstieg, um ihm zu sagen, er solle sich fertigmachen, lag er dort auf seinem schmalen Eisenbett und hatte sich die Decke bis ans Kinn gezogen.

»Ich bin krank«, sagte er mit sehr matter Stimme. »Ich kann unmöglich fort.«

Sie sah ihn an, und da sie ihn kannte, wußte sie, daß Überredung hier nichts half.

»Dann bleiben wir alle beisammen«, sagte sie, und sie ging fort und schloß die Tür.

Während des Tages wurde der Kanonendonner lauter, und das Echo in den Felsenbergen immer hallender. Am Nachmittag waren die Stadttore schon geschlossen, und überall herrschte unheimlich angespannte Ruhe. Die Kaufläden wurden gesperrt, und die Straßen waren leer. Die Leute saßen hinter verschlossenen Türen und warteten, niemand wußte, worauf. Sie hatten das schon viele Male getan, und sogar die Kinder wußten schon, was ein Krieg bedeutete. Aber diesmal war es anders. Man hörte allerlei – die Arbeiter, die Dienerschaft, die Lehrlinge, die Armen, die in den Lehmhütten lebten, sie alle waren von seltsamer Erregung erfüllt. Niemand wußte, was man zu erwarten hatte.

In den leeren Straßen fuhr Andrews Rikscha wie immer, und ihr Fahrer trottete in dem alten Gehrock dahin. Es war März und die Luft noch frisch. Andrew predigte am Abend in einer der Straßenkapellen, doch war fast niemand gekommen, um ihn zu hören, und wer da war, eilte bald wieder ins Dunkel fort. Er kam heim, fand das ganze Haus geöffnet, und ein stetiger Strom chinesischer Nachbarn ergoß sich ins Tor. Die Keller waren von fremden armen Leuten erfüllt, die hier Zuflucht suchten. Auch früher war es in den Häusern der Weißen immer sicherer gewesen. Seit dem Jahre 1900 waren keine Fremden angegriffen worden – denn die Fremden hatten Kriegsschiffe und standen unter dem Schutz von Verträgen. Das alles war nichts Ungewohntes für Andrew. Er saß mit seiner Familie und deren chinesischen Freunden im Salon. Nur die ahnungslosen Kinder schliefen.

»Der Fußboden scheint zu brodeln«, sagte er. »So voll sind die Keller.« Dann fügte er hinzu: »Ich freue mich, daß ich geblieben bin. Man muß das Leben jener teilen, die man zu seinem Volk erwählt hat.«

Mitternacht kam, und noch immer wußte man nichts, und im Dunkel konnte man nichts sehen, und es war bloß das unablässige Donnern der Kanonen zu hören. Andrew war sehr müde. »Da ich den Kampf nicht entscheiden kann, werde ich wohl zu Bett gehen«, sagte er endlich mit seinem trockenen Lächeln. Und so ging er in sein Zimmer hinauf, um sich niederzulegen und den krachenden Kanonen zuzuhören. Knapp vor der Morgendämmerung trat plötzliches Schweigen ein, und ehe er noch darüber nachdenken konnte, was das war, sank er in Schlaf.

Diese Morgendämmerung der Revolution schien sich von anderen Tagen nicht zu unterscheiden. Andrew erwachte, und die Märzsonne erfüllte sein Zimmer, und von unten drang das Klirren der Frühstücksteller und der Duft von Speck und Kaffee herauf. Man hörte keine Kanonenschüsse mehr. Alles war vorbei. Er brauchte keinen einzigen Arbeitstag zu versäumen. Er stand auf, badete in der Brause, die er sich aus einem kleinen Zinngefäß und dem Ende einer Gießkanne selbst verfertigt hatte, kleidete sich sorgfältig an und stieg hinunter, sehr munter und triumphierend, zu dem üblichen Frühstück um sieben Uhr. Hier warteten alle auf ihn, Kinder und Enkelkinder, und Caries Tochter freute sich über die ersten Frühlingsnarzissen aus ihrem Garten. Sie war vor dem Frühstück hinuntergelaufen, hatte die Blumen geschnitten, und jetzt standen sie auf dem Tisch.

»Die prophetischen Narzissen!« sagte sie. »Ich freue mich, daß sie sich erst heute öffneten.«

Alles war angeblich gut abgelaufen. Die Revolutionäre hatten gesiegt. Die Stadttore waren geöffnet worden, die Stadt hatte sich ergeben, und es herrschte Ruhe. Die Chinesen waren zum Frühstück alle nach Hause gegangen, und alles war wie sonst.

»Wie albern, fortzugehen!« sagten sie einander, als sie bei ihrem Speck mit Eiern saßen.

»Nach meiner Erfahrung ist ein Krieg wie der andere«, erklärte Andrew höchst zufrieden.

Es war eine muntere Mahlzeit, und nachher eilten die Männer davon, und Caries Tochter deckte Andrew in der Rikscha gut zu und steckte ihm eine kleine rote Rosenknospe, die sie im Fenster in einem Blumentopf gezogen hatte, ins Knopfloch. Rot war das Symbol des neuen Tages.

Er konnte den Weg durch die Stadt nehmen oder den Umweg über die Berge. An diesem Morgen entschied er sich für den Weg über die Berge. Die Luft war frisch und scharf und süß, und der Sonnenschein wärmte.

Doch kaum hatte er begonnen, sich daran zu freuen, als er laut seinen Namen rufen hörte, immer wieder und wieder. Er blickte sich um, doch niemand war in der Nähe, und wenn er darüber nachdachte, hatte er ja niemanden auf der Straße gesehen. Gewöhnlich herrschte hier lebhafter Verkehr von Bauern, die ihre Körbe mit frischem Frühgemüse auf den Schultern zum Markt trugen, oder die Straße war staubig von den Hufen der Maultiere, die mit kreuzweise angeordneten Reissäcken beladen waren. Hier hatte er niemanden gesehen.

Jetzt sah er, wie ein Bauer aus dem Hause ihm nachlief und schrie. Der Rikschakuli machte halt, und der Mann kam keuchend näher. Er war käsebleich, und sein Mund so trocken, daß er nicht sprechen konnte.

»Alter Lehrer – Alter Lehrer – komm zurück!« keuchte er. »Man bringt die Fremden um!«

»Das glaube ich nicht«, sagte Andrew.

»Es ist wahr. Einer ist schon tot. Man hat ihn auf der Straße erschossen. Deine ältere Tochter läßt dich beschwören, du mögest zurückkommen.«

»Das tue ich nicht«, sagte Andrew. »Ich habe Arbeit,

die auf mich wartet. Vorwärts!« sagte er zu dem Fahrer, aber der Diener legte die Hände an die Deichseln.

»Sie hat gesagt, wenn du nicht kommen willst, soll ich dich aufheben und zurücktragen, selbst wenn du mich schlägst.«

»Und ich«, sagte der Rikschakuli, »ich werde dich nicht weiterziehen, damit dein Blut nicht über mich komme.«

Jetzt hatten sie ihn hilflos. »Fahr also zurück«, sagte Andrew zornig.

Das war nicht das erstemal, daß er einem gewaltsamen Tod ins Auge sehen mußte. Der Sonnenschein war ihm grau. Niemand wußte, was dieser Tag bringen mochte – vielleicht das Ende, und das Werk war noch nicht getan.

Als er zum Haus gelangte, waren sie alle an der Schwelle versammelt und warteten auf ihn. So, wie sie waren, ohne Mantel und Hut, waren sie aus dem Haus gelaufen. In zehn Minuten hatte sich die ganze Welt verändert. Der fröhliche Frühstückstisch, die warme Sicherheit des Heims, das alles war, als wäre es nie gewesen.

»Hier ist er!« schrie der Diener, und der Kuli senkte die Deichseln, und Andrew stieg aus.

»Was bedeutet das?« fragte er.

»Wir müssen uns verstecken!« rief Caries Tochter ihm zu.

Verstecken! So viele kleine Kinder! Außerdem war ihm der Gedanke verhaßt.

»Besser wäre es, wir gingen, wie es sich gehört, ins Haus und beteten«, sagte er.

»Wir dürfen nicht zögern«, entgegnete sie. »Die revolutionären Truppen sind gegen uns. Sie haben schon die beiden katholischen Patres umgebracht und Jack Williams!«

Ehe er noch Einwendungen erheben konnte, kamen die Diener heulend herangelaufen, und Nachbarn schlichen sich insgeheim durchs Tor.

»Versteck dich – versteck dich!« flehten sie ihn an.

»Die Häuser der Ausländer bieten keine Sicherheit mehr.«

»Wo können wir uns verstecken?« rief Caries Tochter.

Die Chinesen blickten einander an. Wer wagte es denn, die Last dieser Weißen zu übernehmen? Wenn sie bei einem gefunden wurden, wurde man mitsamt seinen Kindern niedergemacht. Wozu sinnlos sterben?

Die ganze Zeit hörte man einen unheimlichen, furchtbaren Tumult, der auf der Straße immer lauter anschwoll. Es war der Lärm einer erregten Menge. Man durfte keine Zeit verlieren. Doch gab es keine Zuflucht. Die Weißen wechselten Blicke. Dieses Land war ihnen eine Heimat gewesen, für Andrew seit seiner Jugend, für seine Kinder und deren Kinder seit der Geburt. Aber plötzlich, in einer Stunde, war es keine Heimat mehr. Ihr Haus konnte sie nicht beschützen, kein Tor, keine Mauer konnte ihnen Sicherheit gewähren.

Eine kleine untersetzte blaugekleidete Gestalt kam jetzt durchs Hintertor gelaufen, so rasch die eingebundenen Füße es ihr gestatteten. Das war nur eine Frau, eine gewöhnliche Bauersfrau, der Caries Tochter bei einer Hungersnot im Norden Nahrung gegeben hatte und die bei einer anderen Hungersnot nach Süden gezogen war, um sie zu suchen. Caries Tochter hatte sich damals nicht gefreut, als sie die Frau ohne einen Groschen Geld halb verhungert und schwanger vor sich sah. Doch nahm sie sie auf, weil sie ein dummes weiches Herz hatte, und das Knäblein wurde in ihrem Haus geboren, und sie betreute es, um es vor dem Tetanus zu retten, der alle anderen Kinder der Frau hinweggerafft hatte, und sie pflegte das Kind abermals, als die Frau es einmal beinahe verbrennen ließ. Sie hatte sich damals gar nicht darüber gefreut und hatte die dumme, dankbare Mutter ihrer Dummheit wegen gescholten, und als der Gatte dieser Frau vom Norden herabgewandert kam, um sein Weib zu suchen, hatte sie sich gefreut, daß sie ihm eine Arbeit als Landarbeiter verschaffen und so die ganze Familie aus dem

Haus bekommen konnte. Aber das Kind wuchs zu einem pausbäckigen kleinen Knaben heran, und es war eine Freude, daß er am Leben geblieben.

Diese Frau kam also herbeigelaufen. Ihr Gatte war den ganzen Tag fort, und ihr kleines Zimmer stand leer, so sagte sie, und Caries Tochter solle doch mit ihrer Familie kommen und sich dort verstecken. Es sei nur eine erbärmliche, winzige Hütte, und niemand werde daran denken, in Lehmhütten nachzusuchen. Sie zerrte an ihnen, sie hielt Caries Tochter bei der Hand, und sie zog an Andrews Ärmel und hob das kleinste, blondhaarige Kind auf und lief durchs Tor und über die Felder, und so folgten sie ihr.

Im Schweigen der vollgepferchten kleinen Hütte saßen sie, einige auf dem Bretterbett, einige auf einer Bank, und die Frau schloß schweigend die Tür.

»Das ist ein sicherer Ort«, flüsterte sie durch die Türritzen. »Hier gibt es in den Hütten so viele Kinder, daß man es gar nicht bemerken wird, wenn ein kleines Ausländerkind weint.«

Aber keins der kleinen Ausländerkinder weinte an diesem endlos langen Tag. Es waren zwei kleine Mädchen und ein kleiner Knabe, keines noch fünf Jahre alt, und an anderen Tagen ein lebhaftes lärmendes Trio. Heute saßen sie im Dunkel bei dem seltsamen heulenden Grollen draußen völlig still auf den Knien der Erwachsenen, und sie schienen zu wissen, in welcher Gefahr sie schwebten.

Andrew aber konnte nicht glauben, daß dies das Ende sei. Den ganzen Tag saß er wortlos unter seinen Kindern und Enkelkindern. Doch sprach überhaupt niemand. Jeder war mit sich selbst beschäftigt. Andrew dachte an die vergangenen Jahre zurück. »Es war nicht so sehr ein Denken«, so schrieb er später, »sondern vielmehr ein Vorbeiziehenlassen von Bildern an meinem Sinn. Oft glaubte ich, ich sei anderswo.« Und die eine Tochter Caries saß da und dachte an ihr ungeborenes

Kind und fragte sich, ob es jetzt wohl noch zur Welt kommen werde. Und die andere saß da und sah ihre zwei Töchterchen an und dachte festen Sinnes, wenn die Stunde komme, müsse sie stark sein und, ehe sie selber starb, die Kinder tot sehen. Und müßte sie es selber tun, doch den Händen der Soldaten durfte sie sie nicht überlassen.

Die seltsamen Stunden verstrichen. Die Diener stahlen sich über die Felder mit Brotlaiben unter den Jacken und einer Flasche gekochten Wassers und einer Büchse Kondensmilch für die Kinder. Ab und zu öffnete sich die Tür, und das Gesicht eines chinesischen Freundes zeigte sich. Nur war dieser Augenblick immer furchtbar – war es ein Freund? Wer konnte das an diesem Tage sagen. Aber sie waren Freunde, und sie traten ein, um sich vor uns bis zum Boden zu verneigen, und sie baten uns, Mut zu fassen, denn sie bemühten sich bei den Revolutionsführern nach Kräften um unser Leben. Und um Mittag öffnete sich die Tür wieder, und eine freundliche, unbekannte mütterliche Chinesin kam mit Schalen heißer Reisgrütze und forderte uns auf, furchtlos zu essen, denn niemand hier in den kleinen Hütten werde verraten, daß wir da seien. Sie hätten sogar den Kindern gedroht, so sagte sie. »Ich habe meinem kleinen Teufel erklärt, ich würde ihn zu Tod prügeln, wenn er etwas sagt«, tröstete sie uns. Und es war Mittag.

Der Lärm vor der Hütte wurde größer. Andrew hatte solchen Lärm schon gehört – es war nicht das Lärmen zorniger Menschen, sondern gieriger Menschen, armer Menschen, die das, was sie verlangt haben, jetzt erreichbar sehen. Es war ein Poltern gegen Holz, das Splittern eines Tores, das Geräusch von Füßen, die über den Boden liefen, hölzerner Türen, die zerschmettert wurden, und dann wieder das Heulen der Gier.

»Sie sind ins Haus gedrungen«, sagte Andrew plötzlich.

Die Tür der Hütte öffnete sich, noch während er

sprach, und die beiden Chinesen traten ein, die bei den Revolutionsführern für uns gesprochen hatten. Sie fielen vor Andrew auf den Lehmboden nieder.

»Vergib uns«, sagten sie. »Wir können euer Leben nicht retten. Wir haben getan, was wir konnten, aber es ist keine Hoffnung mehr.«

Und sie richteten sich auf und warfen sich wieder nieder, und dann gingen sie, und ihre Gesichter waren wie Lehm.

Zwei Stunden saß Andrew mit seinen Kindern, und sie warteten und dachten jeden Augenblick, die Tür werde sich öffnen und eine Soldatenschar eindringen. Aber sie öffnete sich nicht. Und draußen ging der Lärm, das Schreien und Heulen weiter. Die Hütte war jetzt von Feuerschein erhellt – man steckte die Häuser der Fremden in Brand. Es konnte nur noch wenige Minuten dauern. Jeder nahm auf seine Art Abschied vom Leben und von der Erde und dachte nach, wie er angesichts einer fremden Rasse würdig sterben solle, und Andrew neigte das Haupt. Die Kinder schliefen in unseren Armen, herzzerreißend kostbar, denn es war das letztemal. Im nächsten Augenblick – wenn es hoch kam, in einer Stunde – war es mit uns allen zu Ende.

Dann erdröhnte mitten in Entsetzen und Lärm ein schrecklicher Donnerschlag. Die Hütte erbebte, und die Kinder wachten auf. Wieder das Getöse, wieder und wieder, ein Donnern, wie noch keiner von uns es je gehört. Wir ertaubten unter dem Lärm. Wir starrten einander an und fragten, was das sein könnte – denn es war nicht Donner vom Himmel, der konnte nicht so regelmäßig wiederkehren.

»Kanonen!« rief einer der Männer.

Andrew schüttelte den Kopf. »Die Chinesen haben solche Geschütze nicht«, schrie er durch das Dröhnen.

»Amerikanische – britische Kanonen!« schrie der andere zurück.

Dann fiel uns ein, was wir alle vergessen hatten – daß

sieben Meilen entfernt amerikanische, englische und japanische Kriegsschiffe auf dem Strom waren.

Sie hatten das Feuer auf die Stadt eröffnet. Wir schwebten in neuer Gefahr. Wir konnten von unseren eigenen Geschützen in Stücke zerfetzt werden. Doch sogleich fühlten wir uns alle erleichtert, das war wenigstens ein sauberer Tod – rasch und sauber, keine Folter unter den Händen chinesischer Soldaten.

Plötzlich war es vorbei. Alle Geräusche verstummten. Das Geschützfeuer wurde eingestellt, und es herrschte Schweigen, ein plötzliches, seltsames, tiefes Schweigen. Man hörte keine Schreie mehr, kein Heulen, kein Krachen brechenden Holzes. Nur noch das Knistern der Flammen war zu vernehmen, und die kleine dunkle Hütte war taghell erleuchtet.

Andrew stand auf und blickte durch das kleine Fensterchen über die Hügel. Er preßte das Gesicht ans Fenster und starrte hinaus.

»Sie verbrennen das Seminar!« flüsterte er. Und er setzte sich nieder und bedeckte seine Augen mit der Hand. Wieder war seine Arbeit zunichte gemacht ...

Es blieb jetzt nichts anderes übrig als zu warten. Es mußte einmal irgend jemand kommen und uns sagen, was wir zu tun hatten. Es war ein langes und trauriges Warten, das schwerste Warten dieses Tages. Niemand von uns hatte eine Ahnung, was das Bombardement und was dann die Ruhe bedeutete. War die Stadt von den gewaltigen Geschossen zerstört worden, und waren nur wir am Leben geblieben? Niemand kam in unsere Nähe.

Spät am Abend öffnete sich die Tür. Zwei unserer chinesischen Freunde standen dort mit einer Rotte Soldaten.

»Wir wollen euch in Sicherheit bringen«, sagten sie froh.

Doch die Soldaten erweckten unsere Bedenken. Sie trugen eine sonderbare Uniform, und gewiß hatte noch niemand eine so schurkisch aussehende Wache gesehen.

Ihre Gesichter waren verzerrt und gerötet und angeschwollen wie die Betrunkener. Da standen sie, auf ihre Gewehre gestützt, und das Licht der Fackeln spielte auf ihren bösen, höhnischen Gesichtern. Wir schraken zurück. Solchen Leuten sollten wir die Kinder und Andrew anvertrauen?

»Aber das sind doch dieselben Soldaten, die uns den ganzen Tag angegriffen haben«, wandte Caries Tochter ein.

Doch es gab keinen anderen Ausweg.

»Es ist eure einzige Aussicht«, drängten uns nun unsere Freunde. »Alle Weißen sind in dem großen Laboratorium der Universität versammelt. Wir führen euch dorthin.«

So zogen wir, einer hinter dem anderen, Andrew an der Spitze, aus der winzigen Hütte, die eine Grundfläche von achtmal zehn Fuß hatte und in der wir, drei Männer, zwei Frauen und die drei kleinen Kinder, dreizehn Stunden gefangen gewesen waren. Diese drei großen, hochgewachsenen Männer! Der Tochter Caries waren sie noch nie so gewaltig erschienen. Über die dunklen Felder zogen wir, vorbei an rauchenden und verkohlten Trümmern, die noch am Vormittag fröhliche amerikanische Heimstätten gewesen waren, dem schwarzen Massiv der Universität zu. Einmal fiel eines der kleinen Kinder aus Ermüdung gegen die Beine eines Soldaten, und er wandte sich mit einem Knurren um, daß unser Herzschlag stockte. Aber die Mutter des Kindes rief: »Sie wollte dich nicht stoßen – sie ist erst drei Jahre alt!« Und der Soldat zog mit einem Grunzen weiter.

So erreichten wir endlich das Tor der Universität. Dort stand wieder eine Gruppe revolutionärer Soldaten, ebenso düstere, bösartig aussehende Männer. Sie lachten, als wir vorbeikamen, packten ihre Gewehre und schüttelten sie, um uns zu erschrecken. Aber nicht einmal die Kinder weinten – sie blickten nur erstaunt drein, denn ihr ganzes kurzes Leben lang waren sie unterwiesen worden, die Chinesen zu lieben und immer als Freunde zu betrachten.

So zog die düstere kleine Prozession in das Gebäude und stieg im Dunkeln die Treppen empor.

Dort fanden wir in dem großen Laboratorium über hundert Weiße versammelt, Männer, Frauen und Kinder, fast lauter Amerikaner. Sieben waren seit dem Morgengrauen getötet worden, aber diese hier hatten sich alle entweder selbst oder mit Hilfe chinesischer Freunde irgendwo verborgen und waren nach vielen bösen Erlebnissen mit Pöbelmengen und Soldaten gerettet worden.

Wir hatten viel Glück gehabt, wie wir später feststellen konnten, denn nur wenige der anderen Weißen hatten nicht auf irgendeine Art ihren Feinden entgegentreten müssen. Aber der furchtbare Tag war vorbei, und jetzt bedeckte sie alle die Dunkelheit, und sie versuchten, zu ruhen. Dennoch gab es bei jedem frischen Zuschub Ausrufe, denn man wollte wissen, wer gekommen sei und ob die Neuen Schaden erlitten hätten. So kamen während dieser ganzen unruhigen Nacht die Weißen, einer nach dem andern, einige verwundet, einige geprügelt, aber weitere Todesfälle gab es nicht. Doch niemand wußte, was der Morgen bringen werde, denn die Stadt war jetzt in den Händen der Revolution.

Den ganzen nächsten Tag warteten wir dort in dem großen Raum. Es war kein trauriger Tag, obwohl keiner von uns wußte, wie dieser Tag enden mochte. Wir organisierten uns, verteilten die wenigen vorhandenen Nahrungsmittel und pflegten die, die krank oder verwundet waren oder die neugeborene Kinder hatten. Und dann kamen die Chinesen, die sich für uns bemüht hatten. Sie kamen und gingen, brachten Lebensmittel und Kleidung und Bettzeug. Sie kamen weinend und flehten uns um Verzeihung an und sagten uns, die Toten seien in Ehren bestattet worden. Sie brachten uns Zahnbürsten und Handtücher und Mäntel, denn der Märzwind war durchdringend kalt und das Gebäude nicht geheizt, und die

Soldaten hatten uns unsere warmen Überkleider weggenommen.

Wir alle waren heimatlos und hatten kein Geld und wußten nicht, ob man uns nicht vielleicht doch noch niedermetzeln werde, und unter uns waren solche, die den Lebensgefährten verloren hatten, und junge Mütter neugeborener Kinder, und Frauen, die von der wilden Soldateska unnennbare Schmach erduldet hatten. Aber irgendwie war der Tag doch nicht traurig. Wir waren nicht ohne Freunde. Kein einziger unter uns, der nicht Freunde unter den Chinesen gehabt hätte, und diese setzten ihr Leben aufs Spiel, um uns Erleichterung zu schaffen. Denn wenn wir überhaupt fortziehen konnten, wurden nach unserm Fortziehen gewiß die Namen jener auf eine schwarze Liste solcher geschrieben, die den Ausländern geholfen hatten und ›Hunde der Imperialisten‹ waren.

Am Nachmittag gab uns die Wache den Befehl, fortzugehen, hinab zu dem sieben Meilen entfernten »Bund« und dort die amerikanischen und englischen Kriegsschiffe zu besteigen. Dieselben böse dreinschauenden Soldaten jagten uns auf die Straße und in halbzerfallene Fahrzeuge, und so begann der Zug, wobei einige auch zu Fuß gehen mußten. Im Dämmerschein kamen wir zum Fluß, und dort lagen, vom Bug bis zum Heck beleuchtet, die Schlachtschiffe. Amerikanische Marineure, amerikanische Matrosenjungen standen auf dem ›Bund‹ und eilten herbei und halfen den alten Männern und Frauen und Kindern in die Barken, und dann hörte man das dunkle Wasser an die Boote klatschen, spürte das Heben und Senken der Strömung, sah die schwarze Felswand der Schiffseite und die schwingende Schiffsleiter, und endlich fühlte man das feste Deck unter den Füßen. Herzhafte Stimmen schrien: »Jetzt seid ihr auf amerikanischem Gebiet – Kopf hoch! Das Abendessen wartet!«

Aber für uns war das alles wie ein Nebel – die engen Kabinen, die kleine Kajüte, die Töpfe mit heißem Essen auf dem Tisch, Suppe und gebackene Bohnen und Stew, die uns von lärmenden, spaßenden Matrosen aufgetischt wurden. Essen und Schlaf – oh, und diese himmlische Sicherheit! Frauen, die noch nicht geweint hatten, die der Plünderung, der Grausamkeit, dem Tod entgegengesehen hatten, konnten jetzt die Tränen nicht zurückhalten, und tapfere kleine Kinder, die aufrecht und trotzig an der Seite ihrer Eltern vor den Gewehrmündungen gestanden, weinten jetzt grundlos ohne Ende.

Andrew aber, der verschwand vom Tisch, und Caries Tochter ging ihn suchen, um zu sehen, was mit ihm sei. Er stand an die Reling gelehnt und starrte über das Wasser auf die dunkle Stadt. Dort brannte kein Licht, aber er wußte, wo sie lag, denn undeutlich konnte er am Himmel den Kamm des Berges sehen, und die Stadtmauer lehnte sich an den Fuß des Berges.

»Was denkst du?« fragte sie.

»Ich dachte eben an die Heimkehr«, sagte er ruhig. Er wandte sich nicht um und sagte auch nichts mehr, und er starrte in die dunkle Stadt. Heimkehr! Natürlich konnte er an nichts anderes denken.

Es ist jetzt schwer, eins vom andern zu trennen. Das Ganze ist ein Wirrwarr von Gesichtern und Ereignissen, von Weinen und Lachen. Jedermann auf dem Schiff hatte eine Geschichte zu berichten, ein Wunder, jetzt, da sie alle in Sicherheit waren. Ein alter Amerikaner, dessen Steckenpferd die Bienenzucht war, erzählte uns von einem gierigen Soldaten, der gedacht hatte, die Bienenstöcke enthielten Schätze, und als er einen mit derbem Griff geöffnet, da überfielen ihn die wütenden Bienen, und heulend lief der Mann durch den Garten.

Ein Arzt, der im Spital überfallen worden war, bedeckte sich Gesicht und Hände mit scharlachrotem Merkurchrom und tat, als wäre er wahnsinnig, als die Soldaten kamen, und sie liefen vor ihm davon. Ein anderer, ein Arzt aus einem Südstaat, war den ganzen Tag in seinem Kohlenkeller versteckt gewesen, und als man ihn rettete, marschierte er mit schwarzem Gesicht in unser Laboratorium und erklärte grimmig: »Ich gehe heim – das ist kein Land für einen Weißen!« Und dann wunderte er sich, daß die anderen lachten, obwohl sie so ausgehungert und verzweifelt waren. Eine Frau hatte ihren Ehering verschluckt, um ihn vor den gierig zupackenden Händen der Truppen zu retten, doch am letzten Tag auf dem Kriegsschiff trug sie ihn wieder triumphierend.

Doch gab es auch andere Geschichten, die nicht zum Lachen waren – eine alte Dame, die bewegungslos dastand, während die Soldaten an ihrem goldenen Ehering zerrten und rissen, und als einer den Säbel zog, um ihr den Finger abzuhacken, bemerkte sie ruhig in ihrer Muttersprache: »Anders werden Sie ihn nicht bekommen, lieber Mann – ich trage ihn schon fünfzig Jahre.« Und dann die Geschichte eines chinesischen Professors, der knapp vor der Morgendämmerung beim Telefon in der Universität Dienst machte und uns alle hätte retten können. Am Abend vor der Schlacht war ein Wachtdienst eingeführt worden, denn es war abgemacht, daß in dem Augenblick, da die revolutionären Truppen durchs Südtor zögen, denn vor dem Südtor tobte die Schlacht, an die Universität im Norden die Nachricht weitergegeben werde. Es gab kein anderes Telefon in jenem Stadtteil, und daher sollte die Nachricht durch Boten an jedes Haus weitergegeben werden. Aber dieser chinesische Professor hatte zwar die besten amerikanischen Land- und Forstwirtschaftsschulen absolviert, doch war er dick und träge, und so hatte er sich niedergelegt und geschlafen, denn er hatte, diese Gerechtigkeit muß man ihm widerfahren lassen, nicht geglaubt, daß etwas geschehen könnte. Das Telefon klingelte und klingelte, aber er schlief weiter. Wäre er wach und auf dem Posten gewesen, wären vielleicht manche, die jetzt tot waren, noch am Leben, und vielen wären Stunden erspart geblieben, an die sie sich nicht zu erinnern wagten.

Und so kamen sie alle nach Shanghai, diese matten Geschöpfe, und suchten Unterkunft, so gut es ging. Die meisten waren zu traurig und entmutigt, um irgend etwas anderes zu tun, als für das erste nach Amerika abgehende Schiff Fahrkarten zu kaufen, um nie wieder nach China zurückzukehren.

Aber Andrew hatte seine Pläne gemacht. Er sagte munter: »Ich habe immer gehört, daß die Missionsarbeit in Korea viel erfolgreicher ist als in China, und die Ursache dieser Erscheinung hat mich immer interessiert. Ich gehe nach Korea.«

»Doch nicht allein?« rief Caries Tochter.

»Ganz allein«, sagte er fest, und er ging.

Was er in Korea tat, konnte man nur aus seinen spärlichen Briefen erraten. Irgendwie gelang es ihm, viel im Lande herumzukommen. Er entdeckte in Korea chinesische Kolonien, die keine Kirchen hatten, denn die Missionare dort sprachen nicht Chinesisch, und so begann er unverzüglich zu predigen, hielt in den Häusern Gottesdienste ab und organisierte die Leute zu einer Kirchengemeinde. Seine Briefe wurden sogleich entzückt und enthusiastisch, als ob ihm nichts widerfahren wäre. »Es ist ganz ungewöhnlich«, schrieb er, »wie hier die Arbeit auf einen wartet.«

»Die Chinesen«, schrieb er wieder, »sind viel mehr wert als die Koreaner. Auch hier sind es die Chinesen, die die Arbeit verrichten und die Geschäfte führen. Soweit ich sehen kann, tun die koreanischen Männer nichts anderes als in ihren weißen Gewändern umhersitzen, damit diese schmutzig werden, und die Frauen tun nichts anderes, als die Gewänder waschen.«

Er wurde von immer größerer Verachtung für die Kleidung der Koreaner erfüllt. »Ein Volk mit so läppischer Tracht kann nie etwas erreichen«, schrieb er. »Die Männer tragen Frauenröcke aus weißem Leinen und kleine hohe Hüte, die unter dem Kinn festgebunden sind. Es scheint kaum die große Mühe zu lohnen, ihre armen Seelen zu retten.«

»Wenn die Japaner nicht hier wären«, schrieb er ein anderes Mal, »so glaube ich, daß sich die Koreaner nicht einmal die Mühe nähmen, zu essen.«

Nach sechs Monaten kam er zurück, kerngesund und höchst zufrieden.

»Kein Wunder, daß die Missionare in Korea so gute Zeiten haben«, erklärte er. »Einen Koreaner kann jeder bekehren. Einen Chinesen bekehrt man schwerer als zwanzig Koreaner, aber am Ende hat man mehr davon. Jetzt will ich wieder wirkliche Arbeit leisten.«

Keiner von uns konnte es ihm ausreden, nicht einmal der Konsul mit seinen Drohungen. Keinem Amerikaner war es gestattet worden, nach Nanking zurückzukehren, nur einigen jungen Männern für kurze Besuche oder Geschäftsreisen. Es gab keine anständige Wohngelegenheit. Die ausländischen Häuser, die nicht zerstört worden waren, dienten als Soldatenquartiere. Alles war desorganisiert, und der Fremdenhaß wütete noch immer.

Aber Andrew mißachtete das alles. Sein Aufenthalt in dem kühleren Klima Koreas hatte ihm gut getan, und er war wieder erfüllt von seiner trotzigen Starrheit.

»Ich brauche kein Haus«, sagte er. »Ich will irgendwo ein Zimmer und einen Jungen, der mir Reis und Eier kocht; mehr brauche ich nicht.«

Es ließ sich nichts ausrichten – nicht mehr als früher. Caries Tochter schalt ihn herzhaft, dann packte sie sein Köfferchen und gab noch alle möglichen Kleinigkeiten hinein, ohne die Hoffnung, daß er sie je verwenden werde. Und sie ließ einen treuen Diener kommen und befahl ihm, den alten Gottesstreiter zu begleiten und ihm zu dienen und ihn zu behüten, und so zogen sie von dannen, und Caries Tochter glaubte beinahe, sie werde Andrew nie wieder sehen. Es gingen schreckliche Gerüchte über Cholera und Typhus und Dysenterie. Und nur die ganz Armen aßen die Krabben, die sich in die Ufer der Flüsse und Kanäle einwühlten. Diese Krabben waren nämlich einst kostbar und ein Leckerbissen für die Reichen, doch in diesem Jahre ekelte es die Reichen, sie zu essen, obwohl die Krabben noch nie so fett gewesen waren, denn so viele Leichen waren ins Wasser geworfen worden. Und so hatten einmal die Armen einen Festschmaus.

Doch nichts hielt Andrew von seinen Plänen ab. Sein Diener mietete ihm einen jämmerlichen kleinen Raum in einem halbzerstörten Schulgebäude und kaufte einen Kohlenofen in der Größe eines Eimers und einen irdenen Topf, und Andrew kaufte ein altes Eisenbett und einen Sessel und einen Tisch – ausländische Einrichtungsgegenstände waren damals wohlfeil, und die Trödelläden waren überfüllt von geplündertem Gut – und so begann er wieder zu arbeiten. Die Seminargebäude waren fast alle niedergebrannt, und was noch vorhanden war, hatte dieser oder jener General oder sonstige Parteigänger der Revolution für sich beansprucht. Erst nach Jahren wurden die Gebäude zurückgegeben.

Aber Andrew legte keinen großen Wert mehr auf Gebäude. Er begann die Studenten zu suchen und fand sie da und dort. Die Leute erzählten ihm allerlei über diese Theologiestudenten. Es seien Kommunisten darunter, die die Volksmenge gegen die Ausländer angeführt hätten. Aber Andrew ließ sich nicht abschrecken.

»Ich glaube es nicht«, sagte er heiter. Und er glaubte es nicht.

Es freute ihn, daß er der einzige Weiße hier war. »Es ist völlig sicher – die Reden des Konsuls sind Unsinn«, schrieb er an Caries Tochter. In dieser Zeit freute er sich seines Lebens. Und die Leute auf den Straßen, kleine Ladenbesitzer und kleine Gastwirte und arme Leute von allerlei Art riefen ihm nach und lachten, als sie ihn sahen, und freuten sich, ihn wieder zu haben. »Ah, der Alte

Lehrer ist wieder hier!« »Der Alte Lehrer hat mehr Mut als alle andern!« »Bleib bei mir und trink eine Schale Tee, Alter Lehrer!« riefen sie, wenn er in seiner Rikscha vorbeifuhr.

Er freute sich über diesen Willkomm und ihre Bewunderung, und er lebte das Leben der Armut, das er so gerne lebte. Bald begann er wieder auf den Straßen und in den Teestuben zu predigen, und zu einer Zeit, da kein anderer Weißer ein Haus oder ein Zimmer finden konnte, weil niemand an Ausländer vermieten wollte, mietete Andrew zwei voneinander getrennt liegende Räume an verkehrsreichen Straßen, kaufte ein paar Bänke und zwei Pulte, die in anderen Kirchen geraubt worden waren, und predigte wieder jeden Morgen und Abend. Eines der Pulte stammte aus der Methodistenkirche, und das befriedigte Andrew. »Endlich dient es der richtigen Lehre«, sagte er mit seinem trockenen Lächeln.

Und die Leute kamen, ihn zu hören, die Leute, die jetzt schon allmählich von der Revolution enttäuscht waren, denn diese löste ihre ungeheuren Versprechungen nie ein. Die Arbeiter begannen zu murren. »Sie haben gesagt, wir alle würden gute Arbeit in den Fabriken haben, und sie gaben uns Zettel zum Beweis dafür, daß wir eine Arbeit bekommen müssen. ›Zeigt den Zettel am Tor‹, haben sie gesagt. An welchem Tor – in welcher Fabrik? Es waren Träume!«

Ab und zu sprengte ein junger kommunistischer Student eine der frommen Versammlungen, aber Andrew sagte nur milde zu der auseinandergehenden Menge: »Wir kommen morgen zur gewohnten Stunde wieder zusammen«, und niemand vermochte seine ungeheure Entschlossenheit zu brechen. Und so arbeitete er zu einer Zeit, da niemand anderer unter dem Volk arbeiten konnte, in seiner gewohnten Art, ohne Furcht und ohne Haß.

Die äußeren Umstände des Lebens bedeuteten ihm ja nichts – ein Haus, ein Heim, Nahrung, Bequemlichkeit, das alles war nichts. Sein Heim hatte er in der Arbeit, sein Herz war dem Werk Gottes geweiht. Ein anderes Glück gab es für ihn nicht.

Als Caries Tochter nach einem Jahr der Abwesenheit zurückkam und sich abermals daran machte, aus einem zertrümmerten Haus ein Heim zu schaffen, aus einem Haus, das durch Schmutz geschändet und monatelang als Cholerastation verwendet worden war, fand sie Andrew in voller Gelassenheit und großem Frohsinn. Und wahrlich, er schien kaum noch von dieser Erde, so körperlos war er geworden in seinem einsamen Leben, denn er sprach fast nichts mehr außer bei seinen Predigten und aß nur seine allzu frugale Kost. Der getreue Diener war betrübt und beklagte sich bei Caries Tochter, daß Andrew fast nichts esse.

»Sein Herz ist zu heiß für einen alten Mann«, klagte der Diener. »Er verbrennt von innen.«

Zuallererst brachte Caries Tochter sein Zimmer in Ordnung, wie er es gerne gehabt hatte, und führte ihn hin, so daß ihn nichts in seiner Arbeit störte, und er bemerkte die Veränderung kaum. Er schien vergessen zu haben, daß es je eine Revolution gegeben hatte.

XII

Er wurde sehr sanft, als sich die Monate zu Jahren wandelten. Seine ganze alte Energie war entschwunden, und er war immer sanft. Er war auch nicht mehr so kritisch wie früher und unterschied auch nicht mehr so scharf wie sonst zwischen anderen Glaubensbekenntnissen und dem seinen. Er verabscheute das Sektenwesen mehr denn je, konnte aber in diesen Tagen einem anderen schon verzeihen, wenn dieser an das Untertauchen im Wasser glaubte, und er führte auch keine Debatten mehr. Sein Glaube war und blieb unerschütterlich. Er glaubte Wort für Wort an das apostolische Glaubensbekenntnis und lebte glücklich in der völligen Zuversicht auf die Wiederkehr Christi. Eines Tages würde Christus am Himmel erscheinen, dessen war Andrew sicher, und die Leiber der Gerechten standen dann aus den Gräbern auf und wurden von Christus empfangen. Aber Andrew wartete nicht ängstlich auf dieses Kommen. Er dachte nicht gern an den Tod – bei dem Wort stahl sich Entsetzen in seinen Blick, und das Herz der Tochter Caries krampfte sich zusammen, doch sagte er ganz ruhig: »Wir wissen nicht, wann Christus erscheinen wird – mag sein, morgen, mag sein, in tausend Jahren.«

Aber er dachte eher, es werde nicht tausend Jahre dauern. Er erzählte Caries Tochter, daß es gewisse Vorzeichen gebe – Kriegsläufte und Hungersnot und Verzweiflung und insbesondere die Erscheinung des Antichrists in Rußland, wie er es nannte. Caries Tochter lauschte und widersprach ihm nie, ja, sie zeigte ihm nicht einmal, daß sie es nicht glaubte. Um keinen Preis hätte sie ihrem Vater auch nur ein Atom des Glaubens genommen, der ihm das Leben so lebenswert gemacht hatte, und gewiß nicht jetzt, da er alt war und den Glauben brauchte, um darin zu sterben. Und er kam nie auf den Gedanken, sie zu fragen, woran sie glaubte, da er von seinem Glauben so sehr erfüllt war.

So lebte er seine letzten wenigen satten, goldenen Jahre, und man widersprach ihm nie und tat ihm in allem den Willen, in großen und kleinen Dingen. So schien er sich ungehemmt vor unseren Augen in einen zarten Geist zu verwandeln, noch asketischer im Essen und im Trinken als je, noch ruhiger in seiner Sprache, noch überirdischer, noch erdenferner.

Wann er erkannte, daß sein Leben sich auflöse, ist schwer zu sagen. Doch kam ihm wie allen alten Leuten allmählich zu Bewußtsein, daß er nicht mehr viele Tage zur Arbeit hatte, nicht mehr viele Nächte, in denen er sich zum Schlaf legen konnte, und daß bald ein Morgen dämmern mußte, an dem er nicht wiedererwachte. Manchmal schien er in der Dämmerung Angst vor dem Alleinsein zu haben, als ob er sich der alten, in der Kinderzeit vernommenen Gespenstergeschichten erinnerte. Er wollte früh Licht haben, und er wollte menschliche Stimmen hören, wollte Leute um sich. Da blieb Caries Tochter in seiner Nähe und sprach heiter zu ihm über Kleinigkeiten und saß neben ihm, Tag für Tag, eine Näharbeit in der Hand, und sie forderte die Kinder auf, ein und aus zu laufen. Durch solche Kleinigkeiten wurde er getröstet und erwärmt, obwohl er nie verstand, sich ins Leben der Familie oder der Kinder einzufügen. Aber er saß und schaute zu, und der Ausdruck der Furcht verschwand aus seinem Blick, und nach einer Weile konnte er zu Bett gehen. Und Caries Tochter fand an solchen Abenden immer einen Vorwand, ihn in sein Zimmer zu begleiten und nachzuschauen, ob er sich warm zudecke und ob das Licht in Reichweite sei, und sie stellte eine kleine Glocke auf den Nachttisch, damit er sie nachts rufen könne, und sie ließ die Tür einen Spalt weit offen, damit er die Schritte im Haus höre und nicht allein liege mit seinen Gedanken an die entschwundene Vergangenheit und an den nahe bevorstehenden Tod.

Wenn der Morgen kam und neue Arbeit brachte, war Andrew wieder der alte. Nichts konnte ihn von der Arbeit abhalten, und Caries Tochter versuchte dies auch gar nicht, denn sie wußte, daß die Arbeit für ihn Leben und Stärke bedeutete.

Doch im Frühling seines achtzigsten Lebensjahres wurde ihm auch die Arbeit zuviel. Es trat eine Veränderung ein. Sein Körper wurde fast durchsichtig, bis er aussah wie ein blasser Nebel, wie ein lauterer Schemen, aus dem die Augen in körperloser Güte leuchteten. Alles Menschliche war aus ihm geschwunden, jedes Gelüsten, jeder Zorn, jede Wildheit. Sogar der alte Trotz war dahin. Nachdem er langsam von der Arbeit heimgekehrt war, verbrachte er einen großen Teil der Zeit liegend mit geschlossenen Augen. Doch liebte er es, in dem Zimmer zu liegen, in dem Caries Tochter sich aufhielt. Wenn sie manchmal von der Arbeit aufblickte, sah sie ihn dort auf dem Sofa liegen, so weiß, so still, daß sie beinahe erschrocken aufgeschrien hätte. Dann öffnete er die Augen. »Mir geht es ganz gut«, sagte er. »Ich habe ein tüchtiges Tagewerk hinter mir und ruhe jetzt aus.«

Ja, in diesem Frühling gab es eine Veränderung. Die frühe Aprilwärme feuerte ihn nicht an, und zum erstenmal blickte er nicht sehnsuchtsvoll nach den Hügeln. Caries Tochter wurde ängstlich und berief einen Arzt, und der Arzt sagte: »Es fehlt ihm nichts – er ist nur verbraucht – lassen Sie ihm in allem den Willen.« Den hatte er aber immer gehabt.

Das Ende kam im Sommer, froh und rasch. Die Hitze hatte ihn sehr geschwächt, und so erklärte er sich gerne bereit, zu seiner anderen Tochter flußaufwärts in die Lu-Shan-Berge zu ziehen. Fröhlich zog er davon mit seinem Schwiegersohne, der gekommen war, ihn zu holen. Er fühlte sich wohl an diesem Tag und machte Späße. Und dann schrieben sie, die Reise scheine ihm gut getan zu haben, und in der Bergluft gleiche er mehr dem früheren Andrew als je zuvor.

Den ganzen Sommer über war er glücklich. Er kam mit alten Freunden und Feinden zusammen, so alten Feinden, daß sie schließlich wieder Freunde zu sein schienen, und sie vergaßen des alten Streites und freuten sich über Andrew, und seine Tochter ersann kleine Freuden für ihn. Der Sommer verging rasch, und plötzlich war Andrew, so sagte er, wieder zur Arbeit bereit. Es gehe ihm besser – er habe zu lange gespielt – seit Jahren habe er keinen so langen Urlaub gehabt. So schrieb er an Caries Tochter, und sie setzte sein Zimmer wieder instand und machte es bereit und erwartete ihn.

Das war der Sommer der wilden Yangtseüberschwemmung. Die Telegrafenstangen am Fluß wurden entwurzelt und zum Ozean hinabgeschwemmt, und die Postdampfer verspäteten sich um Tage. Als auch Andrew sich verspätete, machte sich Caries Tochter keine allzugroße Sorge. Jetzt kam niemand durch. Dann kam nach einer Woche ein Brief und ein Telegramm, das irgendwie über Umwege gegangen war. Andrew war dahingeschieden. Dort auf dem Berggipfel hatte ihn eines Abends seine alte Dysenterie wieder befallen, und nach wenigen kurzen Stunden war alles vorbei. Er litt nicht viel Schmerzen, nur tiefe körperliche Ermüdung, aus der seine Seele mit einem großen Stöhnen dahinschied, freudig, der Freiheit entgegen.

Aber der Körper war so wenig ein Teil von ihm, daß sein Dahinscheiden nicht von Wichtigkeit schien. Immerhin hatte Andrew nur noch halb im Körper gelebt, und der Tod war nur das endgültige Dahingleiten, und jetzt war dieser alte Mann endlich das, was er eben gewesen war, ein Geist. Wir bestatteten die Hülle auf dem Berggipfel. Nichts steht hier zwischen dieser Stelle und dem Himmel – kein Baum, keine menschliche Wohnstätte. Unten ragen die Felsen, von wirbelnden Nebeln umzogen, und die Stürme wehen, und von oben leuchten Sonne und Sterne herab, und nirgendwo hört man menschliche Stimmen.

Jetzt nach Jahren erscheint es einem als die unergründliche Ironie des Lebens, daß Carie, die die Höhe der reinen, hohen Berge liebte und sich mit Körper und Seele danach sehnte, dort oben zu leben, für immer an einer heißen, dunklen Stelle begraben liegt, in einem ummauerten Grundstück, im Herzen einer chinesischen Stadt, der Ruhestätte einiger weniger toter Ausländer. Schon die Luft, in der sie liegt, ist voll menschlicher Miasmen, und um sie dröhnt der unaufhörliche Lärm menschlicher Schreie, menschlichen Streitens, Gelächters, Geheuls. Die hohen Mauern und das versperrte Tor halten all dies nicht einmal jetzt ihr fern. Und Andrew, der die Menschen aufgesucht hat um ihrer Seelen willen, liegt allein und frei auf seiner Bergeshöhe, von Carie im Tod ebenso weit entfernt wie im Leben. Sie sehnte sich ihr Lebtag, menschlichem Zugriff und menschlicher Hitze ferne zu sein, und ihr Lebtag war sie eine Gefangene der Menschheit gewesen, ihrer eigenen Menschlichkeit und der der anderen, und der Tod war ein Kampf mit dem Leben, und sie hatte ihn verloren. Aber Andrew, der niemals auch nur den Saum menschlichen Lebens berührt hatte, er wußte nicht, aus welchem Stoff dieses Leben besteht – er fühlte nie die Zweifel dieses Lebens, er teilte nie seine Pein, und so lebte er, eine glückliche Seele, und wußte nicht, daß er starb.

SERIE PIPER

Pearl S. Buck

Ostwind – Westwind

Roman. Aus dem Amerikanischen von Richard Hoffmann und Annie Polzer. 192 Seiten. SP 3171

Die junge, traditionell erzogene Kuei-lan steht kurz vor der Hochzeit mit einem ihr unbekannten Bräutigam. Er hat in den Vereinigten Staaten Medizin studiert und strebt nach seiner Rückkehr in die Heimat danach, die alten chinesischen Sitten und Gebräuche in seiner Ehe aufzuheben: Er möchte seine Frau nicht als seine Dienerin sehen, zu der sie traditionell von ihrer Mutter erzogen wurde, sondern ihr zu einem neuen Selbstbewußtsein verhelfen und sie als gleichberechtigte Partnerin haben. Kuei-lan erzählt von ihren Ängsten vor diesem Unbekannten, doch verspürt sie bald Verständnis und die Chance einer großen Liebe. In farbenprächtigen Bildern spiegelt Pearl S. Buck das dramatische Aufeinanderprallen von östlicher Tradition und westlichem Denken.

Die Frau des Missionars

Roman. Aus dem Amerikanischen von Richard Hoffmann. 286 Seiten. SP 3172

Im dunklen Herzen einer chinesischen Stadt am Yangtse führt Mrs. Stone das Leben einer amerikanischen Pioniersfrau. Während ihr Mann Andrew, der Missionar, tage- und wochenlang unterwegs ist, um die Chinesen zum Christentum zu bekehren, kümmert sie sich unermüdlich um die vielköpfige Familie und um die Armen auf der Straße. In diesem einfühlsamen Lebensbild wird die Schönheit des alten China mit seinen uralten Traditionen, Ritualen, aber auch mit seinen Grausamkeiten lebendig. Pearl S. Buck, die weltberühmte amerikanische Erzählerin und Nobelpreisträgerin, hat mit diesem ergreifenden Roman dem aufopferungsvollen Leben ihrer Mutter ein einzigartiges literarisches Denkmal gesetzt.

SERIE PIPER

Pearl S. Buck

Die Mutter

Roman. Aus dem Amerikanischen von Richard Hoffmann und Annie Polzer. 259 Seiten. SP 3174

Es scheint, als ob die Heldin des Romans, eine chinesische Bäuerin, nur auf der Welt sei, um für andere da zu sein: für ihre zahlreichen Kinder, darunter ein blindes Mädchen, und für die greise Schwiegermutter. Und für ihren unzufriedenen und unglücklichen Mann, der viel lieber irgendwelchen Vergnügungen nachginge, wenn er nicht mit seiner Frau tagein tagaus Felder bestellen müßte, die ihnen nicht gehören. Eines Tages geht er in die Stadt und kommt nicht wieder. Auch der Sohn wird ihr eines Tages genommen, und sie scheint den Schmerz nicht ertragen zu können. Doch sie hält allen Anfechtungen stand und erntet schließlich den Respekt, den sie verdient. Ein unvergeßliches Denkmal der Mutterliebe, geschrieben von der Nobelpreisträgerin Pearl S. Buck.

Der Engel mit dem Schwert

Roman. Aus dem Amerikanischen von Richard Hoffmann. 251 Seiten. SP 3175

Er wanderte mehr als ein halbes Jahrhundert lang durch China, bereiste das Land von Nord nach Süd, von Ost nach West: Andrew, ein Farmerssohn aus Oklahoma, der als Missionar über fünfzig Jahre mit seiner Frau und seinen Kindern in China lebte. Ein Vater und Gatte im üblichen Sinn war Andrew nie; seine Frau war ihm unentbehrlich in der Führung des Haushaltes, seine Kinder waren für ihn eigentlich nur Zwischenfälle auf seinem Lebensweg. Mit liebevollen Strichen zeichnet die amerikanische Nobelpreisträgerin das Bild ihres Vaters, der mehr dem Himmel als dem Irdischen zugewandt war und dabei in Erfüllung seines geistlichen Auftrages von seiner Familie jedes Opfer verlangte.

PIPER

Dai Sijie

Balzac und die kleine chinesische Schneiderin

Roman. Aus dem Französischen von Giò Waeckerlin Induni. 200 Seiten. Geb.

Sie hat einen dicken schwarzen Zopf, zwei hinreißende Schühchen aus rosafarbener Seide und das zauberhafteste Lächeln, das man sich vorstellen kann: die Kleine Schneiderin aus dem abgelegenen Bergdorf, in die sich der junge Luo gleich beim ersten Anblick verliebt. Er und sein Freund, zwei Studenten, die zur »kulturellen Umerziehung« hierher ans Ende der Welt verschickt wurden, merken bald, daß sie nur eine einzige Möglichkeit haben, ihre Haut zu retten: Sie müssen in den Besitz jenes wunderbaren Lederkoffers gelangen, der die – verbotenen – Meisterwerke der westlichen Weltliteratur enthält. Denn nur aus Balzac und Stendhal, aus Dostojewski und Dumas können sie die Lebensenergie und den Esprit schöpfen, die sie brauchen, um den Widrigkeiten ihres Daseins – und der Willkür des Dorfältesten Paroli zu bieten. Und vielleicht können sie am Ende sogar das Herz der Schneiderin gewinnen.

»Wenn dieses Buch kein Bestseller wird, ist meine Sendung zu nichts mehr gut«

Bernard Pivot, französischer Literaturpapst